LE MARIAGE DE LA PAIX

Evi Guggenheim Shbeta et Eyas Shbeta

LE MARIAGE DE LA PAIX

Au cœur du conflit, une Juive et un Palestinien
dans le village de la tolérance

Avec la collaboration
de Jacques Lesinge

Michel LAFON

7-13, boulevard Paul-Émile-Victor – Île de la Jatte
92521 Neully-sur-Seine Cedex

À tous ceux qui œuvrent pour la paix dans le monde.

CHAPITRE PREMIER

La publication des bans dans le journal communal de Zurich n'étonne personne. Noyée parmi une dizaine d'autres, l'annonce de notre mariage passe inaperçue : le 6 octobre 1988, Evi Guggenheim va épouser Eyas Shbeta... Quoi de plus naturel ? Le même jour Nathalie Zull épousera Philippe Bosch et Sylviane Sander, Boris Marken, sans que personne s'interroge... Alors Evi et Eyas, pourquoi pas ? Une union de plus, un couple qui se forme pour le meilleur et pour le pire et se fondra dans l'anonymat de la société.

Pas tout à fait. Une particularité rend ce mariage exceptionnel : une Juive épouse un Palestinien. Une femme d'Israël s'engage pour la vie avec un homme d'origine arabe. Sitôt notre union scellée, enregistrée par les autorités helvétiques, ici, à Zurich, où l'un de nous deux est né, ce qui a simplifié les formalités, nous repartirons vivre dans notre village de Neve Shalom Wahat al-Salam, à mi-chemin entre Jérusalem et Tel-Aviv.

Neve Shalom Wahat al-Salam a été imaginé en 1967 par un prêtre français, Bruno Hussar. Son nom, associant l'hébreu et l'arabe, signifie « oasis de paix », « source de paix ».

À l'origine, l'ecclésiastique envisageait de créer un

village réunissant des juifs, des musulmans et des chrétiens. Il voulait mêler les religions.

Dix ans plus tard, un petit groupe, dont nous faisions partie, s'est formé autour de lui. Après de longues discussions et réflexions, nous avons infléchi son projet. Tous ceux qui étaient présents sur ce monticule de caillasses aride que nous prétendions transformer en Éden étaient d'accord sur ce point : l'essentiel était de faire vivre ensemble des Arabes et des Juifs. L'aspect religieux devait être accessoire et non essentiel.

De même, nous avons très vite compris que nous faisions fausse route en essayant d'établir des règles communes à tout le village. L'intention était louable, mais elle était dictée par un souci d'égalité, là où il fallait préférer l'équité : respect des droits de chacun.

Rechercher l'uniformité, c'était se voiler la face, dissimuler une fois de plus notre identité au lieu de la revendiquer, de l'assumer pleinement. Nous procédions de nouveau à cette mutilation morale chronique que nous cherchions depuis toujours à évacuer. Nous allions très exactement à l'inverse du but recherché : affirmer nos origines, vivre nos différences en paix et au soleil...

Les premiers temps ont été durs pour nous. Très durs. Matériellement, nos conditions de vie étaient épouvantables. Chaque jour, il nous fallait batailler tout autant contre la rocaille et le dénuement que contre les institutions, l'incompréhension et le dogmatisme des uns et des autres. Mais notre foi en l'avenir était inébranlable. Notre certitude d'être sur la bonne voie nous servait de levier pour soulever les obstacles. Nous avons peiné, nous n'avons jamais douté : cela nous a permis de ne pas renoncer malgré des moments de grande lassitude, de profond découragement.

Aujourd'hui, nous savourons notre récompense, nous vivons dans le village que nous avons voulu et construit à notre mesure. Un village sans frontières, sans barrières, sans tabous : un village normal, mais qui devient totalement anormal, atypique, ici en plein cœur d'Israël, parce que des Arabes et des Juifs y assument leur conflit, ce qui leur permet de vivre sereinement et en harmonie.

Leurs enfants fréquentent la même école, où l'on enseigne l'histoire et les mathématiques, mais aussi la tolérance, le respect de l'autre, son droit à la différence. Les gosses des deux communautés partagent les mêmes jeux et s'ils se fichent des peignées comme tous les gamins du monde, cela n'entraîne pas de raids punitifs, ni une intifada, mais simplement une solide fessée parentale.

Notre histoire personnelle est intimement liée à ce coin de terre que nous avons défriché et sur lequel nous avons planté nos maisons pleines d'espoir, tournées vers l'avenir. Nos objectifs affichés nous ont mis à l'index. Nos choix ont bouleversé nos vies et celles de nos familles, de nos proches.

En Israël, notre village est montré du doigt, cité en exemple ou dénoncé, applaudi ou vilipendé. Il est unique et ne laisse pas indifférent. Son évolution est suivie à la loupe parce que les deux communautés ont choisi d'y vivre côte à côte plutôt que de se battre.

Elles apprennent là à se connaître, à se comprendre, à s'apprécier, ce qui n'est pas évident sur ce territoire déchiré, tiraillé entre deux cultures, divisé par un passé tourmenté, et un présent incertain. Les blessures sont profondes, les rancunes sont tenaces, les menaces sont précises.

Dans ce contexte, notre union n'a pas été acceptée facilement. Aujourd'hui encore quelques-uns de nos proches la dénoncent. À des degrés divers, nos familles ont été perturbées, choquées. Leurs réactions nous ont peinés, mais nous les comprenons. Nos deux familles ont toujours vécu dans deux camps opposés. Leur histoire est le reflet de l'Histoire du pays, faite de combats, de haines, d'affrontements. Nous avons voulu briser ce cercle infernal, mais la rancœur a la vie dure.

Avec le temps, les reproches et les anathèmes se sont quelque peu estompés. Pas toujours. Certains refusent encore notre situation.

Même dans notre village, pourtant réceptif aux idées avant-gardistes, on estime, quelquefois, que nous sommes allés trop vite, que nous avons franchi un pas de trop. D'ailleurs, nous sommes toujours le seul couple mixte, ce qui ne constitue en rien un échec. C'est ainsi, et c'est sans importance.

Nous ne souhaitons pas faire de Neve Shalom Wahat al-Salam un laboratoire de la mixité, mais une école de la tolérance et de la paix. Nous ne nous sommes pas mariés par défi, par bravade, mais par amour tout simplement. Nous ne revendiquons pas l'exemplarité, nous souhaitons au contraire que notre geste s'inscrive dans une démarche naturelle, qu'il soit banalisé, comme dans tous les pays du monde. Voilà notre but.

La question de savoir si le mariage est mixte ou non ne devrait même pas se poser. Les unions entre Juifs et Palestiniens ne doivent pas être perçues comme de la provocation, ni comme une originalité, mais comme un processus naturel, comme un aboutissement logique pour deux êtres qui s'aiment et souhaitent fonder un foyer où leurs enfants s'épanouiront.

Personnellement, nous sommes parvenus à ce stade après huit ans de réflexions, d'interrogations, et d'hésitations. Pour une Juive, épouser un non-Juif est déjà une trahison. Alors, un Arabe... Imaginez...

Nous avons pris la décision de nous marier lorsqu'elle ne nous effrayait plus. Nous avions répondu aux questions essentielles et défini le cadre de notre union.

Aujourd'hui encore nos différences sont toujours bien présentes, mais elles ne font plus obstacle. Nous y tenons, nous les acceptons plus que jamais l'un et l'autre, nous apprenons à vivre avec, à les analyser, voire à les critiquer. Elles constituent notre identité, notre patrimoine culturel, et c'est à ce titre que nous devons les respecter, les protéger, les sacraliser. Elles n'empiètent absolument pas sur le domaine de l'autre : elles existent, et c'est merveilleux de s'y reconnaître, de s'y retrouver. Cultiver ses différences en paix permet de profiter du jardin du voisin. La curiosité invite alors à s'y promener pour en goûter les fruits.

Nos deux peuples ont, pendant longtemps, erré sur des chemins parallèles. Le mythe du Juif errant croise aujourd'hui la route du Palestinien exproprié. Loin de les réunir, cette triste connivence les divise.

C'est cette tendance que nous souhaitons inverser à Neve Shalom Wahat al-Salam. Nous voulons démontrer que nous pouvons vivre ensemble, partager, ou « se » partager la même terre, sans que quiconque ait à renier ses origines, sa culture, ses croyances.

Le premier enseignement que nous avons tiré de notre expérience communautaire, c'est que deux peuples peuvent aspirer à leur patrie, à leur sol, à leur pré carré, tout en vivant en paix l'un près de l'autre. Ils peuvent même dresser des clôtures. L'essentiel est que les portes restent ouvertes pour que l'on réalise un jour que la barrière est superflue.

Notre couple s'est formé dans ce contexte, dans cet esprit. Nous nous sommes découverts, reconnus, appréciés puis aimés dans l'adversité. Des moments forts nous ont réunis, des émotions intenses ont soudé nos corps et nos esprits.

Notre amour est pur, il a été forgé au creuset de l'espoir, de la fraternité et de la paix, il a été nourri d'idées simples et nobles, et ne se réclame que du bon sens. Nous sommes heureux de l'abriter là, dans ce village de lumière et d'ouverture devenu fort agréable, que nous allons encore développer, activer, moderniser.

Neve Shalom Wahat al-Salam veut se démarquer des idées obsolètes et niaises du Peace and Love. Chez nous, le rêve est autorisé, mais l'action est privilégiée. Le réalisme prime.

Nous avons ouvert une école et aménagé des jardins pour nos enfants et ceux des villages voisins, mais nous avons aussi créé une École de la Paix où nous organisons des rencontres éducatives entre Juifs et Arabes. Nous songeons maintenant à l'ouverture d'une université de la Paix.

Notre amour s'est développé tout au long de cette merveilleuse aventure humaine faite de bons moments et de joies, mais aussi de catastrophes et de peines, d'espoirs et de désillusions.

Nous espérons que ce récit apportera une pierre dans le fragile édifice de la paix, qu'il dessillera quelques yeux, ouvrira les esprits, dégagera des horizons nouveaux et démontrera que l'on peut vivre ensemble à condition de le vouloir.

C'est là notre vœu.

CHAPITRE II

EVI

Zurich, Suisse (23 février 1955)

En ce matin frileux de février, Zurich s'affaire. La neige étouffe les pas des banquiers qui glissent en silence vers leurs bureaux. Seuls les coups de sonnette haut perchés des tramways résonnent dans la ville encore assoupie. Zurich est propre, Zurich est calme, Zurich est sûre. C'est ce sentiment de sécurité, de quiétude, que Erika, ma mère, apprécie par-dessus tout en ce jour béni où elle vient de me donner la vie à l'école de sages-femmes Pflegerinnenschule, parfaitement silencieuse et aseptisée. Même les nouveau-nés semblent retenir leurs pleurs par crainte de déranger. Erika est heureuse, épanouie, je suis son deuxième enfant, sa première fille, et elle a la certitude qu'aucun danger ne nous menace. Dans l'immédiat en tout cas. Car confusément elle n'a toujours pas chassé les années noires de son esprit et elle prie chaque jour pour que Dieu nous préserve de ces guerres, de ces persécutions auxquelles elle a eu la chance d'échapper en se réfugiant au Liechtenstein mais que tant des nôtres ont connues quinze ans plus tôt. Le nazisme a laissé en elle de profondes blessures. Même si elle le sait vaincu, condamné, elle craint encore de le voir renaître un jour sous une forme ou sous une autre et cherche par tous les moyens à mettre ses enfants à l'abri de ce fléau. Ces souvenirs maudits se mêlent à son bonheur lorsque son visage se penche sur l'oreiller où je piaille et gesticule maladroitement.

Je suis juive, ne le sais pas et ne m'en soucie guère lorsque je tète goulûment le sein maternel.

Mes parents, eux, avant même que je naisse, ont déjà pensé à me préserver, à me préparer à l'anonymat qui me permettra de me fondre dans la masse au cas où la pieuvre reviendrait. Le choix de mon prénom n'a pas été dicté par la seule musique des mots ; mon père, Bernhardt, et ma mère l'ont voulu neutre pour qu'il ne trahisse pas mes origines. Ils ont choisi Evi, persuadés d'avoir trouvé les trois lettres passe-partout garantes de ma sécurité.

Durant les premières années de ma vie, j'étais bien loin, heureusement, de ces préoccupations et mon seul souci consistait à répartir mon temps équitablement entre mes jeux et mes repas comme tous les enfants de la terre qui ont la chance d'être bien nés.

Nous vivions dans un appartement confortable du centre de Zurich. Sans luxe excessif, il était suffisamment spacieux pour que je puisse m'y ébattre tout à mon aise avec mon frère aîné. Mes parents l'avaient choisi près d'une synagogue afin que nous puissions nous rendre aux offices à pied le jour du shabbat, qui nous interdit tout déplacement à bord d'un véhicule. Bien d'autres Juifs avaient fait le même choix, si bien qu'une importante communauté juive était concentrée dans ce secteur. Ma mère s'en réjouissait. Elle souhaitait par-dessus tout élever ses enfants dans l'univers clos de notre confession. Ainsi, elle n'aimait pas que je joue avec un petit voisin non-Juif dont j'appréciais pourtant la compagnie, et m'avait catégoriquement refusé un jour de décembre le sapin de Noël que je lui avais réclamé après en avoir admiré partout en ville. Maman m'avait alors expliqué que cet ornement appartenait à un autre monde auquel nous ne devions pas nous mêler. Il était l'expression d'une fête qui ne nous concernait pas. En se retranchant ainsi de la société suisse, ma mère se préservait – nous préservait – de la douleur d'être un jour exclue. Elle avait tant souffert d'être isolée du lot pendant la guerre qu'elle préférait maintenant se marginaliser plutôt que de connaître, à nouveau, l'affront et l'infinie tristesse d'être triée, repoussée, rejetée. Nous vivions ainsi quelque peu en autarcie et nous en accommodions fort bien.

Mon père dirigeait la fabrique de vêtements qu'il avait créée et faisait en sorte que nous ne manquions de rien. Ma mère, elle, n'avait pas trop de ses journées pour s'occuper de ses deux enfants tout en aidant mon père dans différentes tâches professionnelles. Elle veillait à notre éducation et trouvait le temps, quelquefois, pour se détendre, de cultiver les langues étrangères qu'elle parlait bien. Le français, notamment, la fascinait. Elle en avait apprivoisé les difficultés et déjoué les pièges à l'université de Neuchâtel où elle avait passé ses diplômes, et se gavait depuis de ses richesses, de ses subtilités, en se plongeant dans les œuvres reliées de Balzac, de Chateaubriand et de Victor Hugo, qu'elle rangeait avec précaution dans la grande bibliothèque du salon. Ses livres apparaissaient à mes yeux d'enfant comme autant de trésors. J'apprendrai bien plus tard que, pour ma mère, les langues étrangères qu'ils renfermaient étaient aussi des passeports pour la vie, des sésames pour l'exil :

– Si nous devons partir à nouveau, si nous devons fuir, ou si nous sommes chassés vers d'autres lieux, mieux vaut parler la langue du pays qui voudra bien nous accueillir, alors joignons l'utile à l'agréable, me confiait-elle souvent.

Pour l'heure, assise sur une minuscule chaise de poupée rose, je me contente d'échafauder mille projets, plus périlleux les uns que les autres, qui me permettront de grimper jusqu'à ces étagères où maman empile ces livres mystérieux qui paraissent si précieux.

Le temps s'écoule paisible et doux. Dans ce climat, j'ai peine à concevoir les misères endurées par les miens pendant la guerre. Les récits horribles que ma mère nous raconte régulièrement, à mon frère et à moi, me terrorisent. Elle nous parle de l'holocauste, nous décrit comment les soldats allemands tiraient sur les Juifs qui tentaient de traverser le Rhin à la nage pour fuir l'Allemagne. Ces images me hantent, m'effraient, et j'acquiers la certitude que je ne suis en sécurité qu'au cœur de notre communauté. J'aime me rendre à la synagogue où ma mère, profondément croyante, terrorisée à l'idée même de déplaire à Dieu, me traîne plus que de raison. Je retrouve là madame Bloch et c'est avec plaisir que j'écoute son enseignement religieux. Elle connaît toutes les prières, tous les rituels et me les transmet comme un coffret précieux. Son enseignement est fait de secrets que je m'applique à retenir :

– Trois pas en arrière, trois pas en avant, avant la

prière des dix-huit bénédictions... Tu te souviendras, Evi ?

– Oui madame Bloch.

Je suis née juive, je vis avec des Juifs, et il n'y a là pour moi rien que de très naturel.

C'est à l'école, alors que je ne suis encore qu'une toute petite fille, que l'on va me faire remarquer ma différence publiquement pour la première fois de ma vie. Ma mère vient de me donner un autre petit frère et, notre appartement étant devenu trop étroit, nous avons déménagé, toujours près d'une synagogue bien sûr. Je découvre un nouvel établissement scolaire et de nouvelles petites copines. Un matin je me chamaille dans la cour de récréation avec l'une d'elles pour quelques bonbons mal partagés. Rien de bien méchant. En plus de quelques tapes approximatives, nous cherchons désespérément à nous lancer les insultes les plus dures empruntées aux adultes. Dans un tir croisé rapide et saccadé fusent les « voleuse, teigne, méchante, mauvaise... ». Nous nous essoufflons et les mots commencent à manquer lorsque brusquement une injure me désarçonne :

– Sale Juive !

Je reste interloquée. Je sais très bien que je suis juive et n'y vois aucun déshonneur. Je devine le sens caché de l'insulte et comprend le lourd passif qu'elle véhicule. Le flot d'histoires raconté par ma mère me revient instantanément en mémoire. Je sais que je ne dois pas me taire, qu'il me faut parler pour expulser immédiatement ces souvenirs cruels qui m'assaillent, mais les mots me manquent et j'abandonne le terrain à mon adversaire.

Mais, lorsque je rentre à la maison, je confie aussitôt

mon désarroi à maman en lui racontant l'incident. Elle entre dans une colère folle.

– Qui t'a dit ça ?

La coupable est une voisine. Elle joue à ce moment-là sous nos fenêtres et je la désigne à maman qui sort immédiatement pour lui administrer une gifle magistrale. Dans la violence de ce geste transparaît la frustration de toutes ces gifles qu'Erika enfant, puis adolescente, n'a pu administrer à ceux qui l'offensaient. Ma pauvre amie paye pour tous et je me sens terriblement coupable. Je sais que je ne pourrai plus jamais jouer avec elle et cela me dérange car, malgré tout, je l'aime bien.

Alertée par les cris de sa fille, la maman de ma copine ne tarde pas à se manifester et demande des explications. Elle relativise alors la faute, ce qui ne fait qu'accentuer la rage de ma mère :

– Comment, ce n'est pas si grave que cela ? Si vous pensez ainsi, si vous n'expliquez pas à votre fille le sens de ses paroles, vous en ferez une nazie...

Dans les jours qui suivent j'aperçois souvent mon ex-amie dans son jardin, et je me retiens de lui faire un signe de la main. Je me sens mal à l'aise. Sachant que je ne peux plus lui parler, je suis parcourue par le frisson de l'exclusion.

Quelque temps plus tard dans le parc qui borde la Limmat, au pied du musée de Zurich, je surprends à nouveau un homme qui glisse à sa femme « ... avec ces sales Juifs... ». Cette fois, le doute n'est plus permis : pour ces gens, être juive doit constituer une tare et pourtant, j'ai beau me regarder dans la glace, me comparer à mes amies, je ne distingue aucune différence entre elles et moi. Ma vraie différence, je la porte en moi ; elle est interne. Je ne l'exprime pas, mais je la ressens profondément, chaque jour un peu plus.

Pour l'anniversaire de mes neuf ans, mes parents m'offrent une chaînette en or ornée d'un pendentif : une étoile de David. Ils me rappellent alors l'origine de ce symbole et ce qu'il représente pour nous dans notre monde moderne. Je sais tout cela, je sais que je suis différente de mes camarades, que j'appartiens à une autre famille, un autre peuple, mais que je n'ai pas à en rougir. Bien au contraire, je dois en être fière. Dieu en a décidé ainsi, mais quelquefois son choix est lourd à porter. Le soir, dans mon lit, dès que maman ferme la porte de ma chambre, je serre très fort mon étoile en lui promettant mille choses si de son côté elle veut bien veiller sur moi et me protéger. Notre sort est scellé, six petites branches me rappelleront à chaque instant que je suis juive et qu'il n'y a pas lieu d'en avoir honte, ni de s'en cacher. Et, une fois de plus, me reviennent à l'esprit l'histoire de nos familles et les terribles épreuves qu'elles ont affrontées.

Ma grand-mère maternelle, Ingrid, venait de Baden, en Suisse. Mon grand-père maternel, Jacob, a vu le jour en Allemagne. Il était médecin à Heilbronn. Un joli cabinet et une vie confortable qu'il partageait là avec ma grand-mère. Sommité reconnue et respectée, Jacob faisait autorité dans sa profession. Cette reconnaissance scientifique et humaine ne l'a pas dispensé, comme tant d'autres, des turpitudes et des humiliations dès l'arrivée de Hitler au pouvoir.

Très vite, mon grand-père Jacob, homme sensé et visionnaire, avait compris les desseins du Führer et cherché à quitter l'Allemagne, cette Allemagne qu'il avait pourtant servie avec courage et bravoure pendant la Première Guerre mondiale dans les tranchées de Verdun. Officier, médecin-major, il avait été décoré de la Croix de fer, pour son attitude d'autant plus méritoire face à l'armée française que la guerre allait à l'encontre de ses convictions et de sa formation universitaire. À ses yeux, cette décoration, honneur suprême pour un militaire, constituait uniquement un hommage, une reconnaissance. La paix enfin revenue, rentré vivant du front mais profondément choqué, il avait consigné dans son journal personnel l'horreur des combats et son aversion pour cette tuerie innommable, qu'il avait pourtant dû cautionner. Nous avons retrouvé ce document bien des années plus tard.

À l'aube de la Seconde Guerre mondiale, qu'il pressentait, et alors qu'il s'apprêtait à fuir devant la menace du nazisme, il confiait, amer, à ses proches :

– À quoi bon cette décoration ? À quoi bon ces sacrifices pour un pays que tu crois le tien ? Quoi que tu fasses, tu es juif et tu finis juif. Il en sera ainsi tant que nous n'aurons pas une terre, un pays, des frontières, un État juif indépendant, reconnu par tous.

En ces années de peste brune, cette Terre promise paraît bien illusoire et il faut avant tout se préoccuper d'un quotidien aussi sombre que les drapeaux de plus en plus nombreux qui fleurissent en ville.

Dans ce contexte extrêmement défavorable, le cabinet de mon grand-père, l'un des plus courus et des plus florissants de la ville, ouvre des appétits. Les loups rôdent déjà autour de la colonie juive et n'attendent qu'un signe pour la dépecer. Les tensions internationales s'accroissent, les accords de Munich de 1938, obligeant la Tchécoslovaquie à rétrocéder les territoires des Sudètes à l'Allemagne, n'ont fait qu'encourager le IIIe Reich à exiger toujours davantage. La guerre se profile chaque jour avec plus de précision. Churchill en a conscience lorsqu'il déclare, parlant des négociateurs : « Ils ont accepté le déshonneur pour éviter la guerre ; ils connaîtront le déshonneur et la guerre. »

Parallèlement, les discours antisémites se multiplient dans tout le pays, et les termes se font de plus en plus précis. Mon grand-père se débat dans ce tourbillon de haine croissante lorsqu'il reçoit un appel téléphonique d'un de ses patients. Celui-ci, proche des nazis, occupe un poste important à la mairie d'Heilbronn mais, malgré ses idées, demeure respectueux de mon grand-père qu'il estime et il le met en garde :

– Vous allez certainement recevoir la visite d'un médecin qui va vous proposer de racheter votre cabinet. Le prix sera très bas, mais je vous en supplie, acceptez, acceptez tout de suite, à n'importe quelle condition et partez immédiatement mettre votre famille à l'abri hors de l'Allemagne. Si vous refusez, si vous ne partez pas, vous serez déporté vers un camp de concentration...

Mon grand-père prend cette menace très au sérieux et, effectivement, quelques jours plus tard, une femme, médecin, connue pour ses opinions et son activisme nazis, se présente à lui. Elle lui propose bien d'acheter son cabinet mais sa démarche s'apparente plus à une expropriation qu'à un achat. La somme proposée est si dérisoire qu'elle ne parvient même pas à masquer le vol absolu. En temps normal mon aïeul aurait éconduit tout net l'impertinente, mais les circonstances sont telles qu'il s'en garde bien, et demande juste à réfléchir.

En fait Jacob a déjà pris sa décision. Résigné, la rage au cœur, mon grand-père accepte cette véritable spoliation et abandonne son cabinet pour une somme plus symbolique que significative.

Cette transaction honteuse ne fait qu'accroître ses problèmes face à un horizon de plus en plus bouché. L'idéal pour mes grands-parents serait de se réfugier en Suisse, mais la voie est déjà coupée de ce côté. En épousant un Allemand, Ingrid a perdu la nationalité suisse et ne peut renouveler son passeport, alors que la Confédération helvétique a fermé ses frontières aux Juifs. Par sécurité, ses gouvernants ont même demandé aux autorités allemandes de frapper leur passeport d'un « J » permettant de les identifier facilement.

C'est une vieille tradition ici de ne pas mélanger les genres.

Jusqu'au début du XXe siècle, les Juifs vivant en Suisse étaient déjà strictement regroupés et cantonnés dans deux villages, Endingen et Lengnau, et ne pouvaient en sortir que pour aller travailler, pour la plupart, à Zurich, la ville la plus proche. Presque tous empruntaient l'unique train de 8 h 25 assurant la desserte du matin entre Baden, la gare la plus proche, et Zurich. Si bien que, pour se désigner et se reconnaître entre eux discrètement, les Juifs ne disaient pas en parlant des leurs « c'est un Juif », mais « c'est un 8-25 ». Et le nazisme n'était pourtant pas encore d'actualité. C'est pour cela que beaucoup de Juifs vivant en Suisse aujourd'hui trouvent souvent leurs origines dans l'un de ces deux petits villages où étaient regroupés et consignés leurs ancêtres. La première et unique femme président, et Juive, de la Confédération, Ruth Dreifuss, est d'ailleurs citoyenne d'Endingen.

On comprend mieux que dans les années quarante la discrimination raciale n'ait pas eu trop de mal à s'implanter et à prospérer sur ce terreau favorable.

À la gare frontière de Bâle, les policiers suisses avaient passé des accords avec leurs homologues allemands les autorisant à monter dans les trains en aval de la frontière afin de débusquer les candidats à l'exil indésirables.

Interdit de territoire helvétique, mon grand-père Jacob trouve finalement un toit au Liechtenstein, en 1938. Mais, là encore, des médecins se liguent contre lui pour lui interdire d'ouvrir un cabinet alors qu'ils connaissent tous sa réputation. Pour vivre, mon grand-père accepte d'effectuer des remplacements dans la Suisse voisine. Les autorités de ce pays l'y autorisent. En revanche elles lui signifient clairement qu'il ne peut ouvrir un cabinet, à moins de repasser tous ses examens de médecine, de la première à la dernière année.

Ce grand médecin ne peut accepter cette contrainte. Il se contente donc des remplacements et se plie à cette nouvelle humiliation sachant qu'elle ne sera certainement pas la dernière ni la pire. Il pressent l'holocauste, en définit l'ampleur, et tente d'en limiter les conséquences. Devant cette vague d'antisémitisme qui gonfle et enfle, il cherche à anticiper pour mettre sa famille à l'abri du pire. Ainsi, il profite de ses allers-retours en Suisse pour raisons professionnelles ou pour rendre visite aux parents d'Ingrid, à Baden, pour passer de l'argent qu'il cache dans sa voiture, sous les banquettes où sont assis les enfants. Il prend là de grands risques. Si la police découvre son stratagème, la déportation sera au bout du voyage. Jacob en a conscience, mais il sait aussi que, même à Vaduz, au Liechtenstein, ses économies ne sont plus en sécurité. Et que ferait-il isolé, inactif et sans le sou ?

Dans le même temps à quelques dizaines de kilomètres de là, mes grands-parents paternels observent eux aussi avec angoisse la montée du nazisme et de l'antisémitisme. Mon grand-père, Théo, fait partie de cette génération née à Endingen et il a dû attendre la levée du blocus imposé aux Juifs pour venir vivre à Zurich avec Irma, ma grand-mère. Ils vivotent tous deux tant bien que mal de travaux de couture lorsque Irma décide :

– Je vais coudre des pyjamas et tu iras les vendre...

Théo accepte de bonne grâce et tous deux s'installent dans un petit atelier où ils travaillent dur du matin au soir, penchés sur des piles de pyjamas. Bien des années plus tard, cette modeste officine servira de point de départ à mon père pour bâtir sa fabrique de vêtements. Mais lorsque les années de guerre arrivent, Théo et Irma n'ont guère le loisir de penser à l'avenir de leur famille. Les lendemains sont trop incertains. Ils se terrent chez eux, se font le plus discrets possible et tentent de venir en aide aux parents et aux proches les plus menacés. Ils ne manquent pas.

En écoutant les récits de ma mère, j'ai appris avec horreur que bien d'autres membres de notre famille ont été obligés de se cacher ou de fuir pour échapper aux persécutions des nazis et qu'on les a obligés à porter une étoile jaune sur la poitrine. J'ai grandi avec cette image obsédante en tête et voilà qu'aujourd'hui elle interfère avec cette petite étoile de David que l'on vient de m'offrir. Je voudrais l'arborer avec fierté mais l'Histoire me rappelle qu'elle peut aussi me dénoncer, me trahir, me désigner à mes bourreaux. Cette ambivalence va me marquer à jamais et je frémis en songeant à mon oncle maternel frappé de cette marque jaune alors qu'il était encore enfant.

Il n'avait que treize ans lorsqu'il s'est retrouvé seul dans un appartement de Berlin pendant la terrible Nuit de cristal du 9 au 10 novembre 1938.

Hitler avait pris le prétexte de l'assassinat, à Paris, d'un conseiller d'ambassade allemand par un jeune Juif polonais pour lancer une gigantesque opération de répression contre les Juifs à travers toute l'Allemagne. En quelques heures, quatre-vingt-onze Juifs étaient tués, deux cent quatre-vingt-sept synagogues incendiées, et sept mille cinq cents boutiques tenues par des Juifs saccagées et pillées.

De gigantesques rafles étaient opérées dans tout le pays. Cette terrible nuit marquait le début de la déportation des Juifs vers les camps de concentration, notamment Dachau, mais elle provoquait aussi les premières tentatives de migrations vers la France, la Suisse, les États-Unis et, surtout, la Palestine.

Entassant tables et armoires derrière la porte, mon oncle avait réussi à décourager les policiers et les miliciens. Tenus par le temps, ils avaient renoncé devant cette résistance. L'enfant avait ainsi échappé à une déportation dont il ne serait peut-être jamais revenu.

C'est ce que ma mère souligne lorsqu'elle évoque ces souvenirs :

– Vois-tu Evi, j'ai la chance d'être là pour te raconter tout cela. Bien des familles ont été totalement décimées pendant ces années de guerre. Tes grands-parents, ton père et moi-même n'avons pas connu les camps de concentration. J'en remercie Dieu tous les jours.

Le pire a bien sûr été évité, mais ma mère ne peut oublier certaines vexations.

Au Liechtenstein, ses parents l'avaient inscrite dans un mouvement scout où elle s'épanouissait et se plaisait énormément. La compagnie d'adolescentes saines, heureuses de vivre, adoucissait son quotidien, lui faisait oublier les menaces qui pesaient sur sa famille. Mais très vite ma grand-mère Ingrid reçut une lettre, signée par la princesse du Liechtenstein, qui avait en charge les mouvements de jeunesse :

– Madame, le scoutisme est réservé aux enfants chrétiens et votre fille ne pouvant y prétendre, nous sommes contraints de nous séparer d'elle.

Et la princesse qui ne devait tout de même pas être très à l'aise croyait utile d'ajouter :

– Vu son jeune âge il serait certainement souhaitable de trouver une autre explication pour justifier notre décision auprès de votre fille.

Ma grand-mère préféra s'en tenir aux vrais motifs, estimant qu'il valait mieux préparer Erika aux épreuves qui l'attendaient plutôt que de lui masquer la réalité. Aujourd'hui encore, ma mère ne peut contenir son émotion lorsqu'elle évoque ce moment. Elle sortait à peine de l'enfance, se préparait à devenir une jeune fille et on lui jetait au visage qu'elle était une paria, qu'elle n'avait pas sa place dans la ronde parce qu'à Berlin un fou en avait décidé ainsi. Tous ces tracas, ces mesquineries, ces brimades eurent raison de la santé de ma grand-mère qui faillit en perdre la vue.

À la fin de la guerre, comme tous les Juifs, mes grands-parents et mes parents ne ressentirent pas seulement une immense joie, un profond soulagement, ils furent aussi convaincus qu'ils devaient se protéger, tout mettre en œuvre pour qu'à l'avenir un tel holocauste ne puisse se reproduire. Pour tous, la création d'un État d'Israël en Palestine s'imposait mais, bien avant la guerre, les Britanniques, alors maîtres de ce secteur par mandat, avaient rejeté cette idée, persuadés qu'elle déchaînerait le monde arabe et le retournerait contre les Occidentaux, mettant ainsi gravement en péril les intérêts anglais, ce qui ne pouvait se concevoir. Élémentaire.

Le 20 avril 1939, le Premier ministre Arthur Chamberlain avait d'ailleurs clairement tranché : « S'il nous faut offenser un côté, que ce soient les Juifs plutôt que les Arabes. »

Le choix était sans appel et il fallait le faire connaître très vite car les Arabes les plus extrémistes répandaient déjà leur sulfureux programme au Moyen-Orient : « Les Anglais à la mer ; les Juifs au Diable... »

Ce n'est donc pas de gaieté de cœur mais par raison que les Juifs installés en Palestine se rangent au côté des Britanniques pendant la guerre. À la fin du conflit, les rapports entre les deux peuples ne s'améliorent pas. Bien au contraire.

La Haganah, le bras armé de la résistance juive, multiplie les attaques contre les intérêts et les installations britanniques en Palestine. Les Anglais s'accrochent, intensifient la répression mais la situation se détériore chaque jour un peu plus. En juillet 1946, quatre-vingt-onze personnes sont tuées dans l'attentat dirigé contre le siège militaire et administratif du mandat britannique, installé à l'hôtel King David de Jérusalem. L'émotion est à son comble. La Haganah elle-même se démarque, dénonce l'attentat et précise qu'elle n'entend pas confondre la résistance armée et le terrorisme. Ceux qui revendiquent l'attentat assurent alors qu'ils avaient prévenu les Anglais qu'une bombe allait exploser au King David, mais que ceux-ci n'en avaient pas tenu compte. Malgré cette condamnation unanime, la tension ne baisse absolument pas. Les sabotages et les accrochages se multiplient et des milliers d'immigrés juifs tentent d'entrer clandestinement en Palestine, au mépris des quotas imposés, ce qui énerve de plus en plus les Anglais.

Leur redoutable service de contre-espionnage, le MI6, lance alors dans les ports de la Méditerranée une série de sabotages contre les navires convoyant des réfugiés vers la Terre promise. À trente kilomètres au large de Gaza, ils arraisonnent violemment l'*Exodus*, un navire parti du sud de la France, et entassent ses occupants dans trois autres bateaux qu'ils renvoient vers l'Europe. Après une abominable traversée, les familles juives terminent leur voyage à Hambourg, et l'*Exodus* entre dans l'Histoire, devenant le symbole d'un peuple apatride.

Face à la dégradation constante de la situation, les diplomates anglais et américains cherchent désespérément à trouver un compromis qui permettrait aux Juifs et aux Arabes de vivre en paix. Toutes les solutions sont envisagées et aussitôt rejetées par les uns ou par les autres en fonction de leurs intérêts ou de leur idéologie. Faut-il créer un État palestinien où cohabiteraient les deux communautés, ou bien deux États distincts ? La question se pose déjà et les réponses proposées ne satisfont pas plus qu'aujourd'hui. Elles ne font au contraire qu'exacerber la haine et les rancœurs entre Juifs et Arabes.

À cette époque mon grand-père Jacob s'installe à Zurich et se consacre à la rédaction d'ouvrages scientifiques puisqu'il ne peut toujours pas exercer dans un cabinet.

Voilà donc mes deux familles, maternelle et paternelle, installées à Zurich et c'est là que chacun suit de son côté avec la plus grande attention les négociations sur la Palestine, passant de l'espoir à la désillusion, de la confiance à la crainte.

En 1947, les Anglais jettent l'éponge. Ils sont épuisés par ce conflit où ils s'enlisent, et qu'ils n'ont plus les moyens d'assumer financièrement. Ils se débarrassent du problème en le confiant à l'ONU.

Après de multiples tractations, une commission internationale est constituée. Ses membres partent pour la Palestine afin de s'occuper du problème.

À leur retour, ils notent que les installations des colons juifs, et notamment les fermes, sont beaucoup plus développées, plus modernes que celles des Arabes. Ils optent pour la partition et rédigent une proposition en ce sens.

L'Assemblée générale des Nations unies devra se

prononcer le 29 novembre 1947 sur la création ou non d'un État d'Israël indépendant. Tous les pays arabes sont farouchement hostiles à cette résolution qui n'est pas gagnée d'avance car certains petits États hésitent à choisir leur camp. Jamais, par exemple, de toute leur histoire, les diplomates de la République d'Haïti n'auront été si courtisés qu'en cette période. Cette indécision est d'autant plus surprenante que, pour une fois, Russes et Américains sont d'accord sur la proposition présentée et mise au vote.

Ma mère n'oubliera jamais cette journée du 29 novembre 1947, elle peut la restituer sans omettre le moindre détail. Comme tous les Juifs du monde, elle s'était assise avec ses parents devant un poste de radio posé au beau milieu de la table du salon. Exceptionnellement, mon grand-père avait même délaissé son bureau pour suivre le vote en famille. L'attente fut angoissante car le doute demeura jusqu'au bout. Le « oui » à la création d'un État d'Israël finit par l'emporter, mais d'extrême justesse : trente-trois votes pour, treize contre (dont Cuba et l'Inde), et dix abstentions, dont l'Angleterre. À trois voix près, la majorité des deux tiers étant requise, la proposition était rejetée. On était loin de l'unanimité...

Mais l'essentiel était fait : Israël était né, les Juifs avaient leur patrie.

Dans l'appartement de Zurich on battait des mains, on s'embrassait, on pleurait, on riait, on entonnait les chants traditionnels, on sortait du buffet les pâtisseries sucrées à souhait. La fête était totale. Tout comme en Palestine où tous les Juifs hurlaient leur joie dans les rues en folles farandoles. Enfin ils existaient, enfin ils allaient pouvoir s'identifier à un drapeau, à une patrie, à un gouvernement. Au pied de l'immeuble des Institutions nationales, à Jérusalem, une jeune femme que personne ne connaissait encore, directrice par intérim du département politique de l'Agence juive, s'adressait à la foule :

– Pendant deux mille ans nous avons attendu notre délivrance. Et maintenant qu'elle est là, elle paraît si grande, si merveilleuse, que les mots manquent pour exprimer nos sentiments. Juifs, mazel tov !

Cette oratrice qui souhaitait bonne chance à son peuple s'appelait Golda Meir, son discours était un feu de joie, une brassée d'espoir et nul en ce jour grandiose ne se serait permis d'entraver la liesse populaire, d'en modérer l'ardeur. Les Arabes eux-mêmes se faisaient extrêmement discrets, abandonnant la rue aux vainqueurs du jour pour se calfeutrer à l'intérieur de leurs casemates. Pour eux, le vote de l'ONU était un camouflet, une insulte. Ils ne l'admettaient pas, ne l'admettraient jamais.

Loin des clameurs populaires, les responsables du nouvel État juif savent très bien, eux aussi, que le plus dur reste à faire, qu'ils ont gagné une bataille d'importance mais qu'ils ne vont pas trouver le repos ni le calme pour autant. Le premier d'entre eux, Ben Gourion, ne se fait aucune illusion : à ce moment, alors que son peuple hurle sa joie, il se prépare à la guerre.

CHAPITRE III

EYAS

Taïbe, Palestine (19 mai 1956)

Notre maison de Taïbe est écrasée de soleil. Dans la chambre qu'occupe Maqboula, ma mère, un tout petit ventilateur électrique posé sur le plateau en Formica d'une table roulante se signale plus par ses grincements lancinants que par ses déplacements d'air. Les échos de la rue se mêlent au brouhaha qui règne en permanence dehors et envahissent la pièce par la fenêtre ouverte derrière les stores baissés. Chacun se satisfait de ces bruits de fond et ma mère ne prête strictement aucune attention aux va-et-vient incessants des uns et des autres. Déjà maman d'un garçon et de cinq filles, elle a mis au monde un nouvel enfant et sa seule préoccupation consiste à vérifier que je suis conforme aux normes et en parfait état de marche. Rassurée sur ce point, elle m'enfouit dans ses bras et chantonne doucement, comme elle en a l'habitude.

Notre demeure n'est pas luxueuse, le confort est assez rudimentaire, mais Maqboula et Ibrahim, mon père, font tout pour que nous y vivions heureux, à l'abri du besoin et, surtout, à l'abri d'un climat politique et social pesant, terriblement incertain.

Notre terre est une poudrière mais nos terrains de jeux sont des havres de paix propices aux rêves d'enfants et aux cavalcades insouciantes. Je garde de merveilleux souvenirs de cette enfance où toutes les pièces de la maison étaient autant de cours de récréation.

Les années passent... Nous allons bientôt être douze enfants à nous partager ou nous disputer, quelquefois, le territoire d'une nouvelle maison plus vaste où nous emménageons, à Tira. Impossible de s'ennuyer dans ces conditions. Le soleil à peine levé, un bol de lait de chèvre avalé à la hâte, nous filions vers les vastes espaces arides et rocailleux qui cernaient la maison, à mille lieues de penser que notre terre était meilleure, couverte d'orangers, dans le village de nos parents, celui où ils vivaient avant que les Israéliens les chassent.

Ibrahim et Maqboula restent discrets sur ce point, tout comme Souad, notre grand-mère maternelle qui partage notre toit. À quoi bon perturber notre vie d'enfant avec des histoires de grands auxquelles nous ne comprendrions pas grand-chose ?

Notre père s'attachait bien plus à notre éducation qu'à notre formation politique. À ce niveau nous étions des privilégiés : il était directeur d'école et nous a très vite appris à lire et à écrire dans une région où le taux d'illettrisme était très élevé. Parfaitement protégés, nous n'avions pas plus conscience de ce formidable atout qu'il nous offrait, que de l'environnement hostile dans lequel nous grandissions. Quelques anomalies nous intriguaient un peu mais, bien loin de nous effrayer, elles avaient au contraire tendance à nous amuser parce qu'elles constituaient autant d'inattendus.

Taher, l'oncle paternel de mon père, chassé en Jordanie en 1947, venait quelquefois chez nous la nuit en Palestine, à l'insu de la garde israélienne. Dès qu'il arrivait, la fête s'improvisait malgré l'heure incongrue.

Après les embrassades, les effusions, notre père et son oncle parlaient souvent une bonne partie de la nuit devant un verre de thé.

D'autres nuits, c'était ma grand-mère maternelle, Souad, elle aussi chassée en Jordanie en 1947, qui frappait à la porte à l'heure de la lune. Quelle merveilleuse surprise pour un enfant ! Et comment imaginer que la vieille femme, emmitouflée dans sa longue robe noire, avait parcouru des kilomètres à pied pour passer la frontière de nuit sans être vue par les gardes ?

Pendant longtemps ces visites nocturnes ont fait notre joie. Jusqu'à cette nuit où Taher est arrivé livide et essoufflé, s'écroulant sur une chaise sitôt la porte verrouillée :

– Ils m'ont tiré dessus.

Je n'ai entendu que ces mots. Cette nuit-là, notre père nous a invités à regagner nos lits. En chuchotant, j'ai alors interrogé mon grand frère :

– Qui a tiré sur Taher, pourquoi ?

Avec une mine de conspirateur il m'a vaguement expliqué ce qu'il ne savait pas bien lui-même. En tout cas, il était certain que Taher ne se promenait pas la nuit par excentricité et je comprenais enfin que ces arrivées tardives n'étaient pas forcément synonymes de fêtes. Ce qui m'attristait profondément. D'abord parce que je ne pourrais plus m'en réjouir, ensuite parce que je sentais confusément un danger, sentiment qui jusqu'ici m'avait épargné.

Même s'il me troublait, cet incident ne m'empêcha pas de retrouver bien vite mon bonheur de vivre et je ne me posais pas plus de questions. En grandissant je prenais toutefois lentement conscience que la vie n'était pas tous les jours facile pour mes parents et qu'ils se privaient de tout pour que nous ne manquions de rien. Ma mère déployait des trésors d'ingéniosité pour nourrir sa grande famille avec le modeste salaire de mon père, même si nous passions pour des nantis aux yeux de ceux qui n'avaient rien, et qui étaient légion sur le secteur. Ibrahim et Maqboula nous répétaient souvent que nous n'étions pas à plaindre. Il n'empêche que notre mère avait bien du mérite d'assumer sans broncher ses tablées de quinze personnes, voire plus, car nos familles étaient immenses et les passages impromptus ne manquaient pas.

Quelquefois soucieux, notre père n'étalait pas, lui non plus, ses préoccupations et s'efforçait de nous en dispenser. Souvent, je l'entendais pourtant confier à maman :

– Cette maison part en ruine. Dès que nous aurons un peu d'argent, il faudra entreprendre des travaux.

Ma mère hochait la tête sans conviction sachant très bien que le budget était si serré qu'il ne permettait même pas d'envisager l'achat d'un sac de ciment. Pour rien au monde elle ne l'aurait fait remarquer à mon père. De toute façon, il le savait aussi bien qu'elle. Même une catastrophe n'y pourrait rien changer, et elle survint.

Un jour, ma grand-mère Souad était assise sur le pas

de la porte, à l'ombre de la maison. Elle tenait sur ses genoux l'un de mes petits frères, serré contre sa poitrine. La tête penchée en avant, elle le protégeait totalement de son corps lorsqu'une lourde pierre se détacha du mur, fracassant le crâne de ma grand-mère et lui brisant net les vertèbres cervicales. Elle s'affaissa d'un coup sur mon petit frère qui grogna juste un peu, mécontent d'être dérangé pendant son sommeil, cependant que le caillou meurtrier terminait sa course dans un nuage de poussière au pied de la chaise.

Accouru en toute hâte depuis l'école, mon père serra les poings, impuissant, devant le corps de Souad étendu sur un lit. Puis il sortit et contempla le mur lézardé. Une larme glissa de ses yeux et se perdit dans les rides profondes de sa joue.

Les hommes du village présents s'étaient rassemblés autour de lui. L'un d'eux s'approcha :

– Nous allons tous t'aider à refaire ce mur.

Mon père se retourna, lui sourit, puis rentra dans la maison. Au loin, un villageois poussait devant lui une brouette déglinguée. Il apportait trois sacs de ciment dénichés on ne sait où et une truelle...

Le soir, j'entendis juste mon père souffler à ses amis réunis autour de lui :

– Nous avions une si jolie maison à Miski, si jolie... Les Israéliens ont confisqué tout le village en 1947...

Tous les hommes baissèrent la tête, gênés, avant que l'un d'eux murmure :

– Bientôt, nous aurons à nouveau de jolies maisons...

Quelque temps plus tard, Taher a débarqué une nouvelle fois à la maison. Il portait avec lui un petit sac, signe qu'il allait rester quelques jours parmi nous et, peu après son arrivée, la bonne nouvelle tombait :

– Vendredi, un ami nous emmène en camionnette jusqu'à Miski, notre village d'avant, nous annonça mon père.

Puis, plus bas, brièvement :

– Enfin, ce qu'il en reste...

Pour nous, enfants, une visite à Miski, située à quelques kilomètres de notre maison de Tira, constitue une fête et le jour dit, dès huit heures nous sommes tous les douze assis au bord de la route, guettant la camionnette. Nos parents s'amusent de notre impatience et tentent vainement de la tempérer. Un vieux pick-up couleur sable se profile enfin vers 9 heures à l'entrée du village, et à peine est-il arrêté que nous partons à l'assaut de son plateau dans une farouche bousculade.

Deux heures plus tard, nous sommes sur place mais, les yeux écarquillés, nous cherchons désespérément le village. Rien. Pas une maison. Par endroits un vague tas de pierres indique qu'à cet endroit il y avait peut-être une bâtisse, mais il n'y a plus la moindre trace de vie. Mon père et son oncle nous décrivent pourtant le village de leur enfance. Tout en marchant, ils désignent des emplacements du doigt :

– Ici, c'était la maison des Farik, là-bas celle des Bensaoud, et au centre il y avait une petite place où les hommes se réunissaient le soir, après la prière...

Nous marchons ainsi le nez en l'air depuis un bon moment lorsque mon père et son oncle s'arrêtent brusquement devant un petit monticule de caillasses. Ils paraissent émus et nous le ressentons si fort que nous

nous rangeons autour d'eux en silence. Cette fois c'est Taher qui raconte :

– Voilà, notre maison était là. Elle était grande et solide. Il le fallait pour abriter toute la famille.

Puis, d'un geste large, il délimite un vaste espace :

– Toutes ces terres étaient à nous. Elles étaient prospères...

De magnifiques orangers en témoignent encore. Taher cueille quelques fruits et nous les distribue avant d'enfourner encore quelques oranges dans un sac en précisant :

– Ces orangers étaient également à nous, mais les Israéliens nous ont chassés, nous ont tout pris. Ils ont redistribué nos terres aux colons.

Taher fait un geste d'impuissance et nous repartons vers notre camionnette lorsqu'une patrouille militaire israélienne arrive. Trois soldats interpellent mon grand-oncle en nous montrant du doigt :

– Où ont-ils pris ces fruits et qu'est-ce que tu as dans ton sac ?

Taher est bien obligé de montrer sa cueillette et les soldats se font aussitôt menaçants :

– Mais c'est du vol...

Cette fois Taher s'emporte :

– Du vol ? Mais ces orangers étaient à nous, c'est mon père qui a planté ces arbres, et avant lui mon grand-père...

D'un geste brusque, le chef de la patrouille arrache le sac d'oranges des mains de mon grand-oncle et fait rouler les fruits dans sa Jeep :

– Allez, ça suffit, vous déguerpissez, et soyez heureux qu'on ne vous emmène pas.

La fête est bien finie. La haine, la rage se lisent dans les yeux de mon père et de son oncle. Sans un mot nous regagnons notre véhicule qui démarre aussitôt en direction de Tira.

Pour la première fois de ma toute jeune vie je me sens humilié, je prends conscience que cette terre que je voyais si généreuse ne m'est pas offerte, que d'autres me la disputent et que je devrai sûrement me battre pour la reconquérir puis la conserver. Mes rêves de gosse s'estompent devant la réalité des adultes, et je veux savoir pourquoi ces soldats nous ont privés de nos oranges.

Le soir, au dîner, mes frères et moi posons des questions précises à mon père sur notre pays, notre famille. Et cette fois, il accepte de parler. Cette rude journée aura servi de révélateur.

Nous réalisons ainsi que si nous ne sommes pas bien riches, loin de là, c'est parce que nous avons été dépossédés. Malgré cela, nous restons des privilégiés car nous avons la chance d'appartenir à une famille « d'intellectuels », voire à une élite. Non seulement notre père est directeur d'école, mais notre grand-père était le maire de Miski et le chef religieux puissant et respecté du village, à l'époque où la Palestine faisait encore partie de l'Empire ottoman.

Des Turcs à la tête de notre pays, cela nous paraît inconcevable et mon père en sourit, car c'est pourtant la réalité. C'est pendant la Première Guerre mondiale qu'ils ont été chassés par les Occidentaux et que les Anglais ont été mandatés par les Alliés pour les remplacer.

Il est évident qu'au récit de notre père, notre orgueil

d'enfant se hérisse : nous acceptons mal qu'un occupant en ait chassé un autre et, accrochés aux lèvres du conteur, nous exigeons des explications. Mon père nous dit :

– Notre peuple a tenté de résister aux Anglais, mais il n'était pas suffisamment puissant et trop mal armé. Nous avons dû nous incliner. Profitant de cette situation, des Juifs chassés d'Europe ont afflué par milliers en Palestine. Beaucoup s'infiltraient dans le pays clandestinement, contournant les quotas imposés par les Anglais et leurs alliés. Débordés, les Britanniques ne pouvaient endiguer cette vague.

Mon père nous explique alors que cette invasion insidieuse des Juifs en Palestine créait de nombreuses tensions. Très vite, et à juste titre, les Arabes ont soupçonné les nouveaux arrivants de vouloir leur voler leurs terres. Il était évident, pour les plus lucides, que le nombre de Juifs ne cesserait de gonfler et qu'ils auraient besoin d'élargir leur territoire. D'ailleurs David Ben Gourion, jeune pionnier installé à Sejera, en Galilée, depuis 1906, ne disait pas autre chose entre les deux guerres, même si le vent ne portait pas encore son discours aux quatre coins de la Palestine.

Vivant souvent côte à côte, les deux communautés ne parlaient pas la même langue, se détestaient et se craignaient tout à la fois. Au fil des années, les heurts, les accrochages se sont faits de plus en plus fréquents. Le 25 août 1929, de véritables émeutes ont éclaté dans les vallées de Jezréel, de Beisan, du Jourdain, et dans plusieurs villes du pays, notamment à Haïfa.

À cet instant de son récit, mon père nous précise même :

– Des hommes de notre village, ici, des hommes de Tira, où nous vivons aujourd'hui, avaient formé une colonne pour rejoindre les émeutiers de Haïfa. Peu après leur départ, ils ont été mitraillés sur la route par un avion britannique et ont dû renoncer à leur projet. Les Anglais n'ont pas hésité à employer la manière forte pour mettre un terme aux hostilités. Ils n'avaient que faire que Juifs et Palestiniens s'entretuent, mais ils savaient très bien que si les affrontements dégénéraient, ils risquaient d'être très vite débordés. La région pouvait s'enflammer et ce sont alors leurs propres intérêts qui auraient été menacés. Ils ont donc très vite rétabli l'ordre et cherché à minimiser les incidents, assurant qu'ils n'avaient été fomentés que par une poignée d'extrémistes arabes, que les Juifs, eux, qualifiaient beaucoup plus simplement de brigands. On sait maintenant que le malaise était beaucoup plus profond.

On va en prendre conscience sept ans plus tard, en avril 1936. Un groupe de rebelles arabes, vaguement organisé, tue deux colons juifs qu'ils tentaient de rançonner et en blesse grièvement un troisième, dans la région de Tulkarem. Les représailles ne se font pas attendre et cette fois la violence gagne tout le pays comme une traînée de poudre. Du Nord au Sud et de la Méditerranée au Jourdain on s'entretue allègrement sans distinction d'âge ni de sexe. Les Anglais commettent une erreur majeure : au début du soulèvement, ils sous-estiment la détermination des Arabes, et ils se retrouvent très vite débordés. Les affrontements sont terriblement meurtriers. Un ordre de grève générale lancé par les organisations palestiniennes n'arrange rien car il permet aux hommes désœuvrés de prendre les armes. La situation est si grave que les responsables politiques juifs appellent finalement leurs troupes au calme, les Anglais les menaçant de les traiter exactement comme les rebelles s'ils ne baissent pas les armes.

Une commission dirigée par Robert Peel, ancien ministre anglais, débarque en Palestine le 11 novembre 1936, pour tenter de remettre de l'ordre, évaluer la situation, et proposer des solutions, ce qui n'est pas du tout évident tant la haine et la rancœur sont omniprésentes dans un camp et dans l'autre. L'arrivée du négociateur amène pourtant une fragile trêve.

Finalement Peel propose une partition du pays accompagnée d'un inévitable déplacement de population. « Les Anglais contraindront par la force les Arabes qui refuseraient de s'y soumettre », prévoit le rapport.

À peine ces conclusions de Peel connues, les Palestiniens se précipitent à nouveau sur les armes qu'ils n'avaient pas déposées bien loin et la rébellion reprend de plus belle. Pas question pour eux d'envisager un seul instant de céder une parcelle de leur territoire. Sur ce point, ils sont tous d'accord. Les Anglais réussissent même ce tour de force incroyable, impensable : faire parler d'une seule et même voix toutes les factions palestiniennes. Musulmans, chrétiens, extrémistes, modérés... tous sont farouchement hostiles à ce projet mis au point sans la moindre concertation avec les représentants arabes et entendent s'y opposer par tous les moyens. Et ils le prouvent immédiatement par des séries d'attentats et d'embuscades qui mettent le pays à feu et à sang.

Les Palestiniens se rebellent contre le plan de Peel, mais aussi pour s'opposer à la Haganah qui depuis longtemps se restructure et se renforce considérablement, prenant nettement l'aspect d'une armée tout à fait régulière et extrêmement active qui s'emploie à occuper le terrain.

Pris entre deux feux, les Britanniques tirent, mitraillent, arrêtent, jugent et pendent à tout-va. Juif ou Palestinien, tout homme pris les armes à la main est sévèrement condamné, voire exécuté. Le pays n'est plus qu'un vaste champ de tir et, petit à petit, il bascule dans la folie totale. Des unions se lézardent, des clans se forment et s'affrontent, on ne sait plus qui tire sur qui. Les Juifs tirent sur les Arabes, les Arabes tirent sur les Juifs, les Anglais tirent sur tout le monde, et tout le monde tire sur les Anglais...

Pendant des mois le chaos et la confusion sont les seules règles d'un pays livré à l'anarchie et au pillage. Incontrôlées, incontrôlables, des bandes armées rançonnent et massacrent, privilégiant le droit commun sous couvert du politique. À l'heure des bilans, on estimera que le nombre de morts du côté des Arabes tourne autour de cinq mille.

Cette dégradation va servir les Britanniques car la population, bastonnée de toute part, finit par demander grâce, ordre, et justice...

Elle obtiendra grâce et ordre. Pour la justice on verra plus tard.

Les principaux leaders de la rébellion sont arrêtés, mis hors de combat, ou en fuite. Privés de chefs mais aussi de munitions et d'argent, les mutins rentrent dans le rang et le calme revient enfin sur le pays au mois de mai 1939. Pour les Anglais, il était temps car d'autres bruits de bottes résonnent ailleurs.

Un nouveau conflit mondial se prépare en Europe. Il devient inéluctable. Les désastreux accords de Munich n'auront servi qu'à retarder l'échéance.

En Palestine aussi il va falloir choisir son camp.

Pour les Juifs, même s'il est douloureux, le choix est simple : ils enragent de se ranger sous la bannière des Anglais mais il est évident que les discours antisémites de Hitler ne leur laissent aucune alternative. Dès le début du conflit, leurs leaders déclarent sans la moindre équivoque qu'ils combattront aux côtés des Alliés et prêteront aide et assistance aux Britanniques en Palestine.

En revanche, pour les Arabes, la tentation est grande de se ranger dans le camp d'une Allemagne nazie qui se propose d'éliminer radicalement l'ennemi héréditaire. Seul point d'interrogation pour les chefs palestiniens : l'Allemagne et ses amis de l'Axe, l'Autriche, la Hongrie, peuvent-ils gagner la guerre ? En cas d'adhésion à leur cause, une défaite serait lourde de conséquences pour les Arabes qui seraient alors priés de se soumettre sans la moindre condition et perdraient à coup sûr définitivement la Palestine. Mais dans les premiers mois du conflit les avancées rapides de l'armée allemande mettent en confiance les leaders arabes qui se rangent ouvertement dans le camp du IIIe Reich, certains se réfugiant même à Berlin. Très vite, il apparaît pourtant que ce choix ne concerne que les dirigeants palestiniens et que, sur place, ils ont perdu toute influence depuis leur défaite de 1939. Fatiguée par trop de combats, écrasée par trop de misère, la population locale n'a que faire des choix et des consignes de ses ex-représentants, elle n'aspire qu'à un peu de tranquillité et se tient totalement à l'écart du conflit dans une parfaite neutralité, restant simplement vigilante sur ses revendications territoriales. Moyennant quoi, chacun a rapidement la certitude que, quelle que soit l'issue du conflit, le problème palestinien demeurera à la fin de la guerre. Seuls quelques déséquilibrés envisagent la solution finale pour le peuple juif.

D'ailleurs, dès 1942, le vent tourne et, pour les experts militaires et politiques, c'est la défaite allemande qui se profile à plus ou moins long terme. Si bien que le problème de la Palestine redevient d'actualité, et avec lui l'éternelle question : que fait-on des Palestiniens ?

Et l'on tourne à nouveau en rond en ressassant toujours les mêmes solutions : parité, partage, découpage, transplantation... sachant très bien que rien de tout cela ne pourra se faire sans recours à la force, ce qui n'emballe pas du tout les Anglais. Ces derniers craignent pour leurs intérêts dans la région, car une telle issue entraînerait à coup sûr une violente réaction des pays arabes voisins, amis de l'Angleterre, l'Égypte, la Syrie, le Liban, l'Arabie Saoudite, qui remettraient certainement en cause tous les accords politiques et commerciaux. Tous ces États souverains lancent d'ailleurs un avertissement discret aux Alliés dès le début de l'année 1945, en déclarant officiellement la guerre à l'Allemagne. Il est évident que sur le plan militaire ce geste n'a aucune signification et qu'il n'a qu'une portée politique. Les pays arabes tiennent simplement à faire savoir qu'ils n'entendent pas être écartés des négociations d'après-guerre et qu'ils comptent bien garder un droit de regard sur le traitement du problème palestinien. Pas question pour eux de laisser une puissance juive s'implanter à leurs frontières sans contrôle et sans leur accord.

Si les Anglais savent qu'ils devront compter avec leurs alliés arabes et donc composer avec les Palestiniens, les dirigeants juifs en ont conscience aussi et le font très vite savoir aux autorités anglaises. Ils n'attendent même pas la fin du conflit mondial pour reprendre leurs distances et rappeler que leur collaboration n'était qu'une alliance de circonstance dictée par des intérêts communs et qu'elle n'a en rien effacé le lourd contentieux d'avant-guerre.

Le feu couve jusqu'à la fin du conflit mondial, mais sitôt la paix signée, les sionistes entament une nouvelle campagne d'attentats extrêmement violente contre les Anglais. Les coups de main contre les troupes et les bases britanniques sont d'autant plus meurtriers que les hommes de la Haganah ont été parfaitement entraînés et formés pendant la guerre, et qu'ils sont fort bien armés.

Ce regain d'activité des terroristes juifs irrite les Anglais, mais il préoccupe aussi les Palestiniens qui en connaissent la cause. D'ailleurs, les leaders juifs affichent clairement leurs objectifs.

Face au danger, les Arabes, à leur tour, se remobilisent et les Anglais en arrivent presque à regretter le temps béni de la guerre où ils n'avaient à combattre qu'un ennemi à la fois, clairement défini.

Fatigués par cette situation ils abandonnent et confient le problème aux Nations unies.

Mon père était alors un jeune homme, il se souvient parfaitement de l'extrême tension qui régnait alors en Palestine. À Miski, les hommes dormaient en gardant un fusil à portée de main. Certains d'entre eux disparaissaient quelquefois plusieurs jours et chacun savait qu'ils étaient partis attaquer quelques colons juifs. La guérilla faisait partie du quotidien, la violence était à fleur de peau et l'on sentait qu'elle pouvait se déchaîner à la moindre étincelle.

La maison de mon grand-père ne désemplissait pas. Son double statut de maire et de chef religieux lui conférait une autorité naturelle et les autres villageois, pour la plupart illettrés, venaient chercher les informations auprès de lui. Dépositaire des nouvelles, il suivait la situation sur un poste radio qui grésillait en permanence et modulait nouvelles et musiques au gré du vent et des fluctuations des ondes. Mais il suffisait pour connaître l'essentiel.

C'est ainsi que mon grand-père accueillit avec infiniment de crainte et de réserve l'annonce de la création d'une commission internationale pour régler le problème palestinien. Il était persuadé que cette initiative ne conduirait qu'à de grands malheurs. Il l'avait confié à ses enfants mais se gardait bien de le dire en public pour ne pas ajouter à la haine et à la peur.

Le 29 novembre 1947, notre demeure était pleine à craquer. On s'entassait autour de la petite table où le récepteur radio était posé, on se pressait sur le pas de la porte, et chacun criait plus fort que l'autre pour réclamer en vain le silence. À New York, au siège des Nations unies, la communauté internationale allait accepter ou refuser la création d'un État d'Israël. Depuis plusieurs jours, dans notre village la tension ne cessait de monter et tous les hommes le clamaient haut et fort :

si les Juifs obtenaient gain de cause, il faudrait se battre jusqu'à la mort pour les empêcher de s'installer. Toute décision des Nations unies instaurant une partition était rejetée par avance. Et en cet instant historique, chacun espérait encore que l'intégrité de la Palestine serait sauvegardée.

Enfin le moment arriva. Comme par miracle un silence absolu se fit lorsqu'un speaker vint annoncer le résultat du vote de l'Assemblée générale au micro. Par trente-trois voix contre treize et dix abstentions, les Nations unies venaient d'adopter le principe de la création d'Israël en Palestine. Ses contours étaient déjà clairement définis et, cette fois, rien ne pourrait s'opposer à l'application de cette décision internationale.

Mon père se souviendra toujours de cet instant. Les hommes restèrent figés, pétrifiés. Ils se regardaient, incrédules, incapables de prononcer un mot, alors que les images du lendemain défilaient à toute vitesse dans leurs têtes bourdonnantes.

À la radio, des leaders arabes hurlaient déjà au scandale et appelaient à la révolte. Ils estimaient absolument inadmissible que 55 % du territoire de la Palestine soit alloué à 37 % de la population, juraient que les meilleures terres avaient été réservées aux Juifs, et n'admettaient pas que le peuple palestinien doive régler la note de l'antisémitisme mondial.

Cette décision fut perçue comme une injustice et un signe de mépris absolu à l'égard du peuple palestinien. Dans les villes comme dans les campagnes, alors que les Juifs fêtaient bruyamment ce jour de gloire, les Arabes rentraient chez eux tête basse en serrant les poings et se calfeutraient au fond de leurs demeures. Et d'un bout à l'autre du pays un bruit sourd grondait et se propageait : « Nous n'accepterons jamais... »

Dans sa maison de Miski, mon grand-père tirait la porte derrière le dernier de ses visiteurs en lui glissant tristement à l'oreille :

– Il faut te préparer à la guerre. Et celle-ci sera longue.

CHAPITRE IV

EVI

Zurich (1965)

Dans quelques minutes nous allons partir, comme tous les samedis, pour la synagogue. Maman lisse une dernière fois les volants de ma robe, recule légèrement et me regarde avec tendresse. Je sens qu'une fois encore elle ne pourra pas s'empêcher d'évoquer le passé et je ne me trompe pas :

– Ah ma petite fille, quelle chance nous avons de vivre en paix ! Toi tu ne sauras jamais ce que c'est de ne pas avoir d'État, de ne pas avoir de refuge. Aujourd'hui, quoi qu'il arrive, les Juifs savent où se regrouper et ils peuvent défendre leurs frontières eux-mêmes...

Je connais ce discours par cœur mais n'en veux pas à ma mère de me le répéter sans cesse, tant ce qu'elle m'a raconté de la guerre m'a effrayée. Même si la petite fille que je suis encore n'assimile pas bien la notion de patrie, je comprends en tout cas l'importance que mes parents apportent à cet événement de 1947 dont ils parlent encore si souvent, racontant dans le détail qu'après la décision des Nations unies, Israël a effectivement proclamé son indépendance le 14 mai 1948 et qu'une attaque des pays arabes limitrophes contestant l'existence de l'État hébreu a été assez facilement contenue. Un armistice a été conclu au printemps de 1949.

À cette époque, mon père commençait à restructurer et développer l'atelier de couture familial, et ma mère terminait ses études de français à Neuchâtel. Ils se sont rencontrés au cours d'un séjour de ski organisé par une association d'étudiants juifs, pendant cette période heureuse et euphorique que tous les Juifs du monde savouraient à longueur de journée. Mon père fréquentait alors une femme non juive, mais il savait pertinemment qu'il ne l'épouserait jamais puisqu'ils n'étaient pas de la même confession. La jeune fille en avait été avertie et profitait du moment présent en attendant l'échéance. Lorsque mon père lui avait annoncé son départ pour les sports d'hiver, elle avait compris que ce moment était venu et avait dit à Bernhardt :

– C'est fini. Je sais, tu vas chercher une femme...

La rencontre avec ma mère n'était pas programmée, mais effectivement elle allait se produire. Avec Erika rien ne s'opposait aux projets d'avenir et les deux tourtereaux se marièrent en 1950. L'union à peine célébrée, ils n'hésitèrent pas une seule seconde sur la destination de leur voyage de noces : ce serait Israël, cette terre tant promise qu'ils ne connaissaient toujours pas. Il est évident que, si mon père avait épousé une non-Juive, elle aurait certainement préféré les charmes de Venise, Séville, Paris ou Londres, plutôt que les constructions austères et les conditions de vie approximatives d'un pays à peine dégrossi. Ma mère, elle, avait applaudi à tout rompre à la seule évocation de ce projet. Connaître enfin Israël constituait certainement son plus beau cadeau de mariage.

Je me suis souvent interrogée sur l'attitude de mon père à cette époque, dictée par ce souci primordial et constant de se protéger, de nous préserver, nous, Juifs, au détriment même des sentiments. Elle témoigne de cette volonté profonde de vivre entre nous. Petite fille, je pressentais ce cloisonnement. À l'école je me sentais différente des autres et d'ailleurs je l'étais. Rien ne me permettait de me distinguer physiquement de mes camarades mais tout me séparait d'elles : je n'allais pas à l'école le samedi, je fréquentais un jardin d'enfants juif, j'allais à l'école religieuse où j'étudiais la Torah, je ne célébrais pas les mêmes fêtes religieuses qu'elles...

J'ai grandi avec cette conscience permanente de mon appartenance à un monde parallèle parce que mon chemin se faisait sans cesse plus étroit, mon horizon plus limité, et le cercle de mes amis plus sélectif par la force des choses, ma mère me dirigeant depuis toujours vers des institutions et des organisations juives.

Alors que mon père n'attachait qu'une importance très relative à la religion et à ses rituels, Erika, elle, n'aurait pour rien au monde dérogé aux lois de la Torah. Elle participait aux offices, n'omettait pas une fête.

Cet attachement viscéral à la religion se doublait d'un nationalisme tout aussi exacerbé. La foi et la patrie jalonnaient en permanence notre route et il était impensable d'en dévier d'un pouce.

C'est ainsi que j'ai été logiquement enrôlée dans un mouvement de jeunesse religieux et nationaliste : le Bné Akiva. Ma mère en était très fière et très heureuse pour moi. À cette époque je m'y sentais moi aussi très bien.

Créé, dirigé et contrôlé en Israël par le PNR juif, le Parti national religieux, le Bné Akiva suisse se montrait beaucoup plus modéré, tolérant et humaniste. Cela dit, nos calottes étaient tout de même volontairement tricotées en mailles colorées pour se distinguer de celles toutes noires des autres enfants juifs.

Mon horizon était alors soigneusement délimité. Je consacrais tout mon temps libre au Bné Akiva. Je puisais là mes idées, mes amis, mes projets. Je vivais totalement en vase clos et me nourrissais avec gourmandise de nos traditions.

Tous nos repas étaient casher, à la Pâque nous ne mangions pas de pain, le samedi nous ne nous déplacions pas...

Je me complaisais dans cette douceur de vivre rigoureuse lorsqu'un soir de mai 1967 un coup de téléphone jette le trouble et l'inquiétude dans la maison. Depuis quelque temps la tension montait en Israël et un cousin installé à Tel-Aviv nous appelle pour le confirmer :

– Nos craintes se confirment, les Arabes ne nous laisseront jamais en paix. Ils n'acceptent pas la construction d'Israël à leurs portes et veulent nous anéantir. Notre gouvernement reste très discret mais nous savons que les Égyptiens ont franchi le canal de Suez et qu'ils massent des troupes importantes à la frontière, dans le désert du Sinaï. Les Syriens paraissent eux aussi nerveux et agressifs. Tous cela ne présage rien de bon. Je crains le pire...

Ce message plonge mes parents dans un profond émoi et ils nous prennent à témoin, mes frères et moi, de la malédiction qui s'acharne sur Israël. Après les nazis, qui voulaient nous éliminer, ce sont aujourd'hui les Arabes qui veulent nous chasser, alors que notre peuple sans terre s'est installé sur une terre sans peuple.

Dans les jours qui suivent, les appels téléphoniques se multiplient. La petite colonie juive de Zurich est en ébullition, les visites chez les uns et les autres se multiplient et chacun échange ses informations. Je n'entends plus parler que de guerre et les atrocités commises lors de la dernière, que ma mère m'a révélées, défilent dans ma tête. Pour les adultes qui m'entourent et que j'écoute attentivement, il ne fait aucun doute que les Arabes ne valent pas mieux que les Allemands et qu'ils sont tout autant déterminés à nous faire disparaître, ou tout au moins à nous chasser de Palestine pour ne pas vivre à nos côtés. Cela, ils ne le supportent pas. Pour s'en convaincre il suffit d'observer l'attitude de ceux qui vivaient dans les territoires que les Nations unies nous ont alloués : après cette décision, la plupart ont préféré déserter le pays plutôt que de le partager avec nous. Ils ont abandonné leurs terres et leurs maisons pour répondre à l'appel de leurs frères arabes des pays limitrophes et préparer avec eux une offensive contre nous. Pour en arriver là, c'est dire à quel point ils nous détestent...

Ce discours que j'entends tous les jours me glace. Je ne comprends toujours pas cette accumulation de haine mais j'ai la certitude que, cette fois, les Arabes vont réussir à éliminer Israël. Une véritable peur panique s'installe chez nous. Nous écoutons la radio en permanence et nous nous précipitons sur le journal télévisé où le sujet est maintenant évoqué quotidiennement. On y parle de « nouvelles tensions » au Proche-Orient, de tractations entre les États-Unis et l'URSS auprès de leurs alliés respectifs dans la région, mais malgré tout le discours reste alarmiste.

Au début du mois de juin, mon père est devenu un véritable chef de guerre. Un soir, devant un groupe d'amis, il se montre très pessimiste en faisant état des forces en présence :

– Les Égyptiens ont déployé cent mille hommes, neuf cents chars et sept cents pièces d'artillerie le long de la frontière. Ils disposent aussi de deux cent quarante-deux avions de chasse, des *Mig* soviétiques. Sur le front nord, les Syriens ont envoyé trois cents chars et soixante-dix mille hommes, et à cela il faut ajouter cinquante-six mille soldats jordaniens... Pour peu que le Liban et l'Irak s'en mêlent, comme tout le laisse supposer, comment voulez-vous que les nôtres résistent avec deux cent cinquante mille hommes, mille cent chars et cent quatre-vingt-douze chasseurs *Mystère 20* ?

Je me souviens qu'un homme avait alors répondu à mon père :

– La rage de vivre, d'exister. Nous n'avons rien à perdre et tout à gagner dans ce combat, Bernhardt, de la victoire dépend notre survie et cela, crois-moi, décuple les forces et la volonté de vaincre.

– Dieu t'entende, avait conclu mon père avant d'émettre quelques doutes sur les compétences du Divin, sous les réprobations outrées de ma mère.

Chacun attendait l'ouverture des hostilités et pourtant, le 5 juin 1967 au matin, la surprise est totale lorsque nous apprenons par la radio, en nous levant, que l'aviation israélienne a bombardé les positions et, surtout, les terrains d'aviation égyptiens. Les informations sont encore confuses mais cette fois les dés sont jetés et je lis l'anxiété sur les visages de mes parents. Moi-même, du haut de mes douze ans, je me sens brusquement terriblement concernée, et je maudis ces méchants Arabes qui ne veulent pas nous laisser vivre en paix.

À partir de ce moment, la guerre en Israël envahit notre quotidien, submerge nos activités. Le téléphone ne cesse de sonner du matin au soir et ma mère en arrive à instaurer une permanence pour ne pas manquer un appel de Tel-Aviv ou de Jérusalem.

Par expérience nous sommes devenus terriblement méfiants et prudents, et c'est bien pour cela que nous ne nous réjouissons pas des premières nouvelles qui nous parviennent du front. Elles sont pourtant bonnes, concordantes, et se confirment au fil des heures. C'est tellement inattendu, tellement merveilleux que nous ne pouvons y croire. Notre armée semble marquer des points décisifs sur tous les fronts. Surprise par nos pilotes, l'aviation égyptienne est clouée au sol en quelques heures, ce qui dégage le ciel pour nos aviateurs et assure la progression rapide et sans danger des troupes terrestres.

Pendant trois jours nous refusons de pavoiser, persuadés que nos ennemis vont contre-attaquer, que nos militaires ne vont pouvoir tenir leurs positions, mais au quatrième jour des hostilités, le doute n'est plus permis : l'agression des coalisés arabes se transforme pour eux en défaite cinglante et c'est Israël qui étend au contraire son territoire. Deux jours plus tard, les combats cessent. La guerre des Six Jours entre dans l'Histoire. Elle marque un tournant pour notre pays qui donne la preuve qu'il est non seulement capable de défendre ses frontières, mais aussi d'attaquer si on lui cherche querelle. C'était sa première épreuve sérieuse depuis sa création, une sorte de test pour ses adversaires et il en sort victorieux et grandi.

Chez nous à Zurich, dans notre communauté, la fête est totale. Aux pleurs et aux prières succède un immense soulagement. Nous devinons la main de Dieu derrière cette victoire, car c'est bien d'un miracle qu'il s'agit. David a triomphé de Goliath. J'ai la conviction que les forces du bien viennent de triompher des forces du mal.

Dans les jours qui suivent, je fête l'événement sans réserve avec mes camarades dans les locaux du mouvement Bné Akiva.

Ma vie a repris son cours paisible lorsque, au mois de mai 1968, les étudiants parisiens s'imposent dans l'actualité. Ils dressent des barricades dans les rues de Paris et se révoltent contre une société qui leur offre un bonheur insoutenable. C'est en tout cas ce que disent les adultes autour de moi. Ils ont tout ; ils ont trop. Rien ne les menace, même pas le chômage quasiment inexistant à cette époque, mais ils s'ennuient sur leurs chemins balisés et n'ont pas envie de devenir pharmacien parce que papa ne l'était pas. Ils veulent s'évader, ils ont soif d'inconnu, d'imprévu, refusent les plans de vie livrés clés en main, bousculent les conventions et dynamitent les déjeuners de famille dominicaux.

Bien, mal, salutaire, idiot ? Peu importe. D'ailleurs, à l'époque, vu mon âge, mon analyse de la situation est bien plus limitée. Je ne saisis pas les causes profondes du phénomène, mais l'image de ces jeunes gens à peine plus âgés que moi qui secouent Paris ne me laisse pas indifférente. L'adolescente se profile derrière l'enfant. Je vois cependant dans les manifestations qui s'étendent comme des traînées de poudre, bien plus de grandes fêtes populaires qu'une crise de société. Encore trop jeune, je m'en tiens aux faits. Et ils m'amusent. Je comprends mal les commentaires horrifiés de mes parents devant les reportages diffusés à la télévision. Moi, je trouve tout cela follement excitant et j'irais volontiers me joindre à tous ces jeunes gens et jeunes filles qui jouent aux gendarmes et aux voleurs en de folles courses-poursuites dans les rues de Paris.

Mais très vite, des préoccupations bien plus importantes détournent ma famille des états d'âme estudiantins : nous allons partir en vacances en Israël, nous séjournerons dans un hôtel de Jérusalem... À mon tour je vais découvrir notre mère patrie et je suis terriblement excitée à cette idée. Depuis le temps que l'on me parle de cette terre, je rêve de la toucher du doigt. Enfin, elle va se concrétiser, devenir réalité. Je vais matérialiser ce Mur des lamentations mythique, visiter Hébron et découvrir la tombe d'Abraham... Je suis folle de joie.

Au début du mois de juin, alors que notre avion s'apprête à se poser sur l'aéroport de Tel-Aviv, j'éprouve une étrange sensation, le sentiment puissant que je reviens à la maison alors que je n'ai jamais mis les pieds en Israël. Est-ce parce que j'en ai beaucoup entendu parler ? Je ne pense pas. Pas seulement en tout cas. Il y a là, j'en suis persuadée, quelque chose de viscéral semblable à ce phénomène étrange, inexpliqué, qui guide les tout jeunes oiseaux migrateurs vers les lieux inconnus les plus lointains où leurs parents nichaient.

À peine grimpée dans le bus qui nous mène à Jérusalem, je me sens déjà comme chez moi, et il en sera ainsi partout, durant tout mon séjour. Loin de cette Zurich enclavée dans ses montagnes verdoyantes ou enneigées, l'immensité, l'aridité des espaces que je découvre devraient me paraître tout à fait étrangères. Je ne suis pourtant pas dépaysée. Même l'hébreu, que je ne parle pas, si ce n'est dans mes prières, ne me déroute pas. J'ai la certitude que je pourrais l'apprendre en quelques jours, à la limite sans même l'étudier. J'ai l'impression d'être chez moi, je me sens à la maison.

En fait ce qui me séduit, et je le réalise très vite, c'est qu'il est facile d'être Juif ici. En Suisse, lorsque je vais à la synagogue, vers le local de Bné Akiva, ou même chez des amis juifs, je fais la démarche de quitter un monde pour un autre, de quitter une majorité pour m'isoler dans une minorité, et j'en arrive à ne plus très bien savoir auquel des deux mondes j'appartiens réellement. Ici, je suis juive au milieu des Juifs, du lever au coucher du soleil, de Tel-Aviv à Jérusalem. Je prie dans les mêmes lieux que tous, mange dans les mêmes restaurants que tous sans me soucier de la composition d'un plat, du contenu de mon verre, sans avoir à m'excuser, sans avoir à me justifier, sans avoir à baisser les yeux comme ce jour où des petites camarades m'avaient reproché à l'école :

– À cause de toi nous ne pouvons pas faire de compositions le samedi, parce que tu es absente.

Les parents des quelques enfants juifs de la classe

avaient demandé cette dérogation pour des raisons religieuses.

Je ne risque rien de tel ici. Ce monde est mien, ce monde est nôtre, je m'y sens bien, en sécurité, enfin rassurée de n'y voir point de ces fourbes Arabes qui nous veulent tant de mal.

C'est en tout cas ce qu'il me semble, car j'apprendrai quelques années plus tard que j'en ai croisé plus d'un, mais qu'ils se faisaient le plus discrets possible pour se faire oublier. Ils y parvenaient à la perfection puisque même notre adorable serveur, à l'hôtel, était arabe, ce que je n'ai jamais imaginé une seule seconde.

Lorsque nous rentrons à Zurich, mes proches, et même mes compagnons du Bné Akiva, me trouvent transfigurée. Effectivement, je sens confusément que quelque chose d'important vient de se produire dans ma vie, un événement majeur, comme ce jour de mon douzième anniversaire où l'on m'a annoncé que je devenais une femme, conformément à nos traditions. Et encore : ce jour-là, j'étais passive, je n'avais choisi ni d'être une fille, ni d'avoir douze ans, ni de considérer qu'à cet âge-là je basculais du monde de l'enfant à celui de la mère. Là, en m'appropriant Israël, je fais un choix, je décide. Je ne subis pas : je veux. Je sais que je reviendrai. Cet amour passionnel pour l'État hébreu constitue le premier engagement de ma vie. Il me fortifie, il facilite mes rapports avec mes camarades en affirmant mon identité. Je sais où sont mes racines et je les crois profondes, je ne crains plus d'être arrachée comme de la mauvaise herbe. Je me suis enfin débarrassée de cette désagréable impression d'être partout et nulle part, de cette pesante ambiguïté qui consiste à ne pas avoir honte de sa condition, mais à ne pas trop l'afficher tout de même par précaution.

En quelques mois, cette assurance nouvelle me donne des ailes et des idées. Alors que j'approche de mes quinze ans des interrogations inédites m'assaillent.

Je m'interroge sur la vie que l'on me propose, les obligations que l'on m'impose. Ce qui me gêne de plus en plus, ce n'est pas tant l'avenir que l'on me réserve, qui n'est pas si désagréable que cela, mais l'impossibilité de m'écarter d'un pouce de la ligne tracée. Je sens lever en moi le germe de la liberté et, surtout, oui surtout, j'aspire à la volupté du libre choix, je souhaite me débarrasser du pesant joug familial.

Je me trouve maintenant à l'étroit au sein de Bné Akiva et tous les prétextes sont bons pour me dégager de ce mouvement. Mais il y a bien pire : la religion, elle aussi, commence à m'insupporter, mais je n'ose m'en ouvrir à ma mère. Je continue à l'accompagner docilement aux offices, à tenir ma place dans les cérémonies comme dans les fêtes religieuses mais c'est là par pure déférence de la fille envers sa mère car ma décision est prise : je veux me désengager peu à peu du judaïsme religieux ; je ne marcherai pas dans les pas d'Erika. Je cherche mon chemin et il n'est pas simple de le trouver dans ce contexte.

Ce choix peut transformer le sens de ma vie, et j'en ai conscience. En renonçant à ma religion je crains tout de même de me priver de la moitié de mon identité, tant nos croyances font partie intégrante de notre culture et de notre Histoire. Peut-on se réclamer d'Israël sans reconnaître son Créateur ? En m'écartant des chemins de la synagogue, ma plus grande crainte est de m'enfermer à nouveau dans une minorité. Juive dans un pays peuplé de catholiques et de protestants, je me distinguais déjà. Athée, voire déiste, parmi les miens, va encore me distinguer. Et n'est-ce pas là, de surcroît, une trahison envers mon peuple ? Se poser ces questions à quinze ans n'est pas facile. Y répondre est encore pire. Je prends pourtant ma décision et je finis même par la révéler à ma mère car je ne peux plus me prêter à des simulacres de foi. Je crois que le choc a été terrible pour elle, mais que pouvait-elle faire ? On ne commande pas l'immatériel...

Impuissante devant le fait accompli, ma mère n'a cependant jamais accepté ma décision. À compter de ce jour, nos rapports ne sont plus les mêmes. Elle a l'impression que je lui échappe et me le fait sentir par des reproches voilés qui ne font que me conforter dans la certitude que je lui appartiens, que je suis sa chose, l'objet qu'elle veut façonner à son image et qu'elle finira bien par mettre en forme pour le faire entrer dans son moule.

Nous campons ainsi sur nos positions pendant quelques années sans jamais nous affronter de face, chacune privilégiant l'harmonie de la famille à ses divergences de vue.

Ce « *gentleman agreement* » me permet de poursuivre mes études au lycée en toute quiétude. L'heure des choix sonnera plus tard. Il n'y a pas d'urgence, mais mes objectifs se précisent.

Depuis ma première visite en Israël, je souhaite vraiment un nouveau contact avec cette terre, et c'est avec une immense joie que j'accepte au printemps 1973 une invitation pour l'été dans le kibboutz religieux de Ein Hanatziv, situé dans le nord du pays, entre Beth Shean et Tibériade. Un cousin de mon père en est l'un des fondateurs.

Pour moi, ce séjour est une véritable fête et, au mois de juillet, le jour du départ, je me présente trois heures trop tôt à l'aéroport tant j'ai hâte de partir.

Mes cousins m'attendent à l'aéroport de Lod, entre Tel-Aviv et Jérusalem. À leur côté j'aperçois un ami, Yonni, venu lui aussi chercher un parent. Il habite Zurich où nous sommes inscrits dans le même club de tennis. Il est revenu en Israël pour y accomplir son service militaire. Je suis ravie de le retrouver là.

Le pied à peine posé sur le sol hébreu, je sens à nouveau une formidable émotion m'envahir. Pendant six semaines, je vais vivre des moments délicieux. Dès le matin, je participe aux travaux ménagers et agricoles qui sont autant d'occasions de rire et d'échanger mille confidences. En fait, mon éducation de citadine me cantonne à semer quelques bandes de gazon, ce qui ne m'empêche pas d'être assez fière lorsque je vois le sol qui commence à verdir. Devant mon immense satisfaction, l'un de mes cousins lève son chapeau et, les bras et le visage tendus vers le ciel, déclame avec emphase sous les vivats complices de notre groupe :

– Merci Seigneur pour ce brin d'herbe, nous savions qu'Evi était l'envoyée de Dieu...

Je trouve le compliment excessif, mais il n'empêche que l'herbe pousse et que ce succès m'amuse.

Les journées passent trop vite et tous les soirs nous les prolongeons par d'interminables veillées ponctuées de chants et de danses. Entre deux éclats de rire, mes amis me confient leurs préoccupations, leurs soucis et leurs espoirs. En découvrant tout à la fois leurs craintes et leurs motivations, je comprends mieux leur manière de fonctionner et ce souci permanent d'installer durablement Israël, de l'ancrer une fois pour toutes sur ce territoire en devenir.

À l'issue de mon séjour dans ce kibboutz, je pars pour un vaste périple de trois autres semaines à travers tout le pays. Je veux en connaître les monts et les déserts, les plaines et les vallons. Des amis s'offrent à m'accueillir à chaque étape et, sac au dos, je vais à leur rencontre. Je sillonne l'ocre Judée, la Galilée, m'émerveille devant les majestueuses caravanes des Bédouins qui s'enfoncent avec leurs chameaux dans le désert rocailleux et déchiqueté du Néguev. Tout me séduit, tout me dit : « C'est ici que tu dois vivre... »

À la fin du mois d'août je dois pourtant rentrer à Zurich. Je suis un peu triste, mais en même temps je sais que ce séjour va me doper, qu'il sera mon aiguillon pour attaquer l'année du bac au galop. Il est hors de question que j'échoue à cet examen, ce serait perdre du temps et différer mes décisions inutilement.

Je vois l'avenir en rose et j'entame ma classe de terminale avec une foi inébranlable. Au début du mois d'octobre, je me promets de célébrer dignement le Yom Kippour avec ma famille et mes amis et je me prépare activement au jeûne.

Au matin du 6 octobre, toute la maisonnée s'active avant le départ pour la synagogue. Dans l'après-midi, je me repose quelques minutes, assise sur le parapet d'un petit pont près de la synagogue, lorsqu'un ami s'approche de moi et m'assène sans préambule :

– Ils ont envahi Israël...

Je pense à une plaisanterie de très mauvais goût et lui répond sèchement :

– Ce n'est vraiment pas malin. On ne plaisante pas avec ça, surtout le jour du Kippour.

Mais mon ami insiste et je réalise brusquement qu'il est livide :

– Je ne plaisante pas, Evi, les Égyptiens ont envahi Israël...

Quelques minutes plus tard, malgré l'isolement imposé par le Kippour, les nouvelles circulent dans la synagogue. Elles sont terrifiantes.

Les Arabes viennent effectivement d'attaquer Israël. Ils ont profité du Kippour.

Le gouvernement ne s'y attendait absolument pas, il est complètement désorienté. C'est la panique totale dans le pays.

Cette fois les Égyptiens, gouvernés par Anouar el-Sadate depuis la mort de Nasser en 1970, ont parfaitement préparé leur offensive et ils ont déjà enfoncé nos lignes de défense le long du canal de Suez.

Dans les jours qui suivent, la situation ne cesse de se détériorer. Les Syriens eux aussi passent à l'offensive au Nord. Ils prennent le mont Hermon où est installé un centre de contrôle radio et radar stratégique, et sont en passe de récupérer le plateau du Golan. Au Sud, dans le Sinaï, la poussée égyptienne se poursuit et nos troupes sont bousculées. Nos soldats doivent abandonner les fortins de la ligne Bar-Lev, déployée à l'est du canal de

Suez, que l'on pensait jusque-là imprenables. Même notre aviation, pourtant équipée maintenant de *Mirage IV* et de lourds *Phantom* américains, n'a plus la maîtrise absolue du ciel : nos pilotes se heurtent à de lourds tirs de *SAM VI* soviétiques. Les pertes sont considérables.

Ce que nous voyons à la télévision et entendons à la radio est encore en deçà de ce que ressentent nos amis sur place. Leurs appels téléphoniques sont de plus en plus brefs, mais aussi de plus en plus angoissés.

Un matin, alors que je décroche en tremblant le téléphone, une horrible nouvelle me frappe de plein fouet : mon ami Yonni, celui que j'avais rencontré à l'aéroport de Lod, vient d'être tué dans le Sinaï. L'annonce de sa mort me fait toucher la guerre du doigt, elle lui donne une nouvelle dimension, j'ai l'impression qu'elle se rapproche de moi, qu'elle me concerne de plus en plus. Jusqu'ici je pleurais des victimes anonymes, des enfants d'Israël, maintenant on s'en prend à ma garde rapprochée, à mon cercle d'intimes. La mort a un visage, Israël n'est plus invincible.

C'est ce qu'un ami explique longuement à mon père par téléphone le soir du 18 octobre, alors que la situation semble tout de même se stabiliser, après douze jours d'une guerre terriblement meurtrière :

– Nous avons péché, Bernhardt, nous avons sous-estimé les Arabes, persuadés de notre supériorité, sûrs de notre force et de notre intelligence. Nous sommes loin de 1967, leurs troupes ne détalent plus comme des lapins devant nos chars : elles font front et se battent bien...

Si bien que la partie est encore loin d'être gagnée.

Nos troupes se ressaisissent, mais elles sont épuisées, dispersées, désorganisées, manquent souvent de munitions. Le bruit court avec insistance qu'à Tel-Aviv, la situation était à un moment si désespérée que Golda Meir et Moshe Dayan avaient fait armer certains missiles de têtes nucléaires. Ils étaient prêts à être tirés, voire largués sur les pays voisins par des chasseurs *Phantom*. Seule une amélioration de la situation sur le terrain aurait permis d'éviter in extremis l'irréversible escalade qui aurait jeté le monde entier dans le chaos.

Heureusement, nous n'en sommes pas arrivés à cette extrémité et, le soir du 25 octobre, tous les belligérants acceptent le principe d'un cessez-le-feu, imposé par l'ONU, qui satisfait tout le monde. Il sera signé le 11 novembre 1973 entre l'Égypte et Israël. La Syrie renâcle mais suspend tout de même les hostilités. On notera encore quelques escarmouches ponctuelles sans conséquences dans le Golan. Il faudra attendre quelques mois avant que la situation soit normalisée de ce côté.

Une fois de plus, Israël a fait face et sauvé ses frontières, mais nous avons eu très peur et le bilan est lourd : deux mille trois cents morts, cinq mille cinq cents blessés, 30 % de nos avions abattus...

Le coup est passé bien près. Il faudra s'en souvenir pour l'avenir.

D'ailleurs, en Israël, les militaires aussi bien que les civils demandent des comptes au gouvernement. Il ne s'agit pas seulement d'une simple grogne. Les officiers qui rentrent du front accusent clairement les services de renseignements et les plus hautes autorités militaires d'avoir failli. Ils estiment inadmissible que rien n'ait filtré des gigantesques préparatifs de guerre que menaient Égyptiens et Syriens. Ils constatent également que, non seulement les états-majors ont été pris de court, mais qu'une telle situation n'avait même pas été envisagée. Aucun plan de réaction rapide n'était prévu. Alors que Moshe Dayan tergiversait et perdait un temps fou à se demander s'il devait ou non mobiliser d'entrée les réservistes, des chars filaient en catastrophe vers le canal de Suez sans même avoir le temps d'être équipés de systèmes de vision nocturne. La mobilisation s'effectua donc dans un désordre et une improvisation absolus.

Sûrs de leur force et de leur supériorité, les dirigeants israéliens n'avaient rien vu venir, rien préparé et cela a coûté très, très cher au pays. Le peuple en a parfaitement conscience et il exige des explications.

De vives tensions politiques s'ensuivent. Le Premier ministre Golda Meir doit démissionner le 11 avril 1974, entraînant piteusement dans sa chute son ministre de la Guerre Moshe Dayan. Yitzhak Rabin prend la tête du pays.

Pour ma part, cette grande frayeur passée, je me consacre à nouveau entièrement à la préparation de mon baccalauréat que j'obtiens sans problème à la fin de l'année scolaire 1974.

Aussitôt mon diplôme en poche, des choix vont s'imposer. D'abord parce que je souhaite me diriger vers la profession d'assistante sociale et que cette formation n'est pas prévue dans les universités en Suisse. Il faudrait passer par une école professionnelle et je tiens à obtenir un bagage universitaire car je veux poursuivre ensuite des études de psychothérapie. Je n'en suis pas encore là, mais je préfère me laisser toutes les portes ouvertes.

Ce cas de figure pose problème et mes parents comprennent bien que, si je persiste dans mes choix, je devrai quitter le nid familial, ce qui ne leur convient que très modérément. Qu'ils soient satisfaits ou non, je commence à étudier avec eux toutes les possibilités, et tous les pays d'accueil éventuels. Pour moi, la perspective de m'éloigner de Zurich, d'élargir mon horizon est un véritable soulagement et me conforte dans mes choix de filière. J'ai besoin de vivre seule, d'affirmer mes idées, mes goûts, sans avoir de comptes à rendre, sans être observée en permanence et conseillée insidieusement.

Dans un premier temps, je prospecte les universités proches de la frontière suisse, en France et en Allemagne, mais là non plus l'assistante sociale n'a pas encore droit à la reconnaissance universitaire. Je ne m'en plains pas car une idée s'impose de plus en plus à mon esprit : c'est en Israël que je veux aller et je croise les doigts pour que l'État hébreu ait prévu, lui, un cursus universitaire pour les études auxquelles je veux me consacrer. Je me renseigne et j'obtiens immédiatement une réponse positive. Les dés sont jetés, c'est là-bas que j'irai.

Bien que la démarche soit douloureuse, ma mère ne s'oppose pas à ce projet dont elle rêvait pour elle-même lorsqu'elle était jeune fille. Je réalise son rêve par procuration. Je nage dans le bonheur et mes parents, pris à contre-pied, ne peuvent me maudire, d'autant que je pourrai loger dans notre appartement de famille à Jérusalem, ce qui leur évite de gros frais d'hébergement.

La machine est en marche. J'envisage sérieusement

de partir pour Israël, non seulement pour terminer mes études, mais surtout pour vivre là-bas. Je veux toutefois être certaine qu'il ne s'agit pas d'un coup de tête. Mes parents sont d'accord avec moi sur ce point et nous convenons d'un galop d'essai avant mon installation définitive. Un nouveau voyage est donc programmé pour l'automne.

En l'attendant, pour arrondir mes finances après le bac, je vais trois mois à Ennenda, un bourg du centre de la Suisse, pour effectuer un remplacement à un poste d'institutrice. Je rencontre là-bas un groupe de jeunes gens charmants et je passe un agréable séjour jusqu'au jour où je révèle à une jeune amie de seize ou dix-sept ans que je suis juive. Elle me regarde avec des yeux effarés et je jure qu'elle me dit le plus sérieusement du monde :

– Mais je croyais que tous les Juifs avaient des cornes...

Cet incident n'a aucune influence sur mon quotidien. Mes camarades restent adorables, ne me rejettent absolument pas, mais la réaction incroyable de cette adolescente m'amène à réfléchir à nouveau et me conforte dans ma décision de partir pour Israël. Je repense à mon premier voyage dans ce pays et au bien-être que je ressentais à ne plus vivre au sein d'une minorité. Là-bas, personne ne me demandait si j'étais juive, personne ne s'étonnait que je n'aie pas de cornes... Je veux faire mon Aliyah, « monter » en Israël. Plus que jamais je me félicite de ma résolution.

Au début de l'automne 1974, me voilà enfin repartie pour Israël, mais cette fois avec l'un de mes frères, qui poursuit des études de médecine à Zurich. Dans un premier temps, nous joignons l'utile à l'agréable en nous offrant un somptueux voyage en auto-stop de Zurich à Athènes. Mon frère s'arrête là et je prends seule le bateau pour la Crète avant de rejoindre Israël. Ma balade à travers l'Europe aura pris cinq merveilleuses semaines, après quoi je m'installe dans l'appartement familial à Jérusalem.

Je souffle quelques jours, puis je m'organise pour un séjour que j'ai fixé à six mois.

D'abord je m'inscris dans une école de langues pour apprendre l'hébreu, condition indispensable pour entrer à l'université. J'irai en cours tous les matins, et consacrerai mes après-midi aux enfants dans le cadre d'un volontariat conclu avec l'hôpital Hadassah rattaché au département de l'Enfance. Ce volontariat m'intéresse car il me permet d'aborder les activités sociales vers lesquelles je compte ensuite me diriger.

Après six mois d'immersion totale dans le pays, je n'ai plus aucun doute : c'est bien ici que je veux vivre. J'entame immédiatement les procédures administratives afin de m'inscrire à la faculté pour la rentrée universitaire de 1975. Les démarches sont très rapides ; Israël facilite le retour au pays de ses enfants. Puis, pendant trois mois, je donne des cours d'anglais pour me procurer un peu d'argent avant mon retour à Zurich.

Lorsque j'arrive, mes parents connaissent déjà parfaitement ma décision. Ils ne s'y opposent pas mais je les sens un peu tristes.

Devant mon enthousiasme, un soir, mon père hasarde la question qu'il n'osait poser mais qui le taraudait depuis longtemps :

– Tu vas vraiment rester en Israël, toujours ?...

Le « toujours » formulé de cette façon m'amuse et m'attendrit. Je me suis moi aussi déjà interrogée sur ce point. Aujourd'hui, je crois pouvoir certifier à mon père qu'effectivement ma décision est définitive, et devant sa déconvenue je m'empresse d'ajouter :

– C'est vous qui me rejoindrez. Bientôt, plus rien ne vous retiendra en Suisse.

Ma mère approuve :

– Elle a raison, Bernhardt, elle a raison...

Un matin d'août 1975, Erika et Bernhardt m'accompagnent à l'aéroport de Zurich. Une malle est déjà partie pour Jérusalem et je n'ai avec moi qu'une petite valise que mon père tient absolument à porter. Je sens mes parents très émus lorsque l'hôtesse me tend ma carte d'embarquement. Erika ne peut retenir une petite larme lorsqu'un haut-parleur annonce : « Vol El Al 388 à destination de Tel-Aviv, embarquement immédiat porte numéro 7. »

Le contrôle franchi, je me retourne une dernière fois pour un signe de la main. Mes parents me sourient.

Je ne reviendrai plus en Suisse, sauf pour de fréquentes vacances. Et pour m'y marier avec un Arabe palestinien.

CHAPITRE V

EYAS

Tira, Palestine (1965)

Mon père a beau me répéter que j'ai beaucoup de chance de pouvoir aller à l'école, ce matin encore, je resterais volontiers jouer avec mes petits copains dans la ruelle qui longe notre maison plutôt que de retrouver mon instituteur. Mais personne ne me demande mon avis et, alors que j'enfourne quelques cahiers et crayons dans un petit sac en toile, maman me dispense, comme tous les jours, ses recommandations, sans omettre celle qui lui semble la plus importante :

– Et tu ne dis plus que tu es palestinien. N'oublie pas : tu es israélien.

Quelque temps plus tôt, un inspecteur était passé à l'école et avait demandé aux élèves de se présenter. Sans penser à mal, j'avais dit que j'étais palestinien, parce que c'était vrai. L'homme avait aussitôt appelé mon instituteur et l'avait amené au fond de la classe pour lui parler vivement. Je ne comprenais pas ce que j'avais dit de mal mais cela devait être très grave car le soir même, en rentrant à la maison, mon père était déjà au courant et je le sentais très embarrassé pour me dire, lui aussi :

– Ton maître a raison : si on te le demande, tu es israélien.

– Mais quand Taher vient nous voir, vous dites bien tous les deux que nous sommes palestiniens ?...

– Je sais, Eyas, je sais, mais nous sommes à la maison, en famille, ailleurs tu oublies cela. Tu comprendras plus tard, tu es déjà un grand garçon, mais pas encore assez grand tout de même pour que je puisse t'expliquer. D'ailleurs cela t'ennuierait...

C'est vrai qu'à neuf ans, je n'aurais certainement pas bien intégré les terribles événements qui avaient suivi la proclamation de l'État d'Israël en mai 1948, et que mon père m'a racontés quelques années plus tard.

Ben Gourion ne s'en était jamais caché : il ne concevait un État hébreu dynamique, productif, moderne, libre, et sûr, que vidé de sa population arabe. Sitôt son indépendance programmée, Israël ne s'est donc pas gêné pour pousser dehors ce peuple, n'hésitant pas à avoir recours à la force si ses ressortissants ne pouvaient acheter les terres et les maisons à bas prix. Dès le mois d'avril 1948, les villes de Haïfa, Jaffa, Tibériade, Safed sont nettoyées. Ce n'est que le début d'un vaste programme, car sept cent mille Arabes vivent en Palestine à cette époque. Ce chiffre n'effraie pas les Israéliens, bien décidés à aller au bout de leur action. Après avoir purgé rapidement les villes, ils s'attaquent aux campagnes, où les villageois opposent plus de résistance. Les paysans tiennent à leur terre, à leurs troupeaux et n'entendent pas en être dépossédés. C'est le cas dans notre famille. Et c'est bien pour cela qu'un jour le canon tonne aux portes de Miski, le village que mon père et son oncle nous ont fait visiter, le village où ils vivaient.

Toute résistance était alors illusoire et suicidaire. Pour avoir tenté de combattre, de défendre leur maigres richesses, tous les habitants de Deir Yassine avaient été massacrés le 9 avril 1948. Loin de s'en cacher, les soldats israéliens poussaient au contraire devant eux le récit de ce carnage pour décourager toute opposition.

Trois cent cinquante villages ont ainsi été rayés de la carte en quelques semaines. Les maisons ont été détruites, incendiées. Les morts n'ont même pas été respectés, les sépultures ont été rasées au bulldozer, comme le reste. Rien ne devait subsister. Le passé devait être entièrement gommé : pas de trace, pas de vestige, pas de souvenirs qui pourraient inciter au retour, encourager à la reconquête.

Alors, comme tous les autres, mon grand-père et ses fils ont été contraints de fuir droit devant eux, entassant meubles et ustensiles sur des carrioles tirées par des ânes. Pour se mettre à l'abri, ils se sont réfugiés en Cisjordanie. D'autres de nos coreligionnaires ont trouvé asile en Égypte, en Syrie, au Liban... Bien peu ont réussi à rester sur place en se faisant aussi transparents que possible.

Cet exode était d'autant plus cruel pour mon grand-père et ses fils que, dès qu'ils le pouvaient, ils branchaient leur poste de radio et entendaient alors les responsables israéliens affirmer que les Palestiniens quittaient en masse Israël pour aller renforcer les troupes coalisées des pays arabes limitrophes qui préparaient une attaque massive vers l'État hébreu.

Mon père se souvient, aujourd'hui encore, qu'il était alors à mille lieues de songer à une revanche et que la préoccupation majeure de la famille était de trouver un nouveau toit, un nouveau point d'ancrage, et non point d'en découdre. Et tous les compagnons de misère croisés sur les chemins avaient un souci identique, même s'ils ne se privaient pas de maudire Israël.

Dès le 16 juin 1948, les autorités israéliennes, comme on pouvait le prévoir, s'empressent d'interdire tout retour : le pays étant débarrassé des indésirables, on verrouille la porte et on tire les volets derrière eux. Les réfugiés qui, malgré tout, chercheraient à passer outre les consignes sont prévenus : l'armée a ordre de les abattre.

Mon père réalise pourtant que la situation matérielle sera très vite intenable là où il a finalement échoué avec sa famille : il doit à tout prix retourner en Israël. Malgré les menaces il parvient, une nuit, à repasser la frontière et retourne à Tira où il prend contact avec des amis afin d'établir un plan de retour.

Tous réfléchissent à une solution que mon père finit par trouver lui-même. Les Israéliens admettent quelques regroupements de familles, s'ils sont justifiés. Tous nos parents ont été chassés de Miski avant que le village soit totalement rasé, mais le groupe d'amis que mon père a rejoint a pu rester à Tira. C'est donc de ce côté qu'il faut chercher. Mon père décide alors de se faire passer pour le cousin de l'un d'eux. Pour cela, il doit changer de nom. C'est ainsi qu'il abandonne notre vrai patronyme de Zuhad pour adopter celui de nos amis : Shbeta. Faire établir quelques vagues faux papiers dans la confusion qui règne alors dans le pays n'est pas bien difficile. D'ailleurs, les Arabes en possession de pièces d'identité sont loin d'être majoritaires, au grand désespoir de l'administration israélienne.

Et c'est ainsi que, vers la fin de l'année 1949, Ibrahim repasse la frontière avec ma mère et mon frère aîné pour rejoindre Tira. Convaincue qu'Israël autorisera le retour des réfugiés dès la fin des hostilités, ma grand-mère reste en Cisjordanie avec une de mes sœurs. Sitôt revenu à Tira, mon père postule à un poste d'instituteur qu'on lui accorde volontiers car les candidatures sont rares.

Voilà l'histoire que l'on évite de me raconter alors que je ne suis encore qu'un écolier sage de neuf ans, tout juste surpris de ne pouvoir dire qu'il est palestinien. Dans mon esprit d'enfant, cette restriction, qui doit être d'importance puisque mon père me l'a confirmée, suscite juste une interrogation à laquelle je ne trouve pas de réponse. J'ai beau passer en revue toutes les consignes édictées par le Coran, je n'y trouve rien interdisant d'être palestinien, et je finis par renoncer à résoudre mon problème, le classant définitivement dans les bizarreries des adultes, pour m'en retourner à des jeux bien plus simples.

Je suis bien loin de me douter qu'un an plus tôt, en 1964, des hommes se réclamant haut et fort, eux, du peuple palestinien, viennent de fonder l'OLP, l'Organisation de libération de la Palestine, qui se donne comme objectif prioritaire l'élimination d'Israël et, si possible, par la même occasion, des Israéliens. Ils justifient ce radicalisme en expliquant au monde entier qu'eux-mêmes ont été chassés de Palestine sans ménagement par les Israéliens quelques années plus tôt. Exilés, ils se sont alors regroupés au sein d'un mouvement, le Fatah, pour préparer leur revanche et partir en guerre contre l'État hébreu. C'est ce mouvement qui a fourni son ossature à l'OLP en fusionnant avec d'autres groupes de Palestiniens tout aussi déterminés et acharnés à la perte d'Israël. Voilà pourquoi il n'est pas bon, même pour un petit garçon, de se réclamer de la Palestine devant un Israélien.

Il ne s'agit pas seulement d'un conseil. Il est interdit de revendiquer une quelconque appartenance à la terre de nos ancêtres.

Je prends conscience de la lourdeur de ces contraintes lorsqu'un jour, alors que je vais sur mes onze ans, je sens mon père de méchante humeur, ce qui est assez rare chez lui. Je ne me risque pas à lui poser de questions mais je l'entends se plaindre auprès de ma mère :

– Cette situation est intolérable. Nous sommes traités comme du bétail, des prisonniers... Je suis aujourd'hui directeur d'école et j'estime que l'on pourrait me respecter et respecter ma fonction. Eh bien, non : je dois me rendre à Jérusalem pour des raisons administratives et il me faut un laissez-passer pour entrer dans la ville. Et je ne suis autorisé à y rester qu'une heure... C'est humiliant, inacceptable. On nous impose un statut de réfugiés alors que tous nos ancêtres reposent sous cette terre, et nous devrions dire merci parce que nos enfants sont autorisés à poursuivre des études. C'est vraiment trop d'honneur que l'on nous fait...

Excédé, mon père marchait de long en large en agitant le sauf-conduit dûment tamponné, estampillé, qui lui permettait d'aller accomplir sa tâche dans les délais impartis pour un État qui ne lui reconnaissait que le droit de se taire.

Bon gré mal gré, tous les Arabes s'astreignaient au silence. Ils subissaient la situation et se gardaient de tous commentaires désobligeants à l'égard des Juifs dans les lieux publics de peur d'être dénoncés, arrêtés et expédiés en prison ou expulsés. La soumission au régime en place était totale et plus la haine grandissait, plus il fallait la contenir et l'étouffer.

C'est certainement le 14 mai 1967 que j'ai ressenti mon premier sentiment de révolte. C'était la fête nationale d'Israël et une cérémonie était organisée à l'école pour tous les enfants du village. Comme chaque année, je devais chanter l'hymne national, mais cette fois la colère de mon père, son dégoût pour ce laissez-passer qu'on lui avait imposé étaient encore bien présents à ma mémoire et je me pliais au rituel du chant par peur des sanctions, mais avec la certitude qu'il ne me concernait plus en rien.

À force de vouloir nous intégrer à tout prix, les Israéliens parvenaient exactement à l'effet inverse. Consciente d'être minoritaire et vulnérable, notre communauté se recroquevillait sur elle-même en attendant des jours meilleurs.

En ce mois de mai 1967, ces jours meilleurs semblaient bien se profiler à l'horizon. Autour de nous, les Israéliens paraissaient de plus en plus tendus et si nous faisions mine de ne pas nous en apercevoir et nous efforcions d'éviter tout commentaire, nous savions très bien pourquoi. Depuis quelques jours, dans tous les foyers arabes, il n'y avait plus qu'un sujet de conversation : les Égyptiens se préparaient à attaquer Israël.

C'était trop beau, nous n'arrivions pas à y croire, mais la nouvelle se confirmait pourtant de jour en jour : le colonel Nasser était déterminé à la guerre. Chaque matin, mon père se précipitait sur les journaux et chaque soir, sitôt rentré de son travail, il tournait fébrilement le bouton du poste de radio. Tout en restant extrêmement prudents et évasifs, les journalistes parlaient effectivement de tensions, de préparatifs, d'intentions belliqueuses... Les mots « guerre » ou « agression » étaient soigneusement évités et les commentateurs préféraient analyser les interventions politiques des diplomates internationaux, et les mises en garde des grandes puissances adressées aux uns et aux autres. Même si l'on nous cachait la réalité, il ne faisait plus aucun doute que des événements graves se tramaient aux frontières et l'inquiétude visible des Israéliens nous laissait espérer que, cette fois, nos amis Arabes étaient décidés à frapper un grand coup et qu'ils s'en étaient donné les moyens.

Au début du mois de juin, une information plus précise tombe enfin un soir à la radio. Nous apprenons que des centaines de blindés égyptiens ont franchi le canal de Suez et se massent à la frontière, dans le Sinaï. Au Nord, les Syriens et les Jordaniens mobilisent eux aussi.

Autour de notre table, c'est l'explosion de joie. Mon père n'est pas un va-t-en-guerre, loin de là, mais depuis près de dix ans il avale trop de couleuvres, subit trop d'humiliations pour ne pas exulter à cette information qui amène d'ailleurs aussi une nouvelle frustration car nous avons envie de courir dans la rue pour partager notre joie avec nos amis, mais nous nous en gardons bien.

Dans les jours qui suivent, la pression monte d'heure en heure et la tension entre les deux communautés ne fait que croître. Il suffirait d'une étincelle pour que des incidents éclatent et dégénèrent aussitôt, mais chacun garde son sang-froid.

C'est au matin du 5 juin que la nouvelle se répand brusquement comme une traînée de poudre dans les rues et les ruelles, s'engouffre dans les maisons, tourbillonne dans les échoppes : ça y est, l'attaque a commencé ce matin à 8 heures et l'aviation israélienne est déjà en état d'alerte maximum pour parer au plus pressé. Le jour de la libération est venu, la justice est en marche, nous allons enfin pouvoir relever la tête.

Toute la matinée, des chasseurs israéliens en formation passent haut dans le ciel. Ils viennent du sud-ouest et regagnent donc certainement leurs bases après des raids sur la ligne de front du Sinaï. Nous n'en voyons aucun se diriger vers l'Égypte, alors, brusquement, une rumeur enfle et se propage : les *Mystère 20* ne reviennent pas de mission ; ils sont en fuite, ils refluent vers le nord, cherchent à se mettre à l'abri et tourbillonnent comme des abeilles en folie, pris entre les feux des Égyptiens et la menace des Syriens.

Au soir de cette folle journée, nous ne croyons pas un mot des nouvelles matraquées à la radio qui affirment que le matin, après une large boucle au-dessus de la Méditerranée, les pilotes israéliens, volant au ras des vagues pour éviter les radars, ont attaqué les lignes égyptiennes par l'ouest, causant un total effet de surprise et occasionnant d'énormes dégâts aux forces arabes. Trois vagues d'attaques successives des aviateurs hébreux auraient même suffi à clouer au sol la puissante armée de l'air égyptienne en pilonnant tout à la fois les appareils et les pistes.

Fidèles à leurs habitudes et à la seule fin de ridiculiser les Arabes, les speakers israéliens assurent même que l'attaque avait été prévue, grâce aux agents de renseignements, à l'heure exacte où les pilotes et les officiers supérieurs égyptiens, comme de bons fonctionnaires bien programmés, se rendaient à leurs postes après avoir pris leur petit déjeuner, c'est-à-dire au moment précis où ils étaient parfaitement inopérationnels et isolés de tout.

Cette propagande outrancière nous amuse plus qu'elle ne nous révolte et, dès le lendemain, le passage dans le village de convois militaires filant vers le sud nous prouve bien que les Israéliens envoient des renforts de toute urgence vers le front. Toutes les écoles du pays ont été fermées par mesure de sécurité. Dans les rues, parents et enfants guettent les signes annonciateurs de la victoire : rapatriement des premiers blessés, reflux de compagnies épuisées en déroute, apparition dans le ciel des *Mig 21* égyptiens...

Rien de tout cela ne se produit mais, bien sûr, nous sommes trop impatients, la guerre n'a commencé que depuis deux jours à peine et les Arabes ne peuvent briser aussi vite la résistance juive. Ce serait même pure folie de se précipiter et ils ont tout à fait raison de progresser méthodiquement. Nous attendons la libération depuis dix ans, nous ne sommes plus à un jour près.

C'est ce que nous évoquons, mes frères et moi, le soir, autour de la table où règne un joyeux désordre, lorsque nous réalisons que mon père reste parfaitement silencieux, qu'il est absent, ne se mêle pas au débat qui nous enflamme.

Lorsque nous lui demandons son avis, il paraît surpris et observe un petit moment de silence avant de dire calmement :

– Et si les Israéliens ne mentaient pas...

Ces quelques mots nous pétrifient. Nous l'observons, la bouche ouverte, les yeux écarquillés, incapables du moindre commentaire.

D'une voix toujours aussi calme, Ibrahim enchaîne :

– Les nouvelles disent que les avions égyptiens sont quasiment invisibles et les rares qui se sont risqués à la limite de l'espace aérien israélien ont immédiatement été pris en chasse et abattus par des nuées de *Mystère 20*. Parfaitement maîtres du ciel, les Israéliens auraient amorcé une violente contre-attaque au sol et les forces arabes auraient entamé un repli. Bien sûr, tout cela n'est pas officiel, mais c'est tout de même troublant, et je suis très inquiet.

Aveuglés par nos certitudes et nos espoirs les plus fous, nous n'avions rien remarqué du tout, mais ce que venait de dire notre père, brusquement, nous glaçait et il fallait reconnaître que rien de concret n'étayait nos pronostics alors que, lui, disposait au moins de quelques informations doublées d'un solide réalisme.

Dès le lendemain, d'ailleurs, l'enthousiasme des Palestiniens s'essouffle, puis s'estompe totalement en fin de journée pour faire place à nouveau aux interrogations et à l'angoisse. L'espoir change de camp et à nos rêves de gloire se substitue le spectre de la honte : pouvons-nous être à nouveau battus ? Sommes-nous condamnés à nous démettre, nous soumettre ou à disparaître face aux Israéliens ?

Ce n'est pas possible, les nôtres vont réagir, se battre, se regrouper...

Une nuit passe encore et le lendemain les photos s'étalent à la une de tous les journaux. On y voit des monticules de chaussures abandonnées par les soldats égyptiens dans leur fuite afin de courir plus vite. Suivent d'autres clichés de carcasses d'avions calcinées, de chars éventrés, de prisonniers hagards, assis en tailleur dans le désert, mains sur la tête.

Même à onze ans, de telles images font mal, elles marquent pour la vie.

Dans les quarante-huit heures qui suivent, une véritable panique s'empare des Palestiniens qui fuient en tous sens. Les soldats de Tsahal poussent leurs frontières devant eux et profitent de l'occasion pour élargir leur territoire. Les blindés israéliens déboulent dans le Sinaï, au sud, prennent fermement et définitivement position sur le plateau du Golan au nord, face à une Syrie liquéfiée, s'enfoncent en Cisjordanie à l'est...

Bien qu'ils n'aient pas reçu d'instructions officielles en ce sens, les militaires ne se privent pas de nettoyer le terrain qu'ils occupent. Deux cent cinquante mille Palestiniens sont jetés sur les routes et fuient vers l'Égypte et surtout le Jourdain et la Jordanie. Sitôt abandonnés, les villages sont généralement rasés. L'armée profite de cette situation idéale pour occire quelques activistes notoires débusqués au passage, et en finir dans les zones frontalières avec des poches de résistance qui les dérangeaient depuis longtemps. Ainsi, alors que les tirs ont cessé depuis plusieurs jours, la ville de Qalquiliya est brusquement vidée de ses douze mille habitants et un tiers de ses maisons est saccagé, écrabouillé. Pendant des semaines, les expulsés vont errer comme des fantômes avant de regagner le bourg et construire de nouvelles demeures.

La guerre n'aura duré que six jours mais elle laisse le monde arabe au tapis, et Nasser n'a plus qu'à constater les dégâts : seize mille hommes sont morts, dont quelque quatorze mille Égyptiens ; les Israéliens ont conquis en quelques jours plus de territoires qu'ils n'auraient jamais osé en demander aux Nations unies et, en prime, ils se sont allégés d'une masse importante de la population, comme ils en rêvaient depuis toujours. Joli bilan.

Le monde arabe est ridiculisé et, à Tira, comme partout en Palestine, une chape de plomb s'abat sur notre communauté. L'occasion était trop belle de nous libérer. Nous ne l'avons pas saisie et elle ne se représentera pas de sitôt. Nous sommes dès lors condamnés à vivre soumis. Il faut l'accepter ou partir. Les Israéliens savent parfaitement que désormais ils nous tiennent, que nous allons venir manger au creux de leur main. Ils ont le beau rôle. Si nous ne sommes pas contents, la porte est ouverte et ils ne se privent pas de nous indiquer la sortie.

Rien, absolument rien, ne peut alors s'opposer à la politique gouvernementale. Des associations pacifistes israéliennes ont ainsi déposé plainte en pure perte devant la Haute Cour, estimant que des villages palestiniens étaient occupés illégalement et que leurs occupants devaient être réintégrés. Pour deux de ces villages, les magistrats ont donné raison aux plaignants. Personne n'a tenu compte de leur décision, et nul n'a plus jamais entendu parler de ce jugement.

De toute façon, à la même époque, passant outre les molles interdictions du gouvernement, des colonies sauvages s'implantent un peu partout dans le Sinaï, le Golan, la bande de Gaza, la Cisjordanie, et personne ne cherche à déloger ces pionniers hors la loi. Bien au contraire, souvent, non seulement l'armée ferme les yeux, mais elle les protège des contre-attaques palestiniennes, et leur facilite l'approvisionnement en armes et en munitions.

Aucune directive officielle ferme ne vient contrecarrer ces initiatives, les ministres et les leaders politiques étant eux-mêmes divisés sur le bien-fondé de l'occupation des nouveaux territoires conquis. Certains veulent les annexer définitivement, et d'autres s'en servir de monnaie d'échange pour négocier des traités de paix avec les pays riverains.

Une seule chose est certaine, Israël ne se retirera pas sans contrepartie et, en attendant, les colons s'incrustent.

Constatant les dégâts, mon père nous dit un soir, à mes frères et moi, en passant ses bras autour de nos épaules :

– Mes enfants, nous avons intérêt à nous faire tout petits ; nous allons en baver... Allez courage, il y aura des jours meilleurs... Inutile de rêver, il va falloir nous intégrer ou, en tout cas, en accepter le principe puisqu'il n'y a plus d'autre alternative. Faisons-nous à cette idée : nous sommes des Arabes israéliens et acceptons-le dans nos têtes, même si le cœur le refuse.

C'est effectivement la voie de la sagesse, à moins de préférer l'exil.

Et d'ailleurs, alors que nous nous attendions au pire, dès la fin du mois de juin les autorités israéliennes se calment. Non seulement les expropriations cessent, mais dès le 2 juillet les expatriés qui le désirent sont autorisés à revenir au pays s'ils en font la demande. Officiellement en tout cas, car les autorités de Tel-Aviv se réservent un droit de regard et, sur les cent vingt mille demandes, quatorze mille seulement aboutissent. En fait le Premier ministre d'alors, Levi Eshkol, n'agit pas du tout par bonté d'âme. Il cède à la pression de la Jordanie qui croule sous le poids des réfugiés. Le problème qu'ils posent au pays est tel que le royaume hachémite peut exploser à tout moment et entraîner la région dans une aventure terriblement dangereuse. Israël préfère se dispenser de ces tourments. Pour soulager le roi et résorber l'abcès, on entrebâille donc la frontière.

Dans le même esprit, et c'est là une merveilleuse nouvelle pour nous, le droit de visites transfrontalières est accordé aux familles de réfugiés, ce qui signifie que mon grand-père, mes oncles, mes cousins et cousines restés à l'extérieur d'Israël peuvent maintenant venir nous voir.

Cette décision est très importante. Elle desserre le carcan, nous permet de respirer un peu mieux, même si nous sommes encore loin de la libre circulation.

C'est dans ce cadre et ce climat un peu apaisé que j'entre au lycée de Tira pour y entreprendre mes études secondaires. Études sans histoire dans un lycée sans histoire où les professeurs arabes suivent scrupuleusement les programmes prescrits sans en dévier d'un pouce, et ne s'autorisent en dehors de leur strict enseignement que les mots « bonjour messieurs » et « au revoir messieurs », de peur d'en dire trop, d'être mal compris, et aussitôt dénoncés et rayés des cadres. Dans ce contexte, l'enthousiasme n'est pas tous les jours au rendez-vous, mais nous progressons au rythme régulier de nos programmes, ce qui n'est déjà pas si mal pour des réfugiés...

Très discrets en public, nous ne pouvons cependant pas nous résigner à accepter notre sort et, à la maison, je parle de plus en plus de politique avec mes frères. Ma famille a de la sympathie pour le Parti communiste israélien qui plaide le droit des Palestiniens à décider de leur sort. Nous partageons idées et tourments avec ce parti lui-même persécuté politiquement, et dont les membres n'ont pas le droit de se rendre à l'étranger.

En devenant un jeune homme, je prends moi aussi conscience des problèmes réels qui se posent à notre peuple et je comprends mieux le ressentiment de mes parents à l'égard des Juifs.

Un jour, ma mère a ainsi voulu retourner voir son ancien village, celui où mon père l'a rencontrée avant de l'épouser, celui où elle a laissé tant de souvenirs, et dont, elle aussi, a été chassée : Salame. Nous l'y avons accompagnée et j'ai cru que maman allait s'évanouir en arrivant. À la sortie d'une courbe, alors qu'elle souriait depuis quelques minutes en reconnaissant tel arbre, tel paysage, Salame est brusquement apparu sous ses yeux. Et, portant les mains à son visage, Maqboula a crié à son frère qui conduisait une petite voiture :

– Oh non ! Regarde ce que c'est devenu. C'était un véritable jardin d'Éden. Ô Seigneur ! Ils l'ont enfoui sous des tonnes d'ordures et d'immondices.

En effet, le village n'était plus qu'une gigantesque décharge publique livrée aux mouches et aux corneilles. Nous avons fait demi-tour. Un silence pesant s'est installé dans notre véhicule durant tout le trajet du retour. Discrètement, j'observais ma mère à la dérobée, et j'essayais d'imaginer tout ce qu'elle pouvait ressentir. Les Israéliens venaient de l'amputer de sa jeunesse, ils avaient souillé sa vie. Et une fois de plus, il fallait accepter sans rien dire. Surtout sans rien dire.

Ce climat permanent de suspicion, cette phobie de l'espionnite, tout cela était lourd à porter au quotidien et je me demandais quelquefois si nous ne dérapions pas vers la paranoïa, si nous ne nous enfermions pas nous-mêmes dans une prudence excessive. Malheureusement, la réalité me rattrapa et me ramena à la vigilance : j'étais bien palestinien, mais je devais à tout prix le faire oublier à des Israéliens qui ne cessaient de me le rappeler. Notamment pendant mes études.

Car, en cette année 1973, certains de mes frères, de mes sœurs et moi-même, devons songer à l'Université qui approche.

Le nombre d'étudiants arabes autorisés à y entrer est strictement contingenté : cinq places, pas plus, pour certains départements comme la médecine, le droit, l'ingénierie... Si bien que les étudiants arabes acceptés dans ces disciplines sont aussitôt suspectés de collaboration avec les autorités juives, et mis à l'index dans leur propre communauté.

Cette méfiance permanente pourrit notre société arabe et l'empêche de s'épanouir, de se développer sereinement. C'est une plaie, un handicap supplémentaire dont nous nous passerions bien.

Les universités sont placées sous haute surveillance. Les agents de renseignements du Shin Beth sont très attentifs à la vie des facultés, terreau toujours favorable aux révoltes, et s'intéressent en particulier aux activités des rares Arabes qui les fréquentent. C'est même parfois parmi ceux-ci, il faut en convenir, qu'ils recrutent, hélas, leurs meilleurs informateurs, contre un peu d'argent ou d'autres minables arrangements.

Pourtant mon père tient absolument à ce que nous poursuivions nos études. Il a raison, nous le savons tous, mais dans de telles conditions la décision n'est pas facile à prendre. Mon père en arrive même à des solutions extrêmes pour que nous accédions à ce savoir qu'il respecte tant et qu'il veut nous offrir envers et contre tout. Ainsi, lorsqu'une de mes sœurs aînées hésite à s'inscrire au département de littérature anglaise de l'université parce qu'elle craint de s'y retrouver seule Arabe et, a fortiori, seule femme arabe, mon père n'hésite pas : il s'inscrit lui aussi aux cours pour accompagner ma sœur et partage les bancs de l'amphithéâtre avec des jeunes gens qui pourraient être ses élèves.

Pour ma part, je dois d'abord boucler ma dernière année de lycée à Tira. Je suis plutôt bon élève et, en ce mois de septembre 1973, je ne me fais pas trop de souci pour mon diplôme de fin d'études secondaires. L'année qui s'annonce devrait être calme à tous points de vue et je n'en suis pas mécontent. J'ai l'impression d'avoir une vie « presque » normale. Il est vrai aussi qu'à force de vivre dans la confusion et l'incertitude, je finis par normaliser l'anormal.

Quoi qu'il en soit, le 5 octobre vers 17 heures, laissant la rue aux Juifs qui célèbrent le Yom Kippour, je suis détendu et je m'installe dans la petite cour intérieure de notre maison pour réviser quelques cours. Puis j'allume machinalement la radio à la recherche d'un fond musical en ce jour de recueillement.

Le premier mot que j'entends est : « mobilisation ». Je n'ai pas capté le début de la phrase mais le journaliste qui tient l'antenne parle sur un ton grave, solennel. Je m'approche du récepteur pour monter le son ; il ne me faut que quelques secondes pour comprendre : les Égyptiens ont attaqué Israël...

J'étouffe un cri de joie car, instantanément, la cruelle désillusion de 1967 me revient à l'esprit. Je cours cependant dans la maison à la recherche de mes frères et les déniche dans leur chambre. Ils ne connaissent pas encore la nouvelle et nous retournons immédiatement près du poste de radio. Les informations sur les combats sont distillées au compte-gouttes et restent très évasives mais nous sentons que la situation est grave car des appels aux réservistes sont lancés tous les quarts d'heure. Un coup d'œil à l'extérieur de la maison nous confirme que l'angoisse s'est emparée des Juifs. Les rues sont désertes et, en ce jour où toute circulation est proscrite pour des raisons religieuses, des véhicules militaires surgissent de nulle part et s'enfoncent à toute allure vers des destinations inconnues en soulevant des nuages de poussière. Quelques Palestiniens se hasardent comme nous sur le pas de leur porte dont ils referment bien vite les battants par prudence.

Dans les jours qui suivent nous avons toutes les peines du monde à ne pas laisser éclater notre joie ouvertement dans la rue. Des informations filtrent et nous savons parfaitement que les troupes israéliennes sont en grande difficulté au sud, face aux Égyptiens, comme au nord, face aux Syriens. Enfin nous osons marcher la tête haute.

La victoire tarde un peu à se dessiner mais nous savons que les Israéliens peinent énormément, qu'ils enregistrent de lourdes pertes, tant humaines que matérielles, et, surtout, que les armées arabes ne reculent pas. Quoi qu'il arrive maintenant, l'affront de 1967 est lavé. Sur tous les fronts les soldats arabes se sont battus vaillamment. Les Égyptiens ont franchi le canal de Suez et les Syriens ont arraché le drapeau bleu et blanc frappé de l'étoile de David qui flottait sur le mont Hermon. Même si la situation semble se stabiliser, chacun reste sur ses positions ; rien n'est joué et les Arabes ne rendent pas un pouce du terrain repris aux Juifs. Le gouvernement de Golda Meir a peur, nous le sentons bien, et c'est pour nous une immense revanche. L'État hébreu sait qu'il est en passe de perdre la guerre, qu'il ne dispose plus de forces en réserve et demande grâce en suppliant l'ONU de venir à son secours.

Heureusement pour lui, les grandes puissances répondent à son appel et ordonnent le 25 octobre 1973 un cessez-le-feu entre Juifs et Égyptiens. Assad refuse de signer mais cesse pratiquement les hostilités, alors que les forces arabes pouvaient en finir une fois pour toutes avec Israël. Sadate et son homologue syrien Hafez el-Assad ont été trop bons en se contentant de conserver le terrain conquis : une partie du Sinaï le long du canal de Suez, et une minuscule portion symbolique du Golan...

Enfin, cette fois-ci, sans l'intervention des instances internationales nous aurions gagné la guerre. Les peuples arabes retrouvent leur dignité et, après le cessez-le-feu du 25 octobre signé le 11 novembre, je me sens mieux dans ma peau en me rendant au lycée. Les Israéliens, eux, se font beaucoup plus discrets et mesurés qu'après le conflit de 1967. Un nouvel équilibre des forces est établi.

Je peux dès lors me consacrer uniquement à mon diplôme, que j'obtiens effectivement sans souci, et penser aux choses sérieuses : mon inscription à l'université de Tel-Aviv.

Si tout va bien, pour la première fois de ma vie, je vais quitter Tira...

CHAPITRE VI

EVI

Jérusalem (1975)

Avec ses cinq étages dressés vers le ciel en forme de pyramide inversée, le département des Sciences sociales de l'université hébraïque de Jérusalem a fière allure. J'admire longuement son architecture légère, aérienne lorsque j'arrive pour la première fois à la faculté. Ce plaisir esthétique est de bon augure et j'assiste à mes premiers cours de sciences sociales avec enthousiasme. Les intervenants sont brillants, intéressants, intelligents, modernes, et semblent tout aussi motivés que leurs étudiants, si ce n'est plus. En les écoutant, j'ai vraiment le sentiment qu'ils ne se déplacent pas uniquement pour faire leur travail, mais qu'ils nous délivrent un message, qu'ils se sentent porteurs d'une mission. Ils comptent sur nous pour construire et consolider Israël, mais nous avons besoin d'eux, de leur savoir, pour y parvenir. En plus de leurs connaissances, ils nous transmettent une responsabilité sociale, politique, pour ne pas dire historique. Ils nous veulent savants parce que de notre capacité à construire, à inventer, à progresser, dépend notre survie. En tous lieux et en tous temps, nous devrons lutter contre nos ennemis potentiels qui ne manquent pas, même si un grand pas vers la paix a été franchi le 4 septembre à Genève, avec la signature d'un « pacte de non-belligérance » entre l'Égypte et Israël.

Un tel accord n'a pas été simple à arracher. Artisan de cette amorce de paix, Henry Kissinger, représentant le président Nixon, a multiplié les navettes entre Washington, Le Caire, Tel-Aviv, et même Damas et Aman, en Jordanie. Les démarches ont pu aboutir parce qu'Israël a revu ses prétentions à la baisse. Après la guerre de 1967, les Israéliens étaient en position de force et dictaient leurs conditions. Après celle du Kippour, ils étaient beaucoup moins revendicatifs. Le boulet n'était pas passé loin et la leçon incitait à la modestie et à la prudence. C'est donc sans trop se faire prier que le gouvernement de Tel-Aviv a libéré quelques territoires et accepté des concessions inenvisageables quelques mois plus tôt.

Même s'il n'a pas remporté une victoire franche et définitive sur le terrain, loin de là, Anouar el-Sadate a, malgré tout, changé la donne sur le plan diplomatique, redoré le blason de son pays et écorné sérieusement l'idée de la toute-puissance d'Israël sur la région.

Il faut maintenant compter avec l'Égypte. Quant à l'État hébreu, il gagne en humilité et doit revoir sa copie après cette bonne leçon. Lui qui pensait n'avoir jamais à négocier n'est plus aussi convaincu de son invulnérabilité et envisage donc les traités de paix avec beaucoup plus de bienveillance.

C'est même avec une certaine inquiétude que nos dirigeants assistent à la chute du président Nixon après l'affaire du Watergate. Son successeur se sentira-t-il autant concerné par les problèmes du Moyen-Orient et poursuivra-t-il le processus de paix en cours ? Dès novembre 1976, les prises de position du président Carter vont rassurer Israéliens et Égyptiens sur ce point.

Mais nous, Israéliens, nous ne devons pas relâcher notre vigilance, ne jamais perdre de vue que rien n'est définitivement acquis, et rester toujours solidaires et unis pour assurer notre indépendance.

C'est ce que je ressens profondément chaque jour en passant d'un amphithéâtre à un autre et je réalise une fois encore qu'une telle communion entre maîtres et élèves ne peut se concevoir qu'ici, en Israël, entre Juifs. Jamais nos professeurs ne parleraient avec autant de liberté dans des universités de Zurich, Londres, ou Paris. Leurs discours, leurs digressions, leurs apartés ne sont imaginables que devant ce parterre complice et acquis à leur cause.

Quelquefois je me demande ce qu'un Arabe pourrait ressentir s'il assistait à ces cours. Cette hypothèse étant exclue, je ne m'y attarde pas lorsqu'un jour un étudiant souriant s'installe à côté de moi dans l'amphithéâtre. Je réponds à son sourire et me présente :

– Bonjour, je m'appelle Evi...

– Bonjour, moi c'est Mohammed.

Mon sourire se fige sur mes lèvres. Je suis abasourdie et ne parviens plus à prononcer un mot. J'ai l'impression que la foudre vient de me frapper, de me pétrifier. Aucun Juif ne se prénommerait Mohammed, donc il est évident que mon voisin est arabe et ce constat me paraît totalement invraisemblable, inconcevable. Un Arabe, à côté de moi, à l'université... Ce jour-là, je suis incapable de m'intéresser au cours. Je ne cesse de jeter des coups d'œil furtifs à Mohammed pour me convaincre que je ne rêve pas. Personne ne m'avait jamais parlé des minorités arabes. Ce sujet n'avait jamais été abordé avec mes amis du Bné Akiva, pas plus que dans les kibboutz. Je suis totalement désarmée devant cette situation que je n'imaginais pas une seconde, et je fais un effort prodigieux à la fin du cours pour demander à Mohammed en essayant de dissimuler mon trouble :

– Il y a beaucoup d'Arabes à l'université ?

– Non. Dans cette classe nous ne sommes que cinq.

Je me compose un sourire idiot avant de le saluer, puis je file vers la sortie sans plus rien voir autour de moi.

Cette rencontre est pour moi un véritable choc. Il me faudra réellement plusieurs jours pour m'en remettre. Je prends brusquement conscience que des Palestiniens vivent sur le sol d'Israël. Je ne soupçonnais même pas leur existence, parce que nul n'en fait jamais mention dans notre communauté, parce qu'ils sont pour nous transparents, inexistants. J'étais persuadée que tous avaient gagné les territoires ou les pays arabes limitrophes.

Quelque temps plus tard, je m'ouvre de ma surprise à l'un de mes amis de fac, Maty. Il me regarde incrédule :

– Tu plaisantes Evi ? Tu ne savais pas qu'il y a des Arabes parmi nous ?

– Eh bien non ! Je ne savais pas.

J'ai vécu dans un kibboutz, je suis restée six mois en Israël avant de m'y fixer, mais j'étais tellement isolée dans ma bulle de cristal que je n'ai pas imaginé un seul instant que parmi tous ceux qui m'entouraient il n'y avait pas que des Juifs ; il y avait aussi, quelquefois des Arabes. Des Arabes discrets, parlant hébreu, et ne se permettant jamais la moindre allusion à leurs origines.

Cette révélation me bouleverse bien plus que je ne le laisse paraître. J'ai l'impression d'être une sotte, une niaise, une petite fille de riches, Juive, Suisse, gâtée et égoïste, aveuglée par le Bné Akiva qui m'a donné une vision déformée et très tendancieuse de la réalité. De plus, la situation que je découvre me trouble, me gêne et fait ressurgir en moi mes angoisses de petite fille, celles de l'enfant qui devait cacher qu'elle était juive.

Je suis venue vivre en Israël pour ne plus être bâillonnée, pour ne plus étouffer dans une minorité, et je me heurte au même problème, avec cette nuance que je ne suis plus dans le camp des opprimés, mais dans celui des oppresseurs. J'ai trop souffert de cette situation pour la négliger aujourd'hui. Mes souvenirs me rattrapent, je ne peux m'accommoder de l'indifférence et j'enrage brusquement contre tous ceux qui m'ont présenté Israël comme une terre juive sans même mentionner que des Arabes y vivaient également et qu'ils n'y étaient pas forcément heureux. J'ai brusquement le sentiment confus, diffus, d'avoir été trompée, trahie. Je pressens qu'il y a là un problème grave que mes multiples activités du moment m'interdisent pourtant d'analyser plus avant. Il me faudra un an pour le définir, l'intégrer, l'assimiler, et bien plus de temps encore pour admettre que notre peuple, si longtemps persécuté, pourchassé, puisse vivre en paix ici sans se soucier le moins du monde d'une minorité bafouée en quête de reconnaissance. C'est pour moi un processus long et douloureux, auquel je me contrains.

Cette prise de conscience m'inquiète car elle vient mettre un sérieux bémol à ma joie de vivre sur ce territoire où je refuse de m'isoler à nouveau, où je veux trouver ma place. J'ai déjà fait le choix de délaisser la religion et voilà que je m'inquiète du sort des Arabes ! Cette fois, mes amis ne me le pardonneront pas. Je dois être prudente.

Après avoir longuement réfléchi, j'essaie quand même d'aborder le problème à mots couverts avec Maty qui me paraît d'un nationalisme mesuré. Je fais bien car, petit à petit, je sens des bouffées de réconfort m'envahir. Au fil des minutes, je sais que mon bon copain Maty avance sur le même chemin que moi. Il finit par me confier :

– Je ne te parlais pas de ces problèmes parce que j'ignorais qu'ils t'intéressaient, mais il existe dans cette université un petit contingent d'étudiants de gauche qui ne partagent pas aveuglément les choix gouvernementaux. Pour ma part, aux prochaines élections, je vais voter pour la Jabha, tu vois, ce n'est pas très conventionnel.

La Jabha, le Front démocratique pour la Paix et l'Égalité, est un parti qui se consacre à la défense des intérêts arabes et je suis effectivement assez surprise que Maty le soutienne. Il va encore plus loin que moi dans sa démarche. Bien que n'ayant pas encore le droit de vote, je me sens, moi, proche du Parti travailliste, déjà très éloigné des thèses que l'on a tenté de m'inculquer au mouvement Bné Akiva. Heureusement que maman ne sait pas cela...

Cela dit, être juive n'est pas simple pour moi et m'oblige bien souvent à avancer en zigzag à grands coups de godille.

Alors que je commence à découvrir la cause arabe, j'entends un jour un orateur affirmer à la tribune de l'ONU que le sionisme n'est que l'une des multiples manifestations du racisme et qu'à ce titre il est haïssable et condamnable...

Une telle déclaration me fait bondir et je ne suis pas la seule à réagir. Une manifestation de protestation est aussitôt programmée dans tous le pays et, à Jérusalem, tous les mouvements étudiants, sans exception, décident de se joindre au cortège. Touchée au plus profond de ma fierté, blessée dans mes convictions, je vais, moi aussi, manifester sans la moindre hésitation. Et pourtant il est vrai que pour bon nombre de mes concitoyens, cette notion de racisme larvé est bien réelle même si nous refusons de l'admettre et si je ne m'en rends pas encore compte. C'est même certainement parce que je refuse d'être associée à ce schéma, que je condamne, et parce que j'interdis l'amalgame, que je vais crier mon indignation dans la rue. Je suis furieuse et, surtout, vexée.

Cet épisode n'est pas du tout anecdotique car il marque un tournant dans ma vie en me poussant vers le combat. La passivité me pèse et je ne supporte plus que l'on véhicule des idées fausses, figées, stéréotypées sur mon pays. Israël est un tout homogène et uni, mais ceux qui le composent sont mieux placés que quiconque pour se poser des questions, refuser de marcher au pas cadencé et réclamer le droit à la libre expression. C'est pourquoi je décide de militer.

Je m'en ouvre à Maty qui m'invite aussitôt à le rejoindre au sein du Beth Hillel, ce que je fais au début de l'année 1976. Parallèlement, j'organise des fêtes au comité de ma classe. Cette hyperactivité comble le vide que je ressens, malgré tout, depuis que j'ai quitté la Suisse.

L'association Beth Hillel se définit comme un groupe de rencontres sociales et s'est fixé comme but, entre autres, de réunir de jeunes étudiants juifs et arabes. C'est un principe établi et respecté par tous : au cours de nos réunions et de nos activités, nous ne nous permettons pas encore de parler politique. Seuls les problèmes sociaux sont évoqués et traités, ce qui me convient tout à fait dans l'optique de mes études universitaires. Le Beth Hillel me comble donc sur tous les plans et correspond parfaitement à mes attentes.

Pendant plus d'un an j'y consacre beaucoup de mon temps avec grand plaisir et c'est pourquoi j'écoute avec attention la proposition que me fait Maty au mois de juin 1977. Ce garçon a toujours été de bon conseil et je suis donc tout à fait disposée à l'entendre.

Cette fois, il m'invite à participer à un camp d'été dans un étrange lieu géré par un prêtre français, entre Jérusalem et Tel-Aviv : Neve Shalom Wahat al-Salam.

Organisée par Beth Hillel et une autre association du même type, Shoutafout, cette manifestation se propose de réunir en un même campement des jeunes Arabes et des jeunes Juifs. L'idée me séduit d'emblée et, sans trop réfléchir, je donne mon accord. En revanche, je demande à Maty de m'en dire un peu plus sur cet étrange curé fédérateur et son village pilote.

– Il s'appelle Bruno Hussar, c'est un sacré bonhomme et il a de la suite dans les idées. Son projet est complètement fou, mais c'est pour ça qu'il m'a plu et qu'il va te plaire. Je vais te raconter...

*
**

EYAS

Tel-Aviv (1974)

J'avais demandé « Philo et Droit ». On m'a accordé « Philo et Hébreu ». Je n'ai pas à me plaindre, j'ai échappé à « Mathématiques et Chinois », ou « Physique et Histoire de l'Art ». En Israël, quand on est arabe et que l'on n'a pas ce qu'on aime, il faut aimer ce que l'on a.

Enfin, l'essentiel est fait, je suis inscrit à l'université, je peux suivre les cours normalement, et mon père est heureux et fier de moi. Dire en revanche que mon quotidien est une partie de plaisir serait excessif.

Tous les matins, un bus m'emmène de Tira à la faculté, une trentaine de kilomètres parcourus en un peu moins d'une heure. Ensuite, je m'arrange pour m'isoler le plus possible pendant les cours : je n'ai aucune envie de me mêler aux Juifs et ils ne font d'ailleurs rien pour m'attirer dans leur cercle. C'est très bien ainsi. Par nature, je ne suis pas bavard, je n'ai donc pas à me forcer pour vivre mes études en solitaire. Je me méfie de tout le monde, y compris des Arabes, et j'observe énormément. Je vois ainsi des jeunes Palestiniens s'appliquer pour se fondre dans la communauté juive et je me demande à quelles bassesses ils consentiraient pour être tolérés à défaut d'être acceptés. Tout cela m'attriste profondément et ne m'incite guère à faire des efforts. Faleh, le seul Arabe de ma promotion qui semble conserver sa dignité, le remarque. Un jour il vient me parler et me demande si je ne m'ennuie pas trop. Je l'assure que tout va bien et il ajoute simplement avant de disparaître qu'à l'occasion nous pourrions aller prendre un thé ensemble pour discuter un peu. Son approche discrète me plaît et c'est vrai aussi que mon isolement absolu commence à me peser.

Quelques jours plus tard, je prends un verre à la cafétéria avec Faleh qui m'avoue se méfier autant que moi des Juifs. Mais, lui, refuse l'engrenage de la haine. Résolument optimiste, positif, il veut croire que certains Juifs sont disposés à cohabiter avec nous en acceptant nos différences :

– Ce sont ceux-là que je recherche, Eyas, et c'est avec ceux-là que nous construirons l'avenir.

Je le félicite sincèrement pour ces paroles d'espoir que j'aimerais partager mais, malheureusement, dans l'immédiat je ne peux vraiment pas y adhérer. Trop de souvenirs me trottent encore dans la tête. Faleh n'insiste pas. Nous parlons d'autre chose.

Cette amitié naissante me convient. Faleh est heureux de vivre, ses propos sont toujours mesurés et, même s'il parle et plaisante volontiers avec des étudiants juifs, je note qu'il garde ses distances et évite soigneusement certaines discussions. À la fin de notre première année de faculté, nous sommes devenus inséparables. Notre complicité facilite nos études. Il est plus facile de travailler à deux, et les cours sont encore plus agréables lorsque l'on peut partager des remarques avec un ami. En revanche, notre relation se limite à l'enceinte de l'université et, quelquefois, à nos voyages en autobus car Faleh habite comme moi à Tira. Mais nous ne voyageons même pas systématiquement ensemble. Je sais seulement que, lui, n'hésite pas à faire des haltes pour prendre le vent de différentes associations. Il est curieux, actif, et toujours en quête de vie sociale. Alors il papillonne de groupe en groupe, s'informant des objectifs des uns, des idées des autres. Quelquefois il me rapporte ses impressions et je m'efforce de l'écouter avec attention. Les informations sont souvent intéressantes, elles permettent de suivre l'évolution des mentalités.

Malheureusement, le 30 mars 1976, j'ai un triste aperçu de l'évolution de ces mentalités. De très graves incidents éclatent en Galilée. Les Israéliens veulent judaïser tout un secteur pour le transformer en terrain militaire et ils expulsent sans ménagement les Palestiniens qui l'occupent.

Mais, cette fois, les Arabes se révoltent et opposent une résistance farouche. Pour en finir rapidement et éviter que la rébellion s'étende, les forces militaires israéliennes ouvrent le feu sur la foule qui manifeste. La répression est violente, terrible. Au soir du 30 mars, six Arabes ont été tués par balles. Des dizaines d'autres sont blessés. La contestation est étouffée dans le sang, mais dans toute la Palestine, pour les Arabes, cette journée restera comme un jour de deuil national et sera dès lors chômée et célébrée comme telle. Nous l'appellerons « la Journée de la Terre », la journée de cette Terre d'où l'on veut nous chasser.

Faleh est, lui aussi, très éprouvé par ce massacre et pendant quelques jours, je sens son désarroi. J'en suis malheureux pour lui car je le sais sincère dans ses idées et dans sa recherche de la paix. De tels actes ébranlent ses convictions et je conçois qu'ils lui posent des problèmes de conscience. Il évite d'aborder trop longuement le sujet avec moi mais je vois bien qu'il n'est plus le même. Triste et taciturne, il s'enferme dans sa coquille, ce qui ne lui correspond pas.

Je me doute bien que cette situation ne durera pas, que le naturel reprendra le dessus. Effectivement, un matin de juin, je retrouve un Faleh pétillant et excité. Après un bref salut et quelques banalités, il me raconte qu'il vient d'adhérer à une association remarquable, Shoutafout, fondée par un professeur juif connu à la faculté pour son travail de recherches sur la dynamique entre la victime et son tortionnaire, et la propension de la victime à devenir tortionnaire.

En hébreu, Shoutafout signifie « partenariat », et Faleh me précise très vite que l'association veut absolument réunir des étudiants juifs et arabes. À cette simple évocation je mets mon ami en garde :

– Fais attention, je sais que ce professeur a la réputation d'être intègre, mais tu sais très bien que la politique du gouvernement prône actuellement l'intégration. L'intégration façon Far West : tu ranges tes plumes, l'Indien, tu passes un jean, tu payes tes impôts, et tu la boucles. Regarde ce que font actuellement les responsables de bon nombre de kibboutz : eux aussi invitent les Arabes à se joindre aux Juifs pour venir travailler la terre dans la joie et la bonne humeur... En fait, ils comptent bien les noyer dans la masse, les dissoudre dans leur acide. J'ai bien peur que Shoutafout poursuive le même but. Les Juifs ne pensent qu'à nous trahir. Pour nous détruire, ils sont prêts à nous attirer dans tous les pièges. Et encore, s'il n'y avait pas l'opinion internationale, le traitement serait certainement plus radical. Souviens-toi de ce qui s'est passé le 30 mars...

– Je me souviens, Eyas, mais tu exagères, tu es trop méfiant. Moi aussi je suis prudent, mais si nous ne laissons pas une porte ouverte, nous allons tous finir étouffés.

– Ça oui, Faleh, je suis bien d'accord avec toi, il n'y aura pas assez d'air pour tout le monde sur ce petit bout de terre. Alors je préfère rester près de la porte, parce que je ne crois pas qu'un Juif me passera de l'oxygène...

Nous en restons là mais, dans les mois qui suivent, Faleh continue à me parler avec enthousiasme de son association, sans pour autant me convaincre. Je refuse de le condamner et l'admire au contraire sincèrement pour sa constance. Je souhaite de tout cœur qu'il ne soit pas manipulé car sa déception serait immense. Hélas, je ne suis guère optimiste.

Vers la fin mai 1977, alors que Faleh et moi terminons confiants notre cycle universitaire avant de devenir instituteurs, mon ami m'entretient de l'un de ses projets fous dont il m'assomme régulièrement. Cette fois, il m'explique que Shoutafout s'est groupé avec une autre association du même type, Beth Hillel, pour organiser un stage de formation réunissant des éducateurs juifs et arabes. L'objectif est d'animer, par la suite, des rencontres entre les jeunes des deux communautés. Ce stage est prévu sur un terrain appartenant au fondateur de Wahat al-Salam Neve Shalom, un prêtre français.

Pour moi, rien que ce nom bilingue est tout un programme et je flaire le piège. Quand Faleh me demande sérieusement de l'accompagner à ce camp je manque de m'étouffer. Mais cette fois mon ami insiste sur un ton grave. Je sens que mon refus le peine. Il y voit peut-être un manque de confiance, aussi ajoute-t-il :

– Il faut que tu regardes devant toi, Eyas. Tu ne peux toute ta vie ressasser le passé. Arabes et Juifs, nous sommes condamnés un jour ou l'autre à nous entendre. Nous n'y parviendrons pas sans nous faire confiance...

J'interromps mon ami :

– Faire confiance ? Quand j'étais enfant, un jour, alors que ma mère, malade, sentait la paralysie la gagner, elle nous a demandé de l'emmener voir sa famille, de l'autre côté de la frontière. Nous sommes passés par la montagne avec un mulet sur lequel ma mère avait bien du mal à se tenir assise. Au sommet d'un col, des soldats israéliens nous ont repérés et ils ont immédiatement ouvert le feu. Nous avons dégringolé la montagne en courant et en nous protégeant. Je ne sais pas comment ma mère a réussi à s'agripper à sa monture, comment elle ne s'est pas rompu les os. Lorsque nous avons enfin pu arrêter notre course, maman a glissé lentement du tapis de bât sur lequel elle était assise. Mon père l'a rattrapée juste avant qu'elle tombe. Elle avait les yeux fixes, vitreux, j'ai cru qu'elle était morte. Une immense tristesse l'avait envahie. Elle avait tellement envie de revoir les siens avant que ses forces ne l'abandonnent totalement...

« Une autre fois, c'est un de mes oncles qui est arrivé chez nous en pleine nuit après avoir, lui aussi, passé la frontière clandestinement. Il voulait rendre visite à l'un de ses frères devenu aveugle qui habitait une maison au bout de notre village. À 3 heures du matin, mon père m'a demandé d'aller chercher le vieil homme avec une de mes sœurs pour l'amener chez nous. Lorsque nous sommes revenus, notre demeure était entourée de militaires. Nous avions été trahis. Quelqu'un avait vu mon oncle arriver et avait immédiatement prévenu la police israélienne. Mon oncle a réussi à s'enfuir juste à temps, mais mon père a été menacé des pires représailles s'il enfreignait la loi. Nous n'avons jamais réussi à savoir exactement qui nous avait trahis mais, depuis ce jour, j'ai appris à me méfier non seulement des Juifs, mais aussi de la confiance. Alors quand tu me demandes de l'accorder à tes amis de Shoutafout pour aller assister à un stage de formation avec des Juifs à Wahat al-Salam Neve Shalom, eh bien vois-tu, c'est non... Ne compte pas sur moi pour ton camp.

Faleh hocha la tête :

– Je comprends. Mais un jour, au moins, est-ce que tu me feras confiance, à moi ?

– Promis. En attendant, amuse-toi bien à Wahat al-Salam Neve Shalom. Sans moi. Et bonjour au curé...

CHAPITRE VII

EVI

Neve Shalom Wahat al-Salam (juillet 1977)

Le bus qui assure la liaison Jérusalem-Tel-Aviv nous a déposés en rase campagne. Pas la moindre maison dans un horizon pourtant assez dégagé. Un peu étonnée, je regarde le car s'éloigner cependant que mon ami Maty, parfaitement serein, étire bras et jambes puis s'assoit sur son sac à dos négligemment posé à terre. Vu l'activité ambiante, je fais comme lui. Il n'est que 10 heures mais la chaleur est déjà agressive et j'aimerais tout de même connaître la suite des événements. Maty m'a conviée à un vaste camp réunissant plus d'une centaine de participants et pour l'instant je ne vois que de la caillasse et des montagnes. Je ne suis pas inquiète mais quelque peu intriguée. Maty doit s'en douter. En réajustant sa casquette, il m'indique un chemin de terre à peine tracé qui grimpe vers une colline verdoyante :

– Neve Shalom Wahat al-Salam est là-haut, sur l'autre versant de la colline. Le site domine la vallée d'Ayalon, nous ne pouvons pas le voir de la route.

– Et nous y allons comment ?

– Une voiture va venir nous chercher. Ils connaissent les horaires des bus. Normalement...

Le « normalement » me fait instantanément lever la tête vers la sente et je commence à calculer le temps nécessaire pour rejoindre notre camp à pied lorsque, effectivement, une camionnette surgit à la sortie d'une courbe et dévale le chemin dans un joyeux bruit de ferraille.

Quelques minutes plus tard, je découvre Neve Shalom Wahat al-Salam. Maty m'avait prévenue qu'il n'y avait pas grand-chose. En fait, il n'y a rien. Juste une minuscule maison, chétive et fragile, posée au bout d'un champ. Pour accueillir les participants au camp, une immense tente marabout blanche a été dressée sur une partie du terrain à peu près plane. Une multitude d'autres petites tentes sont éparpillées tout autour comme des pâquerettes et un peu partout, des jeunes gens, Juifs et Arabes, continuent de planter des piquets et tendre des toiles. Ils ne se soucient nullement de l'aspect rébarbatif des lieux et semblent, au contraire, s'en accommoder tout à fait. C'est ce que tous affirment dans de grands éclats de rire à un homme discret aux cheveux blancs, à la démarche ferme, qui passe furtivement de groupe en groupe, s'inquiétant du confort des uns, souhaitant la bienvenue aux autres. Je me doute qu'il s'agit du père Bruno Hussar, et Maty me le confirme en m'entraînant vers lui pour me le présenter.

Voilà donc l'homme dont mon copain de fac m'a tant parlé, l'homme qui a pensé, voulu, Neve Shalom Wahat al-Salam et qui récolte, aujourd'hui, les premiers fruits de son obstination après avoir prêché dans le désert pendant dix ans. Si nous sommes réunis autour de cette tente, c'est bien parce que ce prêtre est allé au bout de son idée, une idée un peu folle, une de plus dans une vie assez originale.

Juif, d'origine italienne, de nationalité française, Bruno Hussar est né en Égypte en 1911. Un acte de naissance ouvert sur le monde, un chemin tout tracé vers l'universalité et sur lequel il va s'engager. Converti au catholicisme en France où il poursuit ses études d'ingénieur, Bruno Hussar se passionne pour la théologie. Il entre au séminaire puis se dirige vers l'ordre prêcheur des dominicains qui répond le mieux à ses attentes. Tournés vers l'étude des courants de pensée en marge ou étrangers au catholicisme, les dominicains offrent à Bruno Hussar la possibilité d'étudier les racines juives du christianisme, un sujet qui le fascine parce qu'il lui permet de se pencher sur ses propres origines. Pour mieux travailler son sujet, le religieux s'expatrie en Israël peu après l'indépendance, et s'y installe définitivement. Il obtiendra même la nationalité israélienne.

C'est dans les années soixante qu'il imagine une application pratique à ses travaux : réunir en un même village, au cœur d'Israël, des musulmans, des juifs, et des chrétiens... Vaste programme, qui ne rebute en rien le dominicain. Son projet devient une obsession et il se met en quête d'un terrain pour le réaliser. Ce n'est pas simple. Le contexte politique n'incite pas à la cohabitation. L'affaire du canal de Suez, nationalisé plus tôt que prévu par Nasser, en 1956, est encore dans toutes les mémoires. L'opération avait obligé les Israéliens à réagir avec l'appui des Anglais et des Français, ce qui avait irrité à la fois les Américains et les Russes. On était alors passé à deux doigts du conflit international, et les

Juifs ne l'ont pas oublié. Le pire a été évité mais les Israéliens savent que les Égyptiens n'ont pas désarmé. Ils ne rêvent que d'avaler Israël et ne cessent d'exhorter les Palestiniens à se révolter. Si bien que, lorsque Bruno affirme qu'il faut inverser les tendances, on l'encourage à persévérer dans cette voie en le poussant gentiment vers la sortie.

Des moines français trappistes viennent enfin en aide à Bruno en 1970. Ils vivent dans un monastère situé en territoire occupé au pied d'une colline pelée, à Latroun, et sont heureux de proposer à Bruno quelque quarante hectares de terrain en friche qui jouxtent leur domaine. Ces terrains s'étalent, eux, en Israël, juste derrière la ligne de démarcation Les moines acceptent de les louer au dominicain pour une somme symbolique, en le prévenant bien que cette terre n'a pas été cultivée depuis l'époque byzantine et qu'à leur connaissance, elle n'a même jamais été habitée.

Sans vouloir décourager leur ami, les trappistes lui font aimablement remarquer que, même en semant là des cailloux, il ne faut pas espérer voir pousser des parpaings...

Bruno Hussar n'en a cure. Il a enfin son terrain et c'est bien l'essentiel. Le premier pas est franchi, ce qui le rassure et suffit à le convaincre qu'il est sur la bonne route. Reste cependant à faire sortir un village de ce désert lunaire. Bruno Hussar ne sait pas trop comment il va s'y prendre et s'en remet au Seigneur pour trouver les solutions. Ce n'est pas un hasard s'il va chercher dans la Bible le nom de son futur village. En choisissant Neve Shalom Wahat al-Salam, qui signifie « oasis de paix », il espère le soutien du prophète Isaïe qui avait écrit : « Mon peuple habitera une oasis de paix. » Bruno Hussar est trop féru de théologie pour ignorer que le même prophète conseillait aussi à son peuple de n'accorder sa confiance qu'en Dieu et, surtout, de ne jamais compter sur des alliances avec d'autres États...

Le dominicain ne retient que l'oasis de paix, mais les recommandations d'Isaïe doivent tout de même très souvent lui revenir en mémoire.

Le contrat de location du terrain de Latroun est à peine paraphé que la guerre des Six Jours éclate. Dans ces conditions, et face à une situation militaire et politique des plus confuses, le prêtre doit geler son projet pendant de longs mois. Dès que le climat est un peu apaisé, il reprend son bâton de pèlerin et part à la recherche de volontaires juifs et arabes assez fous pour se lancer dans l'aventure. Il n'en trouve pas.

L'échec est retentissant. Pendant près de dix ans, le dominicain frappe à toutes les portes, s'investit, explique, démontre, espère, et ne récolte qu'une indifférence absolue. Son projet paraît utopique à tous ceux qui l'entourent, il est le seul à y croire. Malgré sa force, malgré la profonde conviction qui l'anime, Bruno Hussar doit se rendre à l'évidence : Neve Shalom Wahat al-Salam, tout le monde s'en fout, y compris le Bon Dieu. Ce désintérêt général finit par devenir pesant et, à la fin de l'année 1976, toujours seul dans l'unique maisonnette spartiate qu'il a fait construire sur son terrain, le prêtre est à deux doigts de renoncer. Il enrage, aussi lance-t-il un ultimatum à Dieu :

– Seigneur, si tu m'abandonnes, j'arrête. Dix ans de lutte stérile, dix ans de combat solitaire, je ne peux faire plus. Mais si je renonce, pour une fois c'est toi qui porteras une lourde responsabilité devant les hommes...

Bruno Hussar raconte volontiers à ses proches ce coup de gueule contre le Divin, cette soirée houleuse où, agenouillé sur une chaise bancale qui lui servait de prie-Dieu, il a placé le Bon Dieu devant ses responsabilités. Il s'amuse de cette apostrophe irrévérencieuse. Le Seigneur l'a entendu, c'est bien la preuve qu'Il ne lui en veut pas d'avoir tambouriné à sa porte en pleine nuit...

Quelques jours après avoir déposé son préavis de grève sacerdotale, Bruno Hussar entre en contact, à l'occasion d'une conférence à Jérusalem, avec les représentants d'une association dont il a déjà entendu parler : Beth Hillel. Les jeunes dirigeants de ce mouvement, qui se propose de réunir Juifs et Arabes dans des activités communes, écoutent avec attention le discours du prêtre et ne s'enfuient pas lorsqu'il évoque son projet de village communautaire. L'un des auditeurs présents dresse l'oreille lorsque le prêtre révèle qu'il dispose d'un vaste terrain qui ne lui sert à rien. Le jeune homme interrompt le dominicain :

– Si nous vous dédommageons, est-ce que nous pourrions disposer de votre terrain pendant quelques jours ?

– A priori, oui, à condition que je connaisse vos intentions.

– L'été prochain, en liaison avec une autre organisation qui poursuit les mêmes buts que nous, Shoutafout, nous voulons organiser un camp international réunissant de jeunes Arabes et de jeunes Juifs. Mais, pour l'instant, nous ne disposons pas d'emplacement pour accueillir une telle manifestation. Pourquoi pas chez vous, à Neve Shalom Wahat al-Salam ?

À cette simple évocation, Bruno Hussar comprend que le Bon Dieu est en train de lui remonter les bretelles et il s'excuse humblement d'avoir été un peu vif, parce que les circonstances l'exigeaient. Tout en faisant amende honorable il bénit ce coup de pouce providentiel et se précipite sur l'occasion :

– Mais bien sûr, le terrain est disponible, quand vous voulez, bienvenue. Mais je vous avertis, c'est vraiment un champ qui ne dispose d'aucune commodité. Si cela vous intéresse, prévenez bien vos participants.

– Nous allons demander l'avis de nos amis de Shoutafout, mais trouver un terrain pour ce type de rencontres était pour nous un problème majeur. Si nous avons un lieu, plus rien ne s'oppose à notre projet. Je pense qu'au niveau du confort nous nous adapterons. Nos adhérents ont encore leurs étoiles dans la tête, ils ne les recherchent pas dans un guide...

Quelques semaines plus tard, le projet prend corps et les deux associations organisatrices lancent leurs premières invitations : « Rendez-vous à Neve Shalom Wahat al-Salam ».

En recevant le programme fraîchement imprimé sur une Ronéo artisanale, le père Hussar se laisse aller à l'émotion. Il va gagner, il en est certain. Pour la première fois son village existe, son nom est mentionné, imprimé, des gens vont en demander le chemin. Neve Shalom Wahat al-Salam va vivre et le dominicain sait que ce n'est là qu'une première étape.

Je vois le père Hussar se glisser au milieu des groupes, discret, presque effacé, propulsant à grands pas sa carcasse desséchée entre les tentes et les popotes qui commencent à se dresser aux quatre coins du camp. Je suis absolument ravie d'évoluer dans cette ambiance bon enfant et je ne tarde pas à me joindre à un groupe pour préparer l'intendance. Tout manque mais rien n'est problème : nous chargeons des jarres en terre cuite sur une camionnette pour aller chercher de l'eau à la fontaine publique du village le plus proche, nous creusons de vastes trous pour les sanitaires, formons des faisceaux de bois pour allumer des feux lorsque la nuit viendra. Tout cela a des allures boy-scouts, mais nous savons tous ici que ce n'est pas seulement la perspective de la fête qui nous a réunis, mais aussi la certitude que nous pouvons infléchir le cours du temps, détourner la guerre et creuser le canal de la paix.

Le premier soir nous sommes plus d'une centaine à bavarder autour des feux. J'ai réussi à convaincre mon frère, l'étudiant en médecine, à venir et il ne le regrette pas. Les étoiles commencent à lorgner vers l'est en préparant le jour alors que nous sommes toujours occupés à refaire avidement le monde devant des braises encore rouges.

Le lendemain matin, au petit déjeuner, les mines sont un peu tirées et les eaux fraîches de l'Ayalon qui coule au bas du terrain ne suffisent pas à effacer les traces d'une nuit blanche. Qu'importe ! Quelques heures plus tard nous sommes tous prêts à reprendre les débats. Les dirigeants des deux formations organisatrices sont particulièrement actifs. Ce camp est pour eux un vivier et ils recrutent à tout va. De son côté, le père Hussar occupe, lui aussi, le terrain. Une telle concentration est inespérée et je suis heureuse pour lui lorsque j'aperçois quelques jeunes couples l'écouter attentivement et demander des précisions sur son projet de village. Le dominicain rayonne et expose ses idées avec fougue, passion et conviction. J'écoute de loin sans me mêler à la discussion. Je suis encore étudiante et je ne me sens pas concernée par cette notion de village où je retrouve une connotation familiale. En revanche, les idées et les arguments exposés par le prêtre sont d'une haute tenue intellectuelle et je l'écoute les développer comme j'écoute les cours de mes professeurs à l'université.

La grande nouveauté pour la majorité d'entre nous dans ce camp – et mon frère m'en a fait lui aussi la remarque – c'est qu'entre Juifs et Arabes, nous parlons politique sans restriction, ce qui est absolument impensable à la faculté ou dans n'importe quel lieu public à Jérusalem ou à Tel-Aviv. Je sens bien des non-dits, des retenues, des avancées prudentes mais, malgré tout, chacun écoute plus ou moins l'autre, et c'est déjà un grand progrès.

Mon ami Maty m'a ainsi présenté un étudiant en philosophie arabe de l'université de Tel-Aviv, Faleh, avec lequel j'aime discuter. Il milite à Shoutafout et reconnaît qu'il ne trouve guère d'écho auprès de ses amis arabes lorsqu'il leur parle de son organisation. Il m'explique ainsi qu'un ami de fac qu'il aime beaucoup, Eyas, a refusé catégoriquement de venir avec lui à ce camp :

– Je le comprends, me dit-il, sa famille a beaucoup souffert depuis 1948, mais ce n'est pas une raison pour se recroqueviller sur son passé. Toi, ta famille a certainement souffert pendant la dernière guerre mondiale, est-ce que tu en veux toujours aux Allemands ?

Sa question abrupte me déstabilise. Je dois réfléchir avant de répondre :

– Aux jeunes Allemands non. Je ne pense pas. En revanche, je ne peux effacer de ma mémoire ce que leurs aînés ont fait, et c'est sûr que j'associe encore le nazisme aux Allemands. Chaque fois que j'en croise un en âge d'avoir combattu, je ne peux m'empêcher de m'interroger sur son passé.

– Eh oui ! La mémoire collective est tenace. Je me demande bien à quoi Eyas peut associer les Juifs qui ont chassé ses parents de leur village et tiré, un jour, sur sa mère paralysée. Il faudra que je le lui demande un jour. C'est encore trop tôt. S'il arrive à me répondre, il sera peut-être libéré. Ce serait la solution pour qu'il nous rejoigne.

Faleh énonce ces phrases à mi-mots, les yeux dans le vague, j'ai l'impression qu'il a oublié que je suis juive, oublié jusqu'à ma présence. Je l'écoute en maîtrisant mon émotion, en me gardant bien de tout commentaire car je ne note aucune agressivité dans ses propos, mais beaucoup plus une intense réflexion et un mal-être certain. Ce ne sont pas des situations ni des peuples que Faleh compare, mais les systèmes, les haines et les malentendus qui peuvent conduire à l'absurde, l'arbitraire et l'irréversible.

Cet entretien avec Faleh, l'histoire de son ami Eyas me dérangent. Mais je me force à me souvenir que je ne suis pas venue à ce camp pour entendre les mêmes propos qu'à l'université ou que ceux rabâchés lors de mes dîners avec mes amis juifs. Je souhaitais une ouverture sur un autre monde, une autre vision sur la situation, et je ne peux donc me plaindre. Je n'ai plus qu'à intérioriser, réfléchir, analyser et trier. J'apprends à me mettre à la place de mon interlocuteur. Ce n'est pas facile et, si j'y parviens, la seconde étape ne sera pas plus simple : je demanderai à l'autre de faire de même.

Ce camp a du bon...

Pendant dix jours nous allons ainsi réussir à vivre entre Arabes et Juifs sans le moindre incident, le moindre accrochage, ni la moindre dispute, ce qui constitue là le véritable exploit quand on connaît le caractère assez expansif des uns et des autres. Ce constat est déjà encourageant et les organisateurs ne se privent pas de le faire remarquer. Mais le plus heureux est certainement le père Hussar : son projet prend corps, ses idées séduisent. Un groupe d'une vingtaine de personnes se constitue. Elles décident de réfléchir aux ambitions du prêtre et envisagent même la possibilité de vivre ensemble. Auparavant, elles veulent tout de même se revoir pour définir dans quelles conditions.

Pour ma part, ce camp terminé, je vais poser mon sac à dos dans un autre village pour une nouvelle expérience. Cette fois, je m'installe dans un village arabe, Ibellin, pour participer à un camp de travail. Ma démarche est un peu identique à celle entreprise à Neve Shalom Wahat al-Salam : il s'agit de découvrir la communauté arabe et de me mêler à ses activités. Ici, je vais participer à la mise en valeur de quelques lopins de terre, mais je vais surtout me nourrir de la culture arabe. En tout cas je l'espérais, car je réalise bien vite que le courant ne passe pas entre les jeunes Juifs bénévoles et les villageois palestiniens. Ces derniers sont aimables et prévenants avec nous, mais ils se méfient. Ils ne se livrent pas, restent toujours sur une prudente réserve et détournent la conversation ou s'éclipsent dès que l'on aborde un sujet vaguement politique. Cette attitude me contrarie et je regrette de ne pas parvenir à établir la confiance. Je crois que je pourrais en arriver à mépriser ces Arabes qui ne souhaitent que nous voir partir et n'osent pas nous le dire franchement par peur de représailles. Cette soumission servile me choque même si je m'efforce de l'analyser, de l'expliquer et de la resituer dans son contexte politique. Malgré mes efforts, je vois dans ce blocage, soit un manque de courage, soit un refus de nous intégrer et, dans un cas comme dans l'autre, une telle attitude me met mal à l'aise. Je suis un peu frustrée quand arrive le jour du départ.

J'embarque aussitôt pour une nouvelle expérience. Cet été 1977 est vraiment très orienté puisque j'ai maintenant prévu de partir pour Chypre avec un groupe d'étudiants. Le voyage est organisé par une association religieuse hollandaise qui regroupe des jeunes gens venus du monde entier ainsi que des Arabes. Le choix de notre destination n'est pas innocent. Nous n'allons pas à Chypre pour faire du tourisme mais pour étudier le conflit qui oppose, là-bas aussi, les communautés, grecque et turque. Je veux comprendre, et comparer cette situation avec la nôtre.

Mon voyage est utile car il m'apparaît assez vite que le problème chypriote n'est pas le même que chez nous. Grecs et Turcs ne se disputent pas la terre de leurs ancêtres. Ce caillou qui émerge de la Méditerranée n'est pas vital pour la survie de l'un ou l'autre peuple. Il s'agit là bien plus d'une revendication territoriale que d'un droit à la terre. Le désaccord est politique, militaire, voire économique, mais je ne lui trouve pas de légitimité historique. C'est en tout cas mon sentiment. Il n'empêche que je frémis en découvrant le mur qui coupe l'île en deux du nord au sud, dans sa partie Est, et je n'ose imaginer qu'une telle construction puisse défigurer un jour notre pays.

Nous avons le privilège d'être reçus par l'une et l'autre des communautés et j'écoute avec attention les explications des uns et des autres, chacun se rejetant mutuellement les fautes. Ce conflit me paraît ubuesque et j'ai l'impression qu'il pourrait être réglé en quelques heures avec un minimum de bonne volonté lorsque je réalise qu'au fil des ans une haine viscérale a gangrené les deux populations et qu'aucune ne veut plus rien céder. Comme en Israël.

En traversant le « no man's land » établi par l'ONU pour séparer les deux communautés, en plus du mur, je discute avec un officier canadien chargé, à cette époque, de veiller au respect du cessez-le-feu. Il m'assure que tous les jours il relève au moins un mort dans l'un ou l'autre camp :

– Tous les soirs ils se tirent dessus, et ils ne savent même plus pourquoi. D'ailleurs c'est souvent l'alcool qui est à l'origine de ces coups de folie. Mais imaginez une seconde que l'on détruise le mur...

Une fois de plus je transpose : et nous ? Savons-nous toujours pourquoi nous nous battons ? Ne pourrions-nous pas enfin nous entendre entre Juifs et Arabes ? Je veux croire que c'est possible, je veux me rassurer en arrivant à Famagouste, une ville étrange perdue au bout du mur, au sud-est du pays, face à la mer. C'est le port de tous les trafics, la soupape de sécurité de l'île. Alors que, tout le long du mur, il faut franchir dix contrôles de police pour passer d'un secteur à l'autre, ici, Turcs et Grecs troquent, vendent, achètent et se mêlent en un joyeux melting-pot au vu et su d'autorités parfaitement indifférentes. Il n'est pas rare de voir des représentants des deux communautés lever ensemble un verre d'ouzo pour fêter un marché conclu.

Cette image me réconforte, elle me prouve que tout n'est pas perdu et c'est cet espoir que je veux emporter avec moi en Israël.

Ces trois expériences successives ont été riches mais, en vidant mon sac dans mon appartement de Jérusalem, j'éprouve brusquement le besoin de souffler. Il me faut du recul pour digérer tout cela, je frôle l'overdose et j'appelle mes parents à Zurich.

– Je vais venir passer quelques jours avec vous.

Cette coupure me fait du bien. Je me laisse dorloter par mes parents. Je vais saluer mes amis qui me posent mille questions, je me coule dans la vie zurichoise, je me sens vraiment en vacances et j'enferme mes problèmes métaphysiques dans un coin de mon cerveau pour quelque temps. Je veux avant tout faire le vide et je tiens à éviter toute discussion politique avec mes parents. Lorsqu'ils abordent cet aspect, je reste évasive, ne m'étends pas sur mes activités et préfère évoquer mes études. Je leur confirme ainsi que je termine mon cursus d'assistante sociale et que je vais chercher un travail qui me permettra de m'orienter vers la psychothérapie comme je l'ai toujours souhaité, précisant au passage que cela va me prendre beaucoup de temps.

Quelques jours avant mon retour, je reconnecte mon cerveau avec Israël et j'analyse calmement la situation. L'aventure mise en place par le père Hussar à Neve Shalom Wahat al-Salam est passionnante et me tente.

Mais je vois tout de même plusieurs obstacles majeurs à mon engagement. D'abord, la poursuite de mes études n'est pas compatible avec une vie de pionnier. Je ne peux pas m'embarrasser de problèmes matériels lourds et contraignants. L'environnement social ne me convient pas non plus. Sur les trois couples qui doivent être maintenant installés, deux vont s'enrichir d'un enfant, les femmes sont déjà enceintes. Seule célibataire, je me trouverais en porte à faux et très vite isolée, voire indésirable.

Un dernier point important qui me troublait a toutefois été réglé : c'était la conception même du village. Sa vocation multiconfessionnelle me posait problème. Mais, au cours de plusieurs réunions, auxquelles j'ai participé, nous avons changé ce concept et choisi le principe de la bi-nationalité. Nous voulons que nos deux peuples se partagent ce petit bout de terre de Neve Shalom Wahat al-Salam, pour qu'il devienne le laboratoire politique et sociologique du pays.

Cette nouvelle orientation que nous avons définie ensemble me convient mieux car je suis croyante mais ne m'attache à aucune religion. Je crois en une force supérieure, en un Dieu qui donne vie à chaque homme, mais je ne le nomme pas. Chacun peut l'appeler comme il veut, je n'y prête aucune attention. Chaque homme porte son Dieu en soi, c'est une puissance intérieure qui l'éclaire, qui l'anime ; c'est en lui qu'il vient puiser sa force. Je me sens plus proche de la philosophie du bouddhisme que des certitudes des religions. Trop institutionnalisées, trop dirigistes, elles divisent bien souvent les hommes là où elles devraient les réunir. Seule l'approche spirituelle des religions et leur architecture intellectuelle m'intéressent. La partie militante, les signes extérieurs de reconnaissance et les consignes dictées aux fidèles m'indiffèrent.

C'est pourquoi, lorsque le père Hussar parlait de réunir musulmans, chrétiens et juifs en un même village, j'y voyais plus un rassemblement œcuménique qu'un partage de valeurs, et je ne me sentais pas concernée.

Bien que nous ayons tous évolué sur ce point, je juge plus sage de renoncer au village du père Hussar. J'en suis triste, mais le temps ne me paraît pas venu de franchir le pas. En revanche, j'ai au fond de moi la certitude qu'un jour je vivrai là-haut, avec mes amis. Quand je serai prête...

Pendant de longs mois, je me dégage de Neve Shalom Wahat al-Salam mais, maintenant que j'ai acheté une petite voiture, je reconnais que mon cœur se serre un peu chaque fois que je passe devant le chemin qui monte vers la colline, sur la route entre Jérusalem et Tel-Aviv. Je pense aux familles qui se sont installées là-haut, j'essaye d'imaginer leur vie. Je sais que quatre couples ont maintenant construit leurs modestes maisons et que deux enfants sont nés. J'ai de leurs nouvelles par les dirigeants de Beth Hillel, qui restent en contact avec le père Hussar et, surtout, par Maty que cette aventure passionne toujours autant. Hier encore il m'en parlait, avant un cours, devant un étudiant arabe, Adli, play-boy devant l'éternel et dragueur invétéré, passant plus de temps à roucouler à la porte de l'université qu'à travailler dans les salles de classe. Mais celui-ci nous a étonnés : lui qui d'ordinaire ne s'intéresse qu'à la longueur des jupes des filles, connaissait Neve Shalom Wahat al-Salam.

– C'est un de mes cousins qui m'en a parlé. Un ami voulait absolument l'entraîner dans ce bled, mais il n'a pas voulu y aller, nous a-t-il expliqué.

Maty et moi avons voulu en savoir plus :

– Qui est ce cousin ?

– Eyas Shbeta. Il habite Tira et termine ses études à la faculté de Tel-Aviv. Mais lui, il est sérieux, pas comme moi...

Eyas ? Je me souviens de la discussion que j'avais eue avec Faleh, le militant de Shoutafout, pendant notre camp, et de cet ami, Eyas, dont il m'avait parlé. La coïncidence serait étonnante mais je demande plus de précisions à Adli, et je constate rapidement qu'il s'agit bien du même Eyas.

– Tu connais mon cousin ?

– Non, mais quelqu'un m'en a parlé. C'est amusant...

Le début du cours a mis un terme à nos papotages.

Pendant toute cette année 1978, je me consacre beaucoup plus à mes examens qu'aux perspectives de la société israélienne et j'obtiens sans problème mon diplôme d'assistante sociale. Il va me faciliter la vie en me permettant de travailler à mi-temps tout en poursuivant une formation permanente de psychothérapie.

Pendant un an, j'organise mes nouvelles activités. Je trouve un travail facilement et, pour arrondir mes fins de mois, je loue à des étudiants deux chambres de l'appartement de mes parents bien trop grand pour moi seule. Dégagée de tous soucis matériels, j'ai l'esprit libre pour m'adonner à ma véritable passion : la psychothérapie. Tout se met en place selon le schéma établi.

Un soir de décembre 1979, je me rends à Tel-Aviv et ronronne derrière le volant de ma voiture lorsque je passe à nouveau devant le chemin qui mène à Neve Shalom Wahat al-Salam.

Je jure que je ne décide rien, que je ne pense à rien : c'est ma voiture qui prend seule la décision de tourner à droite pour grimper jusqu'au village. Il pleut, le chemin est boueux, je suis dans un état second, je ne commande plus. Comme un vieux mulet têtu qui a décidé de rentrer à l'écurie, mon auto escalade la sente en cahotant et je me laisse porter.

Lorsque j'arrive près des maisons, j'aperçois deux amis, une femme et un homme, Nava et Abed, sur le pas d'une porte. Je ne les ai pas vus depuis deux ans et je sais bien que mon arrivée va les surprendre.

Quand je descends de ma voiture, Nava joue avec son fils. Elle lève la tête et agite la main en me voyant :

– Ah ! Evi ! Tu tombes bien, viens vite, il faut que quelqu'un s'occupe du petit pendant que j'active le feu.

Je reste plantée comme une dinde au milieu du chemin, complètement désorientée. J'ai l'impression d'avoir quitté le village il y a moins d'une heure... Puis je rentre dans la maison de Nava où notre ami Abed nous rejoint aussitôt. Alors seulement, comme trois vieilles commères, nous commençons l'exploration de nos vies respectives, mais Nava et Abed ne s'étonnent toujours pas plus de mon absence prolongée que de ma visite impromptue. Cela me surprend mais, en réfléchissant, je pense que cet homme et cette femme ont tellement à faire pour gérer leur quotidien et celui de leurs familles dans ce village qui manque de tout, qu'ils ne voient pas les jours passer. Le temps défile à toute allure. Malgré cela, aucun des deux ne se plaint de cette vie spartiate. Au contraire, je les sens heureux, je les trouve épanouis et les en félicite. Ils me décrivent leurs journées dans le détail et m'assurent ne rien regretter de leur choix. La cohabitation se passe bien, l'expérience se poursuit normalement et le père Hussar, tout comme ses adeptes, ne songe qu'à l'élargir. Il se bat tous les jours pour cela et échafaude en permanence les projets les plus hardis. Nava évoque ainsi la construction d'une école pour les enfants du village qui vont grandir. Rien n'est encore arrêté mais il apparaît évident qu'elle s'imposera comme le prolongement logique du jardin d'enfants qui, lui, existe déjà. Mais dans l'immédiat, Nava parle plus concrètement de la création d'une École de la Paix où Juifs et Arabes recevraient un enseignement hors norme. Je trouve l'idée ambitieuse, mais j'y souscris, et je l'approuve au point de souhaiter y participer. Dès que j'évoque cette hypothèse, Nava s'exclame :

– Mais bien sûr, Evi, viens habiter ici...

Je précise aussitôt que je vis très bien à Jérusalem et que je ne souhaite, éventuellement, que m'associer à cette École de la Paix.

Cependant, quelques minutes plus tard, en redescendant vers la route de Jérusalem, un étrange sentiment me reprend : je suis persuadée que je vivrai un jour à Neve Shalom Wahat al-Salam. Quelque chose m'y attire. Je ne serai pas une Israélienne parmi les Israéliennes. Ma situation actuelle dans le pays ne me satisfait pas, je veux la changer, me démarquer, et ce village novateur m'en offre la possibilité. Du coup, je ne sais plus si je dois maudire ou remercier ma voiture de n'en avoir fait qu'à sa tête.

CHAPITRE VIII

EYAS

Tira (juillet 1977)

Étrange été calme et paisible où je me surprends à flâner, à rêvasser. À la rentrée je serai instituteur, un poste m'a été attribué à Tira et je prépare mes premiers cours en toute tranquillité. Mon ami Faleh enseigne dans la même école que moi. Je pense souvent à lui et à ses idées sur la paix. Quelquefois je l'envie de croire à cette paix, mais les événements me dictent ma conduite et le bon sens m'interdit le rêve. Le gouvernement de Menahem Begin et le parti du Likoud qui le soutient me prouvent chaque jour que les Juifs ne renoncent pas à leur expansionnisme et qu'ils ne tiennent aucun compte de la réalité palestinienne. Quatre mille colons occupent trente-quatre colonies illégalement et il est clair que les autorités ne font rien pour mettre un terme à ces implantations sauvages. Elles les encouragent même en sous-main. Face à ces pratiques et à cette politique, il ne faut pas s'étonner que l'OLP de Yasser Arafat multiplie les attentats contre les intérêts et les symboles juifs en Israël et dans le monde entier.

Souvent je me rappelle les paroles de mon grand-père lors de la création de l'État d'Israël que l'on m'a rapportées : « Préparez-vous à la guerre, celle-ci sera longue. » Voilà près de trente ans qu'elle dure, et je n'en vois toujours pas l'issue.

J'ignore alors, en cet été 1977, que le président Sadate a présenté un plan de paix à Jimmy Carter que Begin et Moshe Dayan, revenu aux affaires, ont aussitôt refusé.

Le président égyptien s'accroche pourtant à son idée. Avec l'appui inconditionnel des États-Unis, il prépare en secret un coup de tonnerre diplomatique. Et le 9 novembre, montant à la tribune de l'Assemblée nationale, au Caire, il annonce : « Je suis prêt à me rendre à Jérusalem pour négocier la paix avec les Israéliens, et j'invite les représentants de l'OLP à m'y accompagner. »

Après cette annonce, les députés sont sonnés. Ils restent quelques secondes silencieux avant d'applaudir à tout rompre. J'avoue qu'en apprenant la nouvelle je suis aussi abasourdi qu'eux et je me demande comment Begin va réagir. Je l'imagine mal attendant Sadate au pied de l'avion et je suis persuadé que le Raïs le sait très bien. Pour moi, ce dernier réalise un coup médiatique : prouver au monde que ce sont bien les Israéliens qui bloquent tout processus de paix par leur intransigeance.

Je me trompe. Dans les heures qui suivent, Begin déclare que, s'il désire venir à Jérusalem, Sadate y sera reçu avec tous les honneurs dus à un chef d'État. Begin ajoute même que lui aussi serait ravi, par la suite, d'aller contempler les pyramides, ses ancêtres ayant largement contribué à leur édification. Ce rappel est loin d'être culturellement correct et les Égyptiens ne sont pas dupes.

À l'époque des pharaons, les Juifs étaient des esclaves enrôlés de force sur les chantiers et bien peu survivaient aux traitements inhumains qui leur étaient imposés. Cette perfidie ne remet pas le voyage de Sadate en cause mais elle prouve que l'heure de la grande réconciliation n'est pas encore venue et que les civilités ne sont que de façade.

En fait, on l'apprendra bien plus tard, cette visite de Sadate en terre ennemie n'a pas été improvisée mais longuement préparée. Dans le plus grand secret, Moshe Dayan a rencontré à plusieurs reprises des émissaires égyptiens au Maroc, le roi Hassan II ayant accepté de prêter son concours à ce rapprochement proposé, à l'origine, par Sadate à Jimmy Carter. Les Israéliens ne voulaient pas de ce plan de paix mais le président des États-Unis leur a fait comprendre que, lui, y était favorable, et c'est de très mauvaise grâce, contraint et forcé, que Begin s'est déguisé en colombe.

J'ignore, bien sûr, ces tractations lorsque je regarde, à la télévision, l'avion de Sadate se poser sur la piste de l'aéroport Ben Gourion, le 19 novembre à 20 heures. Le moment est historique et dans le monde entier on salue cette formidable avancée vers la paix.

Pour ma part, je constate que Yasser Arafat n'a pas fait le déplacement et que les Palestiniens qu'il représente condamnent cette initiative. Or, je ne vois pas comment on peut envisager la paix en Palestine sans leur caution. J'en parle longuement avec mon père qui partage tout à fait ce point de vue.

Le lendemain, nous lisons dans plusieurs journaux que Sadate tient avant tout à faire tomber des barrières psychologiques et qu'il veut établir un climat de confiance, indispensable selon lui, pour débloquer la situation. Cette analyse me fait sourire car dans le même temps, les services de renseignement israéliens ainsi que plusieurs ministres et responsables politiques hurlent déjà au loup et dénoncent un piège grossier tendu par les Égyptiens. Ils affirment que Sadate prépare une nouvelle offensive armée. Visiblement, la confiance n'est pas encore à l'ordre du jour. Et pourtant, les Cassandre en seront pour leurs frais. Sadate n'a aucune arrière-pensée. Il a besoin de cette paix économiquement et militairement.

Cette nouvelle orientation politique embarrasse Begin mais elle déplaît aussi à la plupart des autres pays arabes. Sadate se retrouve isolé. Malgré cela, il reste confiant dans le processus de paix, persuadé qu'il est incontournable et qu'un jour ou l'autre d'autres chefs d'État du Moyen-Orient devront y adhérer.

Il n'empêche que le terrain est miné. Les Israéliens se hérissent à l'idée de devoir négocier des territoires conquis, et les Palestiniens évoquent de plus en plus une trahison.

Sadate poursuit son chemin alors que Begin et ses faucons s'évertuent eux aussi à lui compliquer la tâche. Ils ne veulent rien lâcher : ni la Cisjordanie, ni le Sinaï, ni la bande de Gaza. Ils ne veulent pas entendre parler des colonies, et encore moins d'une possible autonomie du peuple palestinien.

Solide punching-ball, le Raïs encaisse et ne rend aucun coup, proposant au contraire d'importantes concessions et de sérieuses garanties de non-agression. Il en fait tant qu'il devient le champion de la paix et finit par séduire une bonne partie de l'opinion israélienne qui en a assez de vivre sous la menace permanente d'une guerre. Fait incroyable, un mouvement, « La Paix maintenant », se crée spontanément et ses premiers adhérents vont manifester sous les fenêtres de Begin, à Jérusalem.

Dans un premier temps, le chef du gouvernement ne voit là qu'une poussée de fièvre de quelques trublions gauchistes mais, le 18 février 1978, ce sont cette fois quarante mille personnes qui manifestent à Tel-Aviv et là, Begin perçoit un sérieux avertissement.

Même si je demeure toujours prudent et sceptique, je me rends tout de même en spectateur à Tel-Aviv le jour du rassemblement et je reconnais que les banderoles réclamant *« la Paix maintenant »* sont sympathiques. Mais je me pose aussitôt une question : la paix, tout le monde est d'accord, mais en échange de quoi ? Et là, je ne trouve aucune réponse chez les manifestants.

Mon ami Faleh participe au défilé et nous avons prévu de nous retrouver le soir dans un café pour qu'il me raconte son excitante journée. Je lui fais part de mes interrogations qu'il met aussitôt sur le compte de mon indécrottable pessimisme et de ma méfiance viscérale.

– Certes, Faleh, mais tu ne réponds pas à mes questions...

– C'est vrai, mais, si nous ne saisissons pas cette opportunité, nous ne progresserons jamais. Écoute donc ce qui se dit autour de nous...

Effectivement, à toutes les tables voisines, occupées en grande partie par des étudiants, tous les discours sont empreints de pacifisme et chacun rêve de fraternisation... avec les Égyptiens. J'ai beau tendre l'oreille, je n'entends pas un mot sur les Palestiniens ni leur devenir.

Je ne veux quand même pas gâcher la joie de mon ami et je garde ce constat pour moi. On parle de paix, c'est déjà ça. Je ne vais pas faire la fine bouche.

D'autant que les jours suivants le mouvement pacifiste va en s'amplifiant et place le Likoud dans une situation délicate. À la fin du mois de mai, une pétition en faveur de la paix recueille plus de cent mille signatures. Elle circule surtout dans les milieux universitaires et intellectuels mais regroupe des sympathisants de gauche comme de droite. Lâchés par leurs électeurs, les députés de la majorité sont bien obligés de soutenir leur chef de file Begin qui enrage de se soumettre aux orientations soufflées par Sadate et dictées par Carter, mais n'a pas d'autre solution que de s'exécuter.

Rusé, Begin comprend d'ailleurs assez vite qu'il est préférable de surfer sur la déferlante plutôt que de s'y opposer. Puisque le peuple veut la paix, autant qu'il en soit l'artisan, au moins en apparence.

À partir de ce moment un ballet diplomatique incessant s'engage entre Américains, Égyptiens et Israéliens. Il aboutit d'abord, le 17 septembre 1978, aux accords de Camp David, qui définissent le cadre d'un plan de paix, puis le 26 mars 1979, à la signature d'un traité de paix entre l'Égypte et Israël.

Je vis ce moment historique devant mon téléviseur, à Tira. Le traité est signé sous une vaste tente dressée dans les jardins de la Maison Blanche. Jimmy Carter rayonne quand il invite Anouar el-Sadate et Menahem Begin à se serrer la main devant les caméras du monde entier. Pour le président des États-Unis, ce geste symbolique constitue un immense succès diplomatique qui le projette à tout jamais dans l'Histoire du monde.

Quelques minutes plus tard, mon téléphone sonne. Au bout du fil, Faleh exulte :

– Tu vois, Eyas, la paix est signée, nous sommes sur la bonne voie, notre combat a fini par payer, il ne fallait pas se décourager et maintenant il faut continuer dans cette direction.

J'écoute mon ami avec bienveillance et je lui accorde qu'il s'agit d'un traité majeur qui va bouleverser l'évolution de l'éternel conflit entre Israël et ses voisins arabes. Je n'entre pas plus dans le détail car je ne peux partager l'euphorie de Faleh. Mon éternelle méfiance tempère une fois de plus mes espoirs et, alors que je viens à peine de raccrocher le combiné, la visite d'un groupe de jeunes voisins me donne raison. Je les sais sympathisants de l'OLP. Leur opinion devrait donc refléter celle d'Arafat. Furieux, l'un d'eux lance à mon père qui vient au-devant de lui :

– Sadate vient de trahir les Palestiniens. Il n'a négocié que pour son pays. Il récupère une partie du Sinaï, retrouve les anciennes frontières de l'Égypte, celles d'avant la guerre de 1967, mais n'obtient rien, absolument rien ni sur la Cisjordanie ni sur la bande de Gaza, et encore moins sur une autonomie palestinienne. Les Israéliens n'ont rendu que ce qui ne les intéresse pas, alors que les colons continuent les occupations sauvages sans que personne le dénonce. Ils sont aujourd'hui dix mille installés illégalement sur des terres qui ne leur appartiennent pas, six mille de plus qu'il y a deux ans, et le mouvement s'amplifie. Mais ça, ni Sadate, ni Carter n'en ont parlé à la télé...

Le jeune homme est terriblement excité et, sans le calme et la retenue naturelle de mon père, je pense qu'il serait encore plus agressif. À l'heure où le monde entier célèbre les accords de paix, je suis inquiet pour l'avenir. D'ailleurs, comme l'OLP, les autres pays arabes dénoncent, eux aussi, plus ou moins violemment, la démarche isolée de Sadate. Les plus pondérés, comme la Jordanie, s'en tiennent à une prudente neutralité. Pour ma part, je considère aussi que le problème palestinien a été occulté et qu'une fois de plus les Israéliens nous ont bernés, ce qui m'irrite. Je suis convaincu que Begin souhaite toujours notre disparition et profondément choqué quand je pense qu'il a partagé le prix Nobel de la paix avec Sadate le 10 décembre 1978. J'y vois un affront au prestigieux chimiste suédois car je suis persuadé que la paix n'est que de circonstance et que la haine est toujours bien vivante, d'un côté comme de l'autre d'ailleurs. En Égypte, certains ministres de Sadate ont démissionné après la signature du traité et une bonne partie de la population, même si elle est soulagée de voir le risque de guerre s'éloigner, n'oublie pas pour autant les morts des conflits précédents et ne serait pas fâchée s'il arrivait malheur à l'État hébreu.

Dans les semaines qui suivent, la vie internationale donne raison à Sadate car, ainsi qu'il le prévoyait, les pays arabes, pour des raisons politiques et commerciales, en reviennent à de meilleurs sentiments avec l'Égypte et arrondissent leurs rapports avec Israël, même si l'on reste loin de l'entente cordiale. En revanche, l'OLP de Yasser Arafat ne désarme pas et d'autres mouvements palestiniens, encore plus extrémistes, viennent la relayer. Des attentats de plus en plus meurtriers se multiplient, le fanatisme se radicalise.

Dans ce contexte, j'admire Faleh qui, imperturbable,

continue à militer dans des associations où l'on mêle à l'envi Arabes et Juifs. Souvent, il me parle de Wahat al-Salam Neve Shalom où l'expérience communautaire se poursuit et se développe. Je sais que quatre familles sont maintenant installées là-haut et mon ami ne cesse de me vanter leurs mérites. Systématiquement, il m'invite à l'accompagner dans ce village et, systématiquement, je décline son invitation. Il ne s'en offusque pas mais s'étonne de mon obstination :

– Toi qui es curieux, viens au moins une fois pour te faire seulement une idée... Ça ne t'engage en rien.

– Je n'ai pas à me faire une idée, je ne crois pas à ce principe. Pourquoi perdre mon temps ?

Après l'une de nos éternelles discussions, Faleh me téléphone un soir de juillet 1980 pour m'inviter à une fête chez des amis le week-end suivant. J'accepte volontiers et, le vendredi soir, Faleh vient me chercher. Nous partons en bus en direction de Tel-Aviv. Mon ami m'indique que nous allons rejoindre un petit village où une bande de copains se sont donné rendez-vous. Après quarante-cinq minutes de route le car nous dépose en rase campagne et je m'en étonne :

– Nous avons rendez-vous ici ? Tes amis sont des Bédouins ?

Faleh rit de bon cœur :

– Presque. Ils habitent là-haut, mais ne t'inquiète pas, ils vont venir nous chercher avec des chameaux.

D'un coup de menton, Faleh désigne un chemin qui serpente au flanc d'une colline où quelques touffes d'herbe disputent le terrain à la rocaille. Une vieille camionnette pourrie apparaît à la sortie d'un virage dans un nuage de poussière. Faleh agite les bras :

– Les voilà...

Quelques secondes plus tard, un engin d'un autre âge s'arrête devant nous dans un grincement de freins épouvantable. Faleh me présente le conducteur et la jeune fille qui l'accompagne puis nous grimpons à l'arrière du véhicule pour nous installer sur un plateau rongé par la rouille qui ne m'inspire qu'une confiance limitée. Machinalement j'interroge Faleh :

– Il s'appelle comment, le village où nous allons ?

Assis sur une caisse en bois défoncée, mon ami se tortille avant d'arborer un sourire hollywoodien pour me répondre :

– Wahat al-Salam Neve Shalom.

Je le regarde, stupéfait.

– T'as pas fait ça ?

– Autrement tu ne serais jamais venu...

Je n'adresse plus la parole à Faleh jusqu'à notre arrivée au village. Au loin, dans le vallon, j'aperçois les restes de quelques maisons arabes à l'abandon et j'imagine que les anciens occupants en ont été chassés par les Juifs, ce qui me conforte dans l'idée que ce Wahat al-Salam Neve Shalom est bien un kibboutz camouflé destiné à occuper le terrain. Arrivé à destination, je balance mon sac rageusement au pied des participants au rassemblement qui accourent de toutes parts pour nous souhaiter la bienvenue. Faleh me présente aux uns et aux autres comme si j'étais le Messie. Seule ma bonne éducation m'interdit d'être grossier. Je grommelle quelques bonjours rapides tout en priant Faleh de m'emmener dans un endroit calme. Lorsque nous le trouvons enfin, j'exige des explications. Faleh me les fournit :

– Je t'avais dit que le fondateur du village est le père Bruno Hussar. Son idée de départ qui consistait à créer un village inter-religieux a évolué. Nous nous dirigeons plutôt, maintenant, vers la mise en place d'une sorte d'École de la Paix. Pour y parvenir, nous organisons, ce week-end, un stage de formation et je voulais absolument que tu assistes à cette mise en route. Le professeur Binyamin Yanouv, celui qui a créé le mouvement Shoutafout, sera là demain avec d'autres universitaires pour donner les premières conférences et diriger les travaux des groupes de réflexion qui vont être constitués. Un des conférenciers est venu spécialement des États-Unis pour l'occasion. C'est une formidable avancée pour nos deux peuples et ce que nous allons entendre sera d'une grande qualité et sincère, je te l'assure.

– Tu es toujours aveugle mon pauvre Faleh. Tu ne te rends pas compte que tout cela n'est que de la récupération. Ce village n'est qu'un kibboutz qui ne veut pas dire son nom et rien d'autre.

Sur ces mots, je me lève d'un bond pour aller arpenter le domaine, entraînant à ma suite un Faleh angoissé s'attendant au pire.

Wahat al-Salam Neve Shalom n'est que le ramassis de quelques baraques en bois branlantes. Au bout du terrain, une cabane à peine plus grande que les autres se réclame pompeusement du terme d'auberge et une pancarte affirme que des chambres sont à la disposition des participants pour un prix dérisoire. En fait, il s'agit d'un espace indéfini dans lequel chacun peut jeter un sac de couchage entre quelques lits rustiques dénichés certainement dans des décharges publiques. Les plats proposés dans l'établissement sont immondes mais servis avec une assurance exemplaire par un chef souriant et jovial qui décourage par avance tout reproche. Il faut dire que le malheureux doit travailler dans des conditions abominables. Monter le ravitaillement jusqu'ici doit être une aventure et le conserver en état sous ce soleil de plomb constitue un véritable exploit. Un générateur poussif alimente à grand-peine en électricité un réfrigérateur où s'entassent en vrac les denrées les plus périssables. À chaque fois que quelqu'un ouvre la porte, une avalanche de produits divers se déclenche immanquablement.

Je me demande par quelle magie des bâtiments préfabriqués ont pu être amenés jusqu'ici pour l'occasion et installés à la hâte autour de l'auberge. Les nouveaux arrivants s'y entassent tant bien que mal en de joyeuses bousculades.

Dans un coin du camp, une dizaine de jeunes gens et jeunes filles font la queue devant une gigantesque citerne ovoïde et renflée pour remplir leurs gourdes d'eau. Le précieux liquide a failli manquer car le chauffeur du camion qui l'a livré a bien cru qu'il ne pourrait jamais monter jusque-là.

Si je n'étais de si méchante humeur, tout cela m'amuserait. Mais pour moi l'heure n'est pas à la fête et je ne cesse de maugréer en faisant remarquer à Faleh que je n'entends parler qu'hébreu ou anglais autour de moi. Pas un mot d'arabe. Pour un rassemblement qui prétend attirer Juifs et Palestiniens, j'estime que cela débute mal. Un autre détail me choque : les quelques Arabes présents déambulent en short, comme les Israéliens, et cela, dans mon village, on ne le tolérerait pas. Je m'en ouvre à Faleh qui lève les bras au ciel :

– Tu peux aussi remettre tes vêtements traditionnels si tu veux...

La remarque fait mouche mais il n'empêche que la dégaine de mes coreligionnaires me déplaît. Je leur reproche surtout de ne plus se différencier des autres.

Le lendemain matin, ma colère n'est pas tombée et elle ne fait que croître lorsque je vois arriver un professeur que je connais. Il enseigne à l'université de Bar-Ilan, qui abrite un noyau d'extrémistes religieux. Par nature, je me méfie de ce genre de personnages, comme des partis politiques qu'ils représentent souvent tel le Mapaï, qui s'est lancé lui aussi dans la récupération des Arabes. Et même s'il jure sa bonne foi, comme tous ceux qui m'entourent, il ne fait aucun doute à mes yeux que le but recherché par ce professeur est l'assimilation, la soumission, et non l'intégration des Arabes. Je prête les mêmes desseins aux responsables de Wahat al-Salam Neve Shalom et, pour commencer, le parcours du premier d'entre eux, le père Bruno Hussar, me perturbe.

Qui est-il exactement sous ses multiples casquettes ? Un Juif ? Un chrétien ? Un Italien, un Français, un Israélien, un Égyptien ? Cette palette de personnalités me dérange d'autant plus que personne n'a obligé le prêtre à louvoyer d'une identité à l'autre. Il l'a fait de son plein gré. Pour moi, à qui l'on a imposé la nationalité israélienne alors que je me réclame de la Palestine, il y a là quelque chose de troublant. Je ne comprends pas ces volte-face, ces errements, qui me mettent mal à l'aise.

Cette multitude de questions et de suspicions m'indispose et, pendant toute la journée, j'écoute les intervenants sans parler à personne. Les amis de Faleh s'étonnent de ce mutisme et il les rassure de son mieux :

– Ne vous inquiétez pas, il est toujours comme ça. C'est un garçon exceptionnel mais il n'est pas bavard et très réservé. En revanche, il écoute attentivement et ses avis sont précieux...

Pour écouter, effectivement, j'écoute. Je ne fais même que cela en ce samedi détestable. J'essaye surtout de surprendre les conversations des Juifs entre eux pour découvrir leurs intentions réelles et, au-delà de tout ce qui est dit lors des conférences, je m'applique à deviner ce qui n'est pas dit.

Ce climat est éprouvant, je suis extrêmement nerveux. Dans la soirée, j'informe Faleh que je souhaite rentrer chez moi. Il s'efforce de ne pas rire lorsqu'il me rappelle :

– Mais ce n'est pas possible, les bus ne circulent pas le samedi en Israël.

J'avais effectivement oublié que nous étions samedi. Et que je suis administrativement israélien... J'enrage d'être pris au piège : je vais devoir supporter une nuit supplémentaire dans cette auberge pouilleuse. Le lendemain, au point où j'en suis, je décide de rester pour faire plaisir à Faleh et voir jusqu'où peut aller la fourberie des Juifs. Toute la journée, je prends un malin plaisir à démonter devant mon ami les discours des intervenants pour y flairer les pièges que l'on nous tend. Faleh se défend comme un diable et, petit à petit, nous nous piquons l'un et l'autre au jeu de la rhétorique où nos arguments s'entrechoquent comme épées en duel.

Ainsi, lorsque Faleh me rappelle les efforts déployés par ses amis pour favoriser les échanges de jeunes entre villages juifs et arabes, je lui fais instantanément remarquer que ce sont surtout les jeunes Juifs qui se rendent dans les villages arabes, et non l'inverse, simplement parce que les Israéliens répondent à un mot d'ordre alors que les Palestiniens suivent leur route naturelle.

Le soir, nous en sommes encore à nous chamailler dans le bus qui nous ramène chez nous lorsque, sur un ton de défi, Faleh me lance :

– Tu dois prouver ce que tu avances. Durant ce week-end j'ai écouté les mêmes discours que toi et je n'en tire vraiment pas les mêmes enseignements. Mène ta démonstration jusqu'au bout. Aie le courage de revenir à la prochaine réunion, dans un mois, tu pourras ainsi me prouver que j'ai tort car, pour l'instant, tu ne me proposes que tes interprétations. Je veux des preuves.

– Je viendrai, Faleh. Je le ferai pour toi, je ne veux pas que tu te laisses entraîner dans cette voie.

Un mois plus tard, je reprends effectivement le chemin de Wahat al-Salam Neve Shalom avec Faleh, mais mon état d'esprit est tout autre. Je suis volontaire pour le voyage et décidé à me battre pour confondre les manipulateurs juifs et remettre mon ami dans le droit chemin. Je ne me dérobe plus ; je fais front. Je ne me contente plus de dénoncer ; je vais affronter.

Nous sommes les premiers à nous installer, Faleh et moi, pour l'ouverture des travaux. Je m'apprête à prendre mes aises lorsque arrive une jeune femme claudiquant sur des béquilles. Elle a du mal à tenir son équilibre et je l'aide à s'asseoir près de moi. C'est une Juive et on me la présente : Evi Guggenheim, assistante sociale.

*
**

EVI

Jérusalem (février 1980)

Les accidents sont souvent idiots et celui-ci n'échappe pas à la règle.

Ce matin-là je viens juste de quitter le centre équestre que je fréquente régulièrement et je galope dans un petit bois avec un groupe d'amis lorsque brusquement mon cheval se bloque net. Il refuse un obstacle que moi-même je n'ai pas vu : un tronc d'arbre en travers du chemin. Totalement prise au dépourvu, je pars en vol plané par-dessus l'encolure de ma monture et m'écrase en vrac sur le chemin, percutant l'arbre couché au passage. Manque de vigilance et mauvaise chute incontrôlée. En roulant sur le sol je ressens une violente douleur à la jambe mais, complètement sonnée, je n'évalue pas l'étendue des dégâts et je tente de me relever. Je m'écroule à nouveau. Hébétée, je regarde ma jambe droite qui forme un angle bizarre. Je ne sens plus rien, je n'arrive plus à bouger. Revenus sur leurs pas, mes amis descendent de cheval et m'entourent. J'ai une double fracture. L'un de mes compagnons file chercher du secours. Vilaine blessure. Les médecins ne le cachent pas, l'immobilisation sera longue et mes déplacements difficiles. Ils me déconseillent de rester seule dans mon appartement. Comme je ne veux pas déranger les deux amis étudiants avec lesquels je le partage, je décide instantanément d'aller me faire opérer à Zurich et de rester chez mes parents après l'intervention, le temps de retrouver mon autonomie.

J'arrive en Suisse deux jours plus tard et entre

directement en clinique. Les médecins me rassurent : la fracture ne laissera aucune séquelle. L'accident sera vite oublié mais il perturbe ma vie professionnelle et surtout freine ma formation à la psychothérapie. Cela m'ennuierait beaucoup de perdre une année de travail à cause d'un cheval récalcitrant. Je m'arrange donc avec des amis étudiants à Jérusalem afin de continuer à potasser mes cours par correspondance. Finalement je me débrouille assez bien et je devrais réussir à sauver l'essentiel.

Mes parents voient dans cette chute une bonne occasion de me cajoler, et ma mère passe des journées entières à m'interroger sur ma vie en Israël. Éternelle inquiète, elle craint par-dessus tout les attentats qui se multiplient et m'avoue qu'elle tremble pour moi chaque fois qu'elle entend le récit de l'un d'eux à la radio. Elle n'a pas besoin de me le dire : mon téléphone sonne à Jérusalem dès qu'une bombe a explosé dans le pays, ma mère voulant s'assurer que je ne suis pas concernée, ce qui est gentil, j'en conviens, mais un peu excessif quand l'attentat est commis à des kilomètres de chez moi.

Puisque je suis là, ma mère en profite pour essayer d'en savoir plus. Elle me questionne sans cesse sur ces terroristes de l'OLP ou de Septembre noir prêts à tout pour massacrer des Juifs dans le monde. J'ai beau lui dire qu'ils sont très discrets en Israël et qu'ils opèrent plutôt à partir du Liban, maman pense quand même qu'il faut se méfier de tous les Arabes. Pour elle, au fond d'eux-mêmes, ils demeurent tous attachés à la perte d'Israël et s'emploieront à sa disparition tant que Dieu leur prêtera vie, où qu'ils se trouvent dans le monde.

Maman sait que je ne partage pas son point de vue et elle se contient lorsque nous abordons le sujet, mais c'est dur pour elle. De mon côté je ne me permets pas de lui rappeler que nous aussi nous avons été un peuple montré du doigt, accusé globalement d'être à l'origine de tous les maux de la terre et que, pour cette raison, je préfère éviter les amalgames, bien que les attentats et ceux qui les commettent m'inspirent un profond dégoût. Maman ne comprendrait pas cette comparaison. Plus qu'un appel à la sagesse et à la tolérance, elle y verrait une insulte à la mémoire de tous les déportés. Je m'abstiens donc sagement de m'aventurer sur ce terrain et profite pleinement du plaisir réel de me retrouver avec mes parents.

Début juin, ma rééducation est en bonne voie et je rentre à Jérusalem où un nouveau travail m'attend. Il me permettra de terminer ma formation de psychothérapeute et je me sens infiniment soulagée. Maintenant je vais pouvoir organiser ma vie à ma guise et me consacrer pleinement à mes deux passions, l'aide sociale et la psychothérapie, les deux étant d'ailleurs liées.

Début juillet, je téléphone à mon amie Nava à Neve Shalom Wahat al-Salam pour l'informer de ma guérison. Elle s'en réjouit de tout cœur pour moi, je la sens d'ailleurs réellement heureuse. Une invitation tout aussi sincère succède aux félicitations :

– Avec cet accident et ton séjour en Suisse, nous ne t'avons pas vue depuis bien longtemps, viens vite au village, il s'y déroule des événements merveilleux.

J'apprends ainsi que l'École de la Paix vient d'être inaugurée et qu'une centaine de personnes ont assisté à la fête. Nava enchaîne immédiatement :

– La seconde réunion est prévue début août, tu devrais venir. Je suis certaine que les conférences et l'enseignement te plairont.

Cette idée me convient et, à la date prévue, une amie avec laquelle je partage mon appartement me conduit avec ma petite voiture à Neve Shalom Wahat al-Salam.

Mon arrivée dans le village est assez remarquée. Ma fracture n'est toujours pas totalement résorbée et marcher avec des cannes anglaises sur un terrain fait de trous et de bosses ne passe pas inaperçu. De même, le soir, mon installation à l'auberge ne manque pas de sel. L'établissement n'existait pas lors de ma dernière visite et je me demande si sa construction était bien nécessaire tant le confort est approximatif. L'accès à un lit constitue pour moi un parcours du combattant.

Le lendemain matin, je ris encore de cette aventure lorsque je pars assister à la première conférence de la journée. Toujours en équilibre instable sur mes béquilles je cherche un siège lorsqu'un jeune homme aux longs cheveux bouclés et à la barbe noire bien taillée me propose son aide et m'invite à m'asseoir près de lui si je le désire. Des amis me le présentent : il est arabe, instituteur et s'appelle Eyas Shbeta.

CHAPITRE IX

EVI

Neve Shalom Wahat al-Salam (août 1980)

Mon voisin est bien élevé, mais il n'est pas très bavard. Depuis qu'il m'a invitée à m'asseoir près de lui, il n'a pas desserré les dents. Eyas n'est pas un prénom très courant. Je suis donc à peu près certaine qu'il s'agit de cet ami de Faleh qui ne voulait pas venir à Neve Shalom Wahat al-Salam, le cousin de Adli, le dragueur de la fac, mais je me garde bien de demander confirmation de tout cela à Eyas, et Faleh est trop loin de moi pour que je puisse lui poser la question.

Intriguée, j'observe donc Eyas à la dérobée et je note qu'il écoute le conférencier mais que son regard se promène en permanence sur l'assistance. Je le sens attentif à la moindre réaction et me doute qu'il cherche à décrypter les sentiments de chacun. Après ce que Faleh m'a dit de lui, sa démarche ne m'étonne pas. Je suis même surprise de le trouver ici. Je me demande comment Faleh a réussi à le convaincre. De temps en temps, je risque un commentaire en direction d'Eyas mais pour toute réponse je n'obtiens que des hochements de tête, ce qui finit tout de même par m'agacer.

Je profite d'une pause pour me rapprocher de Faleh et entamer une discussion avec lui. Ma manœuvre est cousue de fil blanc. Eyas ne s'y trompe pas, mais il ne peut se défiler et écoute sagement nos propos en se gardant bien de participer.

Lorsque la conférence reprend, le soleil est déjà haut dans le ciel et la chaleur se fait de plus en plus écrasante. Je remarque des gouttes de sueur qui perlent sur le front de mon voisin et j'entreprends alors un geste d'une hardiesse insensée : pliant un journal en quatre j'évente l'ours Eyas... Il se retourne vers moi et pendant une seconde, décontenancé, il hésite entre deux attitudes. J'accélère mon mouvement et, enfin, il sourit. Gagné... La glace est rompue. Prudente, je ne pousse pas mon avantage trop loin et me contente de quelques remarques, de temps à autre, sur le contenu des exposés. Sans être très loquace, Eyas répond et je m'aperçois que le ton est juste, le commentaire concis. À l'heure du déjeuner, Eyas se propose pour m'aider à marcher jusqu'à une table où nous rejoignent nos amis respectifs Faleh et Maty. Deux Juifs et deux Arabes partagent le même repas et très vite la discussion s'oriente vers la politique. Chacun parle librement mais, à aucun moment, les débats ne dégénèrent. Un de nos voisins de table, Juif, se joint à la conversation et Eyas découvre rapidement qu'il participe régulièrement à la commémoration du Jour de la Terre aux côtés des Arabes. Les deux hommes ne sont pas pour autant d'accord sur tout, mais ils n'hésitent pas à s'exprimer et comprennent l'un et l'autre qu'il s'agit bien d'un échange et non d'un affrontement. L'École de la Paix atteint son premier objectif : réunir, ouvrir le dialogue, écouter l'autre.

Ravie de voir Eyas s'exprimer, je reste à mon tour en retrait laissant mes amis disserter. Leurs propos sont riches et constructifs. Nous entrevoyons les uns et les autres des aspects du conflit israélo-arabe que nous n'envisagions pas. J'écoute attentivement Eyas et je découvre qu'il n'est pas extrémiste, comme je le craignais, mais qu'il demande seulement justice et liberté pour son peuple et pour lui-même.

L'après-midi nous nous rendons tous ensemble vers les lieux de rendez-vous prévus pour les conférences. L'atmosphère est totalement modifiée, le climat s'est détendu. Dans un geste parfaitement naturel, je m'assieds à nouveau à côté d'Eyas. Il est toujours aussi attentif, mais paraît beaucoup moins sur la défensive. Il a baissé la garde tout en restant vigilant.

Toute la journée, je clopine avec lui dans tout le camp et nous nous mêlons à plusieurs groupes de travail avant de nous rendre vers l'auberge pour nous désaltérer. Et là les discussions repartent de plus belle. Elles se prolongent jusque tard dans la nuit autour de feux de camp improvisés alors que des chants traditionnels arabes et juifs montent dans la nuit. Je pense aux moines qui tentent de dormir dans leur monastère, à quelques centaines de mètres de là. Ils ne doivent pas en croire leurs oreilles. Ces refrains mêlés des deux communautés sont tout à fait exceptionnels pour ne pas dire uniques.

Le lendemain matin, à peine levée, je ne songe qu'à rejoindre Eyas. Cet empressement me trouble car je suis bien obligée de reconnaître que cet homme m'attire. Son côté mystérieux, la justesse de ses raisonnements ne me laissent pas indifférente, il est inutile que j'essaye de me le dissimuler. D'ailleurs mes béquilles s'emballent sans que je parvienne à les contrôler lorsque j'aperçois Eyas assis devant un café à une table de l'auberge. Il me gratifie lui aussi d'un sourire, ce qui doit être l'expression d'une grande satisfaction et un privilège réservé aux êtres chers. À peine assis, nous décortiquons en même temps ce que le chef nous a présenté comme un gâteau et que nous acceptons comme tel, ainsi que le planning de la journée. Comme deux enfants gourmands, nous salivons devant les thèmes de réflexion proposés et choisissons soigneusement les conférences et les travaux auxquels nous souhaitons nous inscrire. Notre sélection effectuée, je reprends mes béquilles en pestant contre ce plâtre qui me handicape et qui me tient déjà horriblement chaud malgré l'heure matinale.

Je ne quitte pas Eyas de la matinée. À l'heure du déjeuner, en s'installant tout sourire à mes côtés, Faleh me glisse à l'oreille :

– Je ne reconnais pas Eyas. J'ai l'impression que tu es son rayon de soleil. Encore un petit effort et il va finir par rejoindre nos rangs.

Le compliment me gêne un peu. Je ne relève pas et me contente de sourire. Si tout le monde est heureux, c'est bien l'essentiel. Je lève simplement les yeux sur Eyas qui s'installe face à moi et je dois bien admettre qu'il n'a plus l'air renfrogné et bougon du début. Au contraire, il me sourit à nouveau. Je suis gâtée...

Je note malgré tout que, s'il est plus détendu en petit comité, Eyas ne participe toujours pas aux débats publics des grandes assemblées. Je ne l'y incite absolument pas ; inutile de brûler les étapes.

Dans la soirée une collation est servie pour clore ces deux journées de travaux et mon amie Nava nous rejoint alors que je sirote un jus d'orange avec mes compagnons. Elle et Abed, les deux initiateurs de l'École de la Paix, sont très fiers et très heureux de ce rassemblement organisé sur leurs terres et nous annoncent que, dans quelques jours, les gens de Neve Shalom Wahat al-Salam vont participer à un vaste chantier organisé à Nazareth. Cette ville arabe très pauvre est totalement laissée à l'abandon par l'administration israélienne et plusieurs associations réunissant des Juifs et des Arabes, ainsi que des jeunes du monde entier, se sont groupées pour organiser un camp de travail afin de nettoyer la ville et lui venir en aide. Toujours aussi volubile et enthousiaste, Nava me lance aussitôt une invitation. Instantanément, je me tourne vers Eyas et, sans réfléchir, lui demande :

– Tu viendrais ?...

Je me mords aussitôt les lèvres, mais il est trop tard et je m'en veux de mettre Eyas dans l'embarras.

À ma grande surprise, après un court moment de réflexion dont il est coutumier, il avance prudemment :

– Peut-être, je ne sais pas.

Je me satisfais pleinement de cela. Quelques minutes plus tard, je prends place dans ma voiture aux côtés de l'amie qui me ramène à Jérusalem. Elle se lance dans une analyse bavarde de nos journées. Son monologue me convient tout à fait. Qu'elle me pardonne mais je ne l'écoute absolument pas. Ma rencontre avec Eyas me tourneboule. Je me rends bien compte que j'éprouve une attirance pour lui. Il est arabe et je suis juive... Un sentiment de trahison m'envahit. Je pense à mes parents qui tremblent à l'annonce des attentats et maudissent les Palestiniens qui les commettent ; je pense à la guerre de 1940 et à ces collaborateurs qui pactisaient avec les nazis ; je pense aux kapos qui rudoyaient et dénonçaient les leurs dans les camps de concentration. J'ai honte de moi, bientôt je n'oserai plus me présenter devant ma famille, je ne pourrai plus regarder mes amis juifs en face. Je ne sais pas si ce soir je supporterai mon image dans mon miroir. Je dois oublier ces journées, les oublier à tout prix, oublier Nazareth, oublier Eyas...

*
**

EYAS

Wahat al-Salam Neve Shalom (août 1980)

Je n'ai pas dit un mot à Faleh depuis que nous avons quitté Wahat al-Salam Neve Shalom. Il voit bien que quelque chose me préoccupe et il respecte mon silence. Il regarde le paysage défiler à travers la vitre de l'autobus qui nous ramène vers Tira. Perdu dans mes pensées, je regarde moi aussi sans voir lorsque je reconnais Salame, le petit bourg où ma mère a passé toute son enfance, devenu une décharge publique. Seuls quelques murets effondrés témoignent encore du passé des lieux, rappellent qu'un jour des hommes ont habité ici. Un peu plus tard, je reçois une autre gifle : nous traversons Miski, l'ancien village de mon père, transformé en kibboutz. Je me détourne à la vue de la mosquée en ruine qui pointe vers le ciel son minaret mutilé. L'image de ces maisons abandonnées ou récupérées par les autorités israéliennes me ramène sur terre et ne fait qu'ajouter à mon trouble.

Je ne suis pas croyant mais ces deux rappels successifs m'apparaissent pourtant comme des signes de Dieu. Mes origines, l'exode de ma famille chassée par les Juifs, ce sont ces vérités, cette réalité que le ciel me jette au visage au moment où je suis tenté de pactiser avec le diable. J'ai honte, j'ai le sentiment d'avoir déjà trahi les miens, trahi mon peuple. Et pourtant je ne peux me mentir : je dois admettre que ces deux jours que je viens de vivre ont été agréables. Pour la première fois de ma vie, j'ai cru déceler un discours sincère en faveur des Arabes, de la part de Juifs. J'ai pu discuter ouvertement avec eux de l'avenir du pays et de nos deux communautés. Des problèmes politiques majeurs ont été abordés sans que les discussions dégénèrent et mes interlocuteurs acceptaient l'idée d'une Palestine autonome. Ils condamnaient même formellement la confiscation des terres et les colonies sauvages, et ne se privaient pas de le dire publiquement sachant très bien que leurs propos seraient rapportés aux autorités. Je reste sur mes gardes mais je reconnais que leur discours est assez courageux et novateur, et c'est bien ce qui me dérange car j'ai peur de tomber dans le piège dont je voulais tirer Faleh. Je suis venu à ce rassemblement pour en démontrer la nocivité et j'en repars avec des acquis, des interrogations, pour ne pas dire des espoirs. Mes certitudes sont sérieusement ébranlées et, pour couronner le tout, j'ai une envie folle de revoir Evi : une Juive... J'essaye désespérément de chasser cette idée de mon cerveau mais je n'y parviens pas et j'imagine le désespoir de mes proches si je leur confiais ce secret. Qu'aurais-je pensé de Faleh s'il m'avait avoué un jour un amour, une liaison, une simple amitié avec une jeune fille juive ? Je l'aurais banni, renié, répudié, j'aurais hurlé à la trahison... Et me voilà attiré par Evi ! J'enrage, je me maudis, mais son rire chaud, franc, spontané résonne encore dans ma tête et ses yeux noisette, vifs et malicieux, me manquent déjà.

Dans la culture arabe, les yeux occupent une place primordiale. Ils disent ce que la bouche veut taire. Dès mon enfance, j'ai été bercé par des chants et des poésies où les yeux parlaient, où le regard dévoilait, et je me nourris aujourd'hui plus que jamais des mystères de ce langage.

Je me débats dans mes contradictions lorsque Faleh, n'y tenant plus, rompt le silence et risque une question :

– Alors Eyas, que penses-tu de ces journées ?

Surpris en plein charivari, mon cerveau s'affole, s'emmêle les neurones, mélange les genres, et répond avec ce qu'il a sous la main, si bien qu'une agressivité stupide masque mon désarroi :

– C'est pire que tout, Faleh, les Juifs envoient même des femmes pour nous faire basculer dans leur camp.

Faleh me regarde, les yeux ronds, la bouche ouverte, et je mesure l'énormité du propos que je viens de tenir. Je ne sais plus quelle attitude adopter. Je choisis de sourire en lui tapotant la cuisse.

Rassuré, Faleh dresse un bilan de nos travaux. Je lui avoue avec mesure que certains éléments m'ont effectivement paru positifs. Je reste cependant évasif. Je n'ai pas envie d'entamer une discussion sérieuse.

Lorsque j'arrive chez moi, mon père termine de lire un journal. Un titre énorme barre la première page : « Des terroristes attaquent un bus dans le nord du pays ». La routine. Des hommes de l'OLP venus du

Liban ont mitraillé le véhicule avant de s'enfuir par la mer. Les opérations de ce type se multiplient. Depuis que la paix avec l'Égypte est signée et que la frontière du sud est sécurisée, l'Organisation de libération de la Palestine concentre ses actions sur le nord où elle bénéficie de la bienveillance de la Syrie et de l'hospitalité du Liban, qui se passerait volontiers de ce boulet mais n'a pas les moyens de s'en débarrasser.

Après chaque action de l'OLP, Israël réplique violemment par des incursions au Liban et des bombardements sur les camps supposés des Palestiniens. Pendant que je parcours l'article relatant le dernier attentat, la radio annonce déjà un raid punitif. Mon père en est contrarié. Il souhaite ardemment la paix mais ne peut se satisfaire de la situation actuelle imposée par Israël et, s'il regrette les attentats, il ne parvient pas à les condamner.

– Quel autre moyen avons-nous de nous faire entendre ?

Je suis bien obligé moi aussi d'en convenir, ce qui me met à nouveau très mal à l'aise après les deux jours que je viens de passer à parler de paix et de programmes communs avec des Israéliens. Je suis en porte à faux. Ce désaccord interne m'oppresse, il faut que je l'évacue et pour cela je raconte mes journées à mon père qui m'écoute attentivement. Il trouve ensuite les paroles apaisantes qui me soulagent, en m'expliquant que soutenir le combat de l'OLP n'interdit pas de préparer la paix, bien au contraire :

– Si nous voulons amener Israël à accepter le principe de la création d'un État palestinien, nous devons, nous, accepter de nous asseoir à une table de négociations afin d'y faire valoir notre bon droit, me fait remarquer mon père.

Puis il ajoute :

– Puisque tes amis de Wahat al-Salam Neve Shalom acceptent de discuter et de nous écouter, je ne vois pas pourquoi nous refuserions le dialogue. Tu as tout à fait raison d'avoir participé à ce rassemblement. Le but de notre combat n'est pas de tuer des Juifs mais de les amener à reconnaître notre existence et nos droits. C'est exactement ce qui vient de se produire dans le village où tu es allé. Donc ces travaux vont dans le bon sens et c'est très bien que tu aies pu t'exprimer.

J'entre alors dans le détail de nos travaux en ne mentionnant jamais le nom d'Evi alors qu'il me brûle les lèvres. En revanche, je demande l'avis de mon père sur ce camp en préparation à Nazareth et, là encore, il me conseille d'y participer, ce qui ne m'étonne pas trop.

Mon père, comme beaucoup de membres de ma famille, a de la sympathie pour le Parti communiste, et le maire arabe de Nazareth est communiste. C'est pour cette raison que les autorités israéliennes lui coupent les vivres et lui rationnent les subventions. Arabe, c'est déjà mal vu, mais communiste en prime, c'est trop... Si bien que Nazareth se dégrade lentement et doit se débrouiller avec les moyens du bord pour parer au plus pressé. Je remercie mon père pour ses conseils et ses encouragements mais je lui précise que je ne suis pas encore certain de participer à ce camp de travail. Je sais parfaitement ce qui me retient : c'est la perspective de retrouver Evi. J'en meurs d'envie mais cela me paraît tout à fait déraisonnable. Pourtant, plus les jours passent et plus mes réticences fondent. Ma décision prend corps et l'inconcevable finit par s'imposer : j'irai à Nazareth.

Quelque temps après, un soir, le téléphone sonne. C'est Nava qui m'appelle. Après m'avoir brièvement salué, elle entre directement dans le vif du sujet :

– Nous avons un énorme problème : nous avions prévu une rencontre entre un groupe de jeunes Israéliens et un groupe de jeunes Arabes à Wahat al-Salam Neve Shalom. Les Israéliens sont arrivés, mais les Arabes viennent de se décommander. Nous avons un besoin urgent de quatorze jeunes pour les remplacer au pied levé. J'ai pensé à toi : tu es instituteur, tu pourrais peut-être trouver des adolescents intéressés par la réunion ? Ce serait formidable, tu crois que tu vas y arriver ?

Nava est étonnante. En quelques secondes, elle est passée de la demande à l'accord, et du problème à sa solution. À aucun moment elle n'a songé à me demander si je pouvais, voire si je souhaitais, lui rendre ce service. Pour elle, cela va de soi. Devant tant d'enthousiasme je n'ai pas le courage de la décevoir. Pire, je m'entends répondre :

– Je vais voir ce que je peux faire. Je ne te promets rien, mais je vais essayer.

Je file immédiatement chez mes amis les plus proches pour rameuter mes troupes et constituer mon groupe. En trois heures, j'ai réuni quatorze adolescents. Contrat rempli. Mais ce qui m'étonne le plus, c'est que je n'ai eu aucun mal à les convaincre alors que je m'attendais à ce qu'ils se braquent à l'idée de participer à une rencontre avec des Juifs. Quelques-uns s'en sont étonnés, aucun ne s'en est offusqué. Ce qui prouve bien qu'avec un peu de bonne volonté, la paix n'est peut-être pas aussi inaccessible que cela. En fait, mes jeunes compagnons voient dans ma proposition l'occasion de sortir de Tira et d'aller faire la fête avec d'autres jeunes, même si je les ai prévenus qu'il y aurait beaucoup de travail et de discussions.

Le lendemain, à 8 heures précises, ils sont tous sac au pied devant chez moi et nous nous entassons tant bien que mal dans les trois plus grands taxis que j'ai pu trouver. Notre départ ne passe pas inaperçu, tout Tira résonne des éclats de rire de ma bande, en route pour l'avenir et la Paix.

Assis à l'avant de l'une des voitures, je salue longuement mon père qui assiste à notre départ depuis le pas de la porte. Lorsque sa silhouette s'estompe, je me retourne vers les trois garçons assis à l'arrière qui se repassent l'un l'autre un sac qu'ils ne parviennent pas à caser. En riant, ils réclament mon arbitrage et brusquement je prends conscience de la situation : je suis leur guide. Ils me suivent et me font confiance. À leurs yeux je suis le représentant d'une association. Et ils ont raison. Je dois regarder la réalité en face : je viens de m'engager socialement et politiquement dans un mouvement. Avec des Juifs...

Sitôt arrivés à Wahat al-Salam Neve Shalom, mes garçons sont présentés aux jeunes Juifs et pris en main par les responsables de l'opération. Nava me remercie longuement de ma coopération qui a permis de sauver la situation mais je sens bien qu'en demandant mon aide elle m'a aussi fait passer un test. J'ai la conviction qu'elle a voulu sonder mon engagement.

La journée est extrêmement riche et fructueuse pour tous et, le soir, c'est avec surprise et intérêt que j'écoute les commentaires passionnés de ma petite bande. Décidément, il y a, effectivement, une voie à explorer. Raison de plus pour me rendre à Nazareth.

J'ai attendu ce voyage avec impatience et lorsque j'arrive enfin dans cette ville pour notre rassemblement, les rues sont déjà envahies par des dizaines de jeunes qui déambulent les mains dans les poches. Je trouve notre camp sans difficulté : il est l'attraction de Nazareth. Une quinzaine de sympathisants de Wahat al-Salam Neve Shalom, ainsi que des adhérents de Shoutafout, sont déjà regroupés près d'une immense tente où nous allons nous installer. Je salue mes amis puis Judith, notre intendante en cette circonstance, m'invite à choisir un lit sur lequel je dépose ma valise. J'échange quelques propos badins avec les uns et les autres avant de poser à Judith la seule question qui me démange depuis mon arrivée :

– Je ne vois pas Evi, elle ne vient pas ?

– Si, elle va arriver avec Ariela, que tu connais.

Soulagé, j'ai alors la présomptueuse certitude qu'Evi ne vient à Nazareth que pour me voir et je ne résiste pas à l'envie d'aller la guetter à l'entrée du camp. En m'installant au bout du chemin, j'écoute les commentaires des jeunes gens qui rentrent d'une promenade en ville. Tous sont outrés par la saleté et le désordre qui règnent dans les rues et dénoncent violemment l'attitude des autorités israéliennes. Je réalise alors l'habileté du maire et l'impact de son opération dans le monde entier.

Des milliers de jeunes sont attendus à ce rassemblement et beaucoup viennent des quatre coins de l'Europe, des États-Unis et du Canada... Tous vont rapporter dans leur pays que, pour des raisons politiques, Israël laisse à l'abandon la ville hautement symbolique de Nazareth, fief de la tribu de Zabulon, le fondateur biblique de la cité, fils de Jacob et de Léa. Nazareth, la ville du Christ, le berceau de la chrétienté.

Ce choix est parfaitement délibéré puisqu'une ville jumelle, juive, qui a poussé à côté, est, elle, parfaitement subventionnée et entretenue. Tous les jeunes que j'entends parler trouvent cette discrimination révoltante et entendent le faire savoir autour d'eux.

Le maire de Nazareth fait donc coup double : en organisant ce rendez-vous pendant cinq jours, il donne un peu d'oxygène à sa ville et il ternit l'image de marque du gouvernement juif. C'est assez bien joué. Après ces considérations, je me concentre à nouveau sur la route d'où Evi va bientôt surgir.

*
**

EVI

Nazareth (août 1980)

J'avais juré dix fois de ne pas aller à ce camp. Je ne cesse d'y penser alors que je roule en direction de Nazareth. Au dernier moment, l'envie de revoir Eyas a été la plus forte. Persuadée qu'il serait présent, j'ai craqué en me réfugiant derrière le prétexte de la solidarité : je ne pouvais pas me dérober et abandonner mes amis de Neve Shalom Wahat al-Salam au moment où ils avaient besoin de bonnes volontés. Cet argument est recevable car cela me gênait réellement de ne pas apporter mon concours à l'opération, mais il est aussi bien commode pour camoufler l'autre raison, inavouable celle-là, de ma venue.

J'ai donc fait mon paquetage et entraîné avec moi mon amie Ariela que l'aventure excitait. Ma jambe est enfin déplâtrée et je vais donc pouvoir me consacrer normalement à mes tâches.

À la vue des milliers de jeunes de toutes nationalités qui flânent dans les rues de Nazareth, Ariela est ravie d'être là. Ils sont partout et donnent à la ville une atmosphère de fête. Des groupes s'agglutinent devant les échoppes, s'installent aux terrasses des cafés. Accroupis sur le trottoir, des garçons et des filles aux cheveux blonds marchandent âprement le prix de trois dattes qu'ils finiront de toute façon par payer trop cher, mais ce n'est pas grave ; tous s'amusent de ces marchandages pour rire. Nous nous rapprochons du campement. Alors qu'Ariela se régale de toutes les scènes de rue, je sens une formidable angoisse monter en moi et me nouer l'estomac. Je suis à nouveau déchirée, écartelée par deux sentiments parfaitement opposés, aussi puissants l'un que l'autre. J'aimerais partager pleinement ces cinq jours avec Eyas et je m'affole même à l'idée qu'il n'est peut-être pas là, mais dans le même temps je sais que je vais devoir l'ignorer parce que tout s'oppose à notre relation. Je ne parviens pas à canaliser cette ambivalence.

Après un parcours sinueux dans les rues de Nazareth, actives et encombrées, nous arrivons enfin en vue de notre camp. À la sortie d'un dernier virage j'en aperçois l'entrée et aussitôt je distingue Eyas. Il est là, légèrement en retrait sur le chemin d'accès. Il m'attend, j'en suis sûre. L'émotion m'envahit, je dois à tout prix la maîtriser. En passant devant lui, je lui tends simplement la main par la vitre ouverte de la voiture et enclenche aussitôt la première vitesse. Quelques secondes plus tard, je gare mon auto devant notre tente afin de décharger le matériel que j'ai apporté.

Mes amis de Neve Shalom Wahat al-Salam accourent pour nous saluer. Les embrassades n'en finissent pas et tous s'enquièrent de l'état de ma jambe. Je réponds aux uns, souris aux autres et je remarque que Eyas ne se mêle pas aux effusions, il se tient discrètement à l'écart. J'entends Judith lui lancer en passant devant lui :

– Evi est arrivée !

– Oui je sais, merci, je l'ai vue sur le chemin, à l'entrée.

Sitôt le camp installé, des groupes se forment et les organisateurs du rassemblement distribuent les tâches. Deux grands axes sont définis : l'entretien et la réfection des rues et des trottoirs, et la rénovation des écoles. Je m'inscris dans l'une des équipes qui se mettent en place pour assurer la réfection des rues.

Le lendemain, la journée s'annonce assez éprouvante. L'état de la voirie est pitoyable. Les chaussées éventrées étalent des successions d'ornières, et les trous béants qui s'ouvrent sur les trottoirs constituent autant de pièges que les passants contournent machinalement. Cassés en deux sous un soleil de plomb, nous nous efforçons de combler, de niveler, de nettoyer, de remettre en forme. La poussière soulevée par nos travaux colle à la peau, s'insinue dans la bouche, le nez, les yeux. Souvent, des habitants viennent se joindre à nous spontanément pour nous aider à déplacer une pierre, pousser une brouette ou décharger un camion. Ils sont les bienvenus et la fatigue s'estompe, s'oublie dans la bonne humeur et la convivialité.

Dans la soirée, je sens qu'un vieillard m'observe attentivement alors que je jette les dernières pelletées de terre dans une excavation. Il est assis sur le pas de sa porte, les deux mains et le menton posés sur le sommet de sa canne. Sans bouger de sa chaise, il me remercie longuement pour le travail que je viens d'effectuer puis demande :

– Tu es juive ?

Je lui souris avant de répondre oui.

– Alors pourquoi tu viens nettoyer devant chez moi ? Je suis arabe.

– Je suis assistante sociale et je vais là où l'on a besoin de moi. Aujourd'hui c'est ici.

Le vieux hoche la tête :

– C'est bien, c'est bien, merci. Qu'Allah te protège.

Je ne suis pas certaine qu'Allah soit réceptif au message, mais cette prière me fait plaisir et j'oublie les fatigues de la journée.

À mon retour au camp, vers 20 heures, je découvre que des tables sont dressées un peu partout et que chacun va de l'une à l'autre en de joyeuses improvisations. Le clan de Neve Shalom Wahat al-Salam s'est enrichi de quelques invités serrés autour d'une popote débonnaire. Nous passons une bonne partie de la soirée à tirer les enseignements de cette première journée, puis nous décompressons totalement en entonnant quelques chants très vite suivis de sarabandes endiablées. Joyeuses et spontanées, elles ne s'éternisent cependant pas. La journée a été rude et celle du lendemain commencera tôt. En pénétrant sous notre tente, je me souviens brusquement que je n'ai pas de sac de couchage. J'ai totalement oublié de m'en occuper et je vais devoir improviser. Eyas, qui avait été extrêmement discret toute la soirée, me propose immédiatement le sien, m'assurant que par ces nuits lourdes et chaudes un simple drap lui suffit amplement.

Pendant ces cinq jours, je n'aurai pas souvent l'occasion de rencontrer Eyas en tête à tête. Nous travaillons dur, le soir nous sommes fatigués et nous privilégions l'un et l'autre la vie de groupe aux apartés complices. Mais je sens bien que mon ami m'observe, qu'il est attentif à mes réactions, qu'il a compris mon trouble et ne souhaite pas l'aggraver. Je lui en suis reconnaissante. De temps à autre, Eyas vient juste prendre de mes nouvelles, s'inquiète de ma jambe, de mes journées, puis s'en retourne auprès d'un autre groupe. Je trouve son attitude et sa démarche charmantes et je ne suis pas la seule. Ariela me confie un soir que « ce beau ténébreux qu'elle connaissait assez peu est adorable ». Je ne peux lui dire le contraire, mais n'ajoute aucun commentaire.

Le jour du départ, alors que nous remballons le matériel et démontons les tentes, je tiens à aller discuter un peu plus avec Eyas. En enfournant chemises et pantalons dans nos sacs, nous échangeons quelques banalités et je m'inquiète de son retour vers Tira. Il me rassure :

– Je ne retourne pas à Tira, je dois être demain à Jérusalem pour un rendez-vous.

– Mais comment vas-tu de Nazareth à Jérusalem ?

– Nous sommes assez nombreux ici, je vais bien trouver quelqu'un pour m'y conduire.

– Eyas, je peux t'emmener, j'ai deux places libres dans ma voiture.

Mon amie Ariela qui assiste à la conversation s'empresse d'approuver et l'affaire est entendue.

La route entre Nazareth et Jérusalem est assez sinueuse et je constate, à quelques réactions incontrôlées de mon passager, qu'il n'a pas une confiance absolue dans mon coup de volant. Je peux en témoigner aujourd'hui : c'est la seule fois de notre vie où il me reprochera ma conduite...

Arrivés à Jérusalem, Ariela nous invite à prendre un verre chez elle et nous sommes à peine installés devant un jus de fruit qu'elle s'inquiète de l'emploi du temps d'Eyas : il envisage de dormir à l'hôtel puis de prendre un bus le lendemain afin de regagner Tira après son rendez-vous. Mon amie lui propose immédiatement de l'héberger pour la nuit. En une fraction de seconde je réagis. Mes locataires sont repartis dans leurs familles pour le week-end, mon appartement est donc libre et je peux y amener un Arabe sans choquer quiconque. De plus, en proposant à mon tour à Eyas de l'accueillir, je lui fais remarquer que les bus ne circulent pas le samedi dans la partie juive de Jérusalem où nous nous trouvons, mais que je pourrai le déposer le lendemain en voiture dans le secteur arabe où il trouvera un taxi ou un car.

Eyas remercie Ariela pour sa gentillesse, et n'hésite pas un instant à accepter ma proposition.

Quelques heures plus tard, nous amorçons le rapprochement de nos deux peuples.

CHAPITRE X

EVI

Jérusalem (août 1980)

Le briquet est posé devant moi, sur une table basse. Je le fixe intensément. Eyas l'a oublié en partant. Sa présence m'obsède. Elle me rappelle ma forfaiture à chaque seconde. J'ai franchi le pas, commis l'irréparable aux yeux de mes proches qui, heureusement, n'en sauront jamais rien. Ma relation avec Eyas se limitera à cette nuit où j'ai perdu la tête, elle ne sera qu'un flirt sans lendemain. Il le faut. Je me maudis pour ce moment d'égarement et jure qu'il ne se reproduira plus. Je suis devenue folle, je dois me ressaisir, une liaison avec un Palestinien est impensable, inenvisageable. Je vais restituer à Eyas son petit briquet en argent et lui faire comprendre que nos chemins se séparent. Nous en resterons aux rapports amicaux si nous continuons tous deux notre action à Neve Shalom Wahat al-Salam. Je lui téléphone pour lui dire que son briquet est bien chez moi, qu'il ne l'a pas perdu, et connaître ses intentions pour le récupérer. Il me demande s'il peut passer le prendre le samedi suivant.

Une semaine plus tard, comme convenu, Eyas arrive

dans la matinée. Il porte un sac de voyage et je devine immédiatement ses intentions. Afin de clarifier d'entrée la situation, je l'invite à prendre un verre en lui précisant que je ne pourrai pas lui accorder beaucoup de temps, mon emploi du temps étant chargé. Je sens Eyas dépité, triste et décontenancé. Cela me peine et je dois me faire violence pour m'en tenir strictement à ma ligne de conduite. Non seulement Eyas ne passera pas le week-end chez moi mais je dois écourter notre entretien bien que cela me coûte. Je ne lui demande surtout pas ce qu'il compte faire, je sais trop bien ce qu'il avait prévu, et je ne pense pas qu'il ait envisagé un plan de rechange. Je suis nerveuse, mal à l'aise, et mon ami le sent. Il a la délicatesse de se retirer rapidement. Je lui en sais gré mais en le raccompagnant jusqu'à la porte, je ne peux m'empêcher de lui demander :

– Tu participeras aux travaux le week-end prochain à Neve Shalom Wahat al-Salam ?

Je me maudis pour cette question de trop que je n'ai su contrôler. Eyas paraît s'en amuser avant de répondre :

– Je pense.

Et, bien sûr, il tient parole. Mais en me retrouvant au village, il garde ses distances et ne m'accorde aucune attention particulière. Il se montre toutefois parfaitement aimable lorsque nous échangeons quelques propos. Ce garçon est décidément tout en finesse et en délicatesse. Mais pourquoi est-il arabe ?

Je passe un excellent week-end et, avant de nous séparer, je demande à Eyas s'il a, lui aussi, trouvé nos travaux enrichissants :

– Absolument. Il faut continuer, j'en suis convaincu.

Nous parlons alors rapidement l'un et l'autre de nos projets et je lui demande innocemment s'il ne connaît pas un peintre, mes parents souhaitant que je fasse repeindre les quatre pièces et la cuisine de leur appartement. Eyas bondit sur l'occasion :

– Mais je peux le faire. J'ai souvent peint dans notre maison de Tira.

Le piège est aussi gros que le mensonge mais je me laisse prendre à l'un et à l'autre. J'accepte la proposition d'Eyas. Bien des années plus tard, il m'avouera qu'il n'avait jamais touché un pinceau de sa vie.

En attendant, il débarque chez moi et, cette fois, je ne peux le mettre à la porte. Mes bonnes résolutions s'envolent, je suis vaincue, j'assume ma trahison. Un incident vient pourtant immédiatement me prouver que notre liaison ne sera pas sans embûche.

Après avoir évalué la quantité de peinture nécessaire aux travaux, Eyas me demande une clé de l'appartement afin d'aller et venir à sa guise. Cette démarche est tout à fait naturelle, et même indispensable, mais je la rapproche d'une expérience que j'ai vécue quelques mois plus tôt et je marque un temps d'hésitation : j'ai été cambriolée trois fois de suite et l'on m'a aussi volé ma voiture alors qu'aucune trace d'effraction n'a jamais été constatée. Pour les policiers, il était clair que l'auteur des larcins possédait mes clés, et cela les amenait à suspecter l'un ou l'autre de mes anciens locataires, ce qui était très désagréable pour moi.

Doté d'une grande sensibilité, Eyas remarque ma gêne. Il est vexé et pense tout de suite que je n'ai pas confiance parce qu'il est arabe. Je me doute, moi aussi, qu'il va en arriver à cette conclusion, ce qui ne fait qu'ajouter à mon mal-être. Je me sors de cette situation par une pirouette en affirmant que je ne me souviens plus si je dispose encore d'un jeu de clés mais lorsque je tends, enfin, un double à Eyas, je sens qu'il ne m'a crue qu'à demi. Le mal est fait.

Heureusement, même s'il est humilié, Eyas ne me tient pas trop rigueur de cette maladresse et se met rapidement au travail. Pendant quelques jours nous découvrons la vie de couple et nous en accommodons plutôt bien. Eyas est même si heureux qu'il passe trois couches de peinture pour faire durer le plaisir, se gardant bien de m'informer de cet excès de zèle.

Un soir, nous décidons d'aller au cinéma et les vieux démons ressurgissent : dans ce secteur juif, je ne veux pas que l'on me voie avec un Arabe. Dans la rue je marche à quelques pas derrière Eyas et dans la salle de cinéma je lui demande de ne pas m'adresser la parole, sachant pourtant qu'une fois de plus, il doit se sentir terriblement humilié. D'ailleurs il me fait remarquer, lorsque nous regagnons l'appartement :

– Si tu ne veux pas que l'on nous voie « ensemble » nous n'avons rien à faire « ensemble ».

Je n'ai pas d'argument à lui opposer car je suis moi-même en plein doute. Je réalise que seule ma culture juive me dicte cette discrimination que j'ose de moins en moins qualifier tant elle se rapproche de principes que j'exècre, tant elle me rappelle ma petite copine d'école qui m'avait traitée de « sale Juive ». Je suis d'autant plus embarrassée qu'Eyas m'a déjà assuré que les Arabes, eux, ne se posaient pas ce genre de questions, ce dont je doute un peu. En théorie peut-être, mais en pratique je ne suis pas persuadée que les brus juives soient les bienvenues dans toutes les familles palestiniennes. Il n'empêche que mon compagnon a raison : nous ne pouvons pas instaurer l'apartheid dans notre couple... J'en ai honte, c'est vrai, mais malgré cela je suis soulagée qu'Eyas ne s'appelle pas Mohammed ou Rachid lorsque je dois le présenter pour la première fois à mes locataires qui le croisent dans l'appartement. Cette réaction est stupide, elle va à l'encontre de mes idées, mais je ne peux rayer d'un trait vingt-cinq ans d'éducation et deux mille ans d'Histoire. Je prône l'ouverture et la tolérance, mais je demeure viscéralement juive. Cette contradiction permanente me pourrit la vie. Je ne parviens pas à la gérer et ne me résous pas à révéler notre liaison à qui que ce soit. Seuls Ariela et Faleh sont dépositaires du secret et respectent nos consignes de silence. Eyas continue d'ailleurs à vivre à Tira et me rejoint uniquement à Jérusalem les rares week-ends où nous n'allons pas à Neve Shalom Wahat al-Salam. Nous consacrons de plus en plus de temps à nos occupations au village, ce qui me facilite la vie. Là-haut je peux vivre à côté d'Eyas sans que cela choque personne mais nous ne jugeons pas utile pour autant de révéler la réalité de notre intimité.

Une nouvelle épreuve me guette au début du printemps : mes parents viennent passer quelques semaines en Israël et je dois justifier les visites d'Eyas. Je cache la vérité et leur présente simplement l'ami qui a si gentiment repeint l'appartement. Mon père ne s'offusque pas qu'il soit arabe. Dans sa logique, les Arabes d'Israël ne peuvent être que peintres ou maçons, tâches subalternes indignes des Juifs, et il est donc normal que sa fille ait fait appel à l'un d'entre eux.

En revanche, je sens que ma mère s'interroge sur mes rapports exacts avec Eyas. Je vois, par son attitude, qu'elle soupçonne des liens plus intimes qu'une simple camaraderie. Toutefois, elle s'efforce de ne pas le montrer et, pour affirmer sa reconnaissance et sa générosité, elle court jusqu'à sa valise et en extrait deux plaques de chocolat suisse qu'elle remet avec emphase à Eyas en insistant bien sur le fait que c'est du Sprungli, le meilleur du monde.

Pétrifié, mon ami regarde ma mère fixement. Pendant un court instant je crains le pire. Mais dans le même temps je contiens à grand-peine un fou rire tant la situation est loufoque, et je crois qu'Eyas le lit dans mes yeux. Avec une infinie douceur, il remercie ma mère en l'assurant qu'il adore le chocolat. Erika se lance alors dans de longues considérations sur la qualité du travail effectué, le choix des couleurs, l'harmonie des tons. Elle invite Eyas à donner son avis sur tout et l'entraîne dans un tourbillon de commentaires.

Quand je suis seule avec mon compagnon, il me confirme pourtant que ma mère a bien failli retourner à Zurich avec son Sprungli mais qu'en dehors de ce détail, il la trouve plutôt sympathique et pense qu'il pourrait s'entendre avec elle. Mon père lui a paru beaucoup plus sévère, pour ne pas dire hostile. Je ne partage pas son analyse. J'aurais plutôt tendance à inverser les jugements mais je n'ai pas envie d'en parler. De même, je tais ce sentiment que ma mère se doute que Eyas n'est ni peintre ni un simple ami pour moi. Il est inutile de le confier à mon compagnon.

Même si elle s'interroge, ma mère ne me pose aucune question pendant son séjour et n'aborde jamais le sujet.

Mon père non plus mais, pour lui, Eyas est rangé avec ses pinceaux et ses pots très, très loin au fond de son esprit.

À la fin de leur séjour, je promets à mes parents de leur rendre visite à mon tour à l'automne et je tiens parole. Ma vie est maintenant en Israël, mais j'aime retrouver la Suisse de mon enfance et revoir mes amis de temps à autre.

Pendant mes courtes vacances, ma mère fait une seule fois allusion à mon ami peintre et mon père me demandant, lui aussi, de ses nouvelles, j'ai la certitude que maman lui a fait part de ses doutes. Je les assure qu'il va bien et que je le vois régulièrement dans le cadre d'une association que nous fréquentons tous les deux, mais je ne donne pas plus de détails et ne m'étends pas sur le sujet.

En revanche, avant mon retour vers Jérusalem, j'achète un souvenir de Zurich à Eyas : un petit briquet sans prétention en souvenir de nos premières étreintes.

Je le lui offre dès mon arrivée et, à ma grande surprise, il n'a pas du tout l'air d'apprécier. Je ne fais aucune remarque. Je ne comprendrai son désappointement que bien plus tard, lors d'un voyage en Europe, en le voyant acheter généreusement des cadeaux pour toute sa famille. Il m'expliquera alors qu'il est de coutume pour les Arabes de ramener mille cadeaux pour ses proches lorsque l'on voyage. Je réalise à ce moment que mon briquet devait lui paraître bien dérisoire et quelque peu mesquin.

Je prends note. Il va falloir nous habituer l'un l'autre à nos cultures et nos éducations...

*
**

EYAS

Tira (février 1982)

Depuis des années mes parents se sont habitués à mon mutisme. Je n'aime pas raconter ma vie et ils ont renoncé à me poser des questions, sachant très bien que je n'y répondrai pas. Pour expliquer que je ne vis plus avec eux, je leur ai dit que je me suis installé définitivement à Wahat al-Salam Neve Shalom, sans plus de détails, ce qui est d'ailleurs en partie vrai, car je passe de plus en plus de temps au village. Depuis quelques semaines, je sens pourtant mes parents inquiets et je me doute que quelque chose les préoccupe mais qu'ils n'osent pas m'en parler. Un soir, ma mère rompt prudemment le silence :

– Tu ne viens plus souvent chez nous depuis que tu vis à Wahat al-Salam Neve Shalom, j'espère que tu n'es pas malheureux avec nous ? Si quelque chose te déplaît il faut me le dire.

J'apprécie l'habileté de ma mère. Elle se doute bien que ces absences cachent une femme. Elle aimerait en savoir plus mais se garde bien d'aborder le problème de front. Comme je la rassure sur la douceur du cocon familial, mon père prend le relais et aborde le même thème de façon détournée en évoquant un point plus sensible qui me met réellement dans l'embarras :

– Tu as maintenant vingt-six ans, il faut construire ta maison. Tu aurais même déjà dû y penser.

Dans notre culture arabe, il est difficile pour un homme de se marier s'il n'a pas construit ou acheté sa maison. C'est une règle sacro-sainte et je n'entends pas m'y soustraire. Je reconnais que mon père a raison et je ne refuse pas le débat. Je ne suis pas dupe, je sais bien qu'en filigrane apparaît là aussi l'ombre d'une femme. J'évite cet aspect mais ne me dérobe pas sur le sujet de la maison. Au contraire, j'en parle très concrètement avec mon père et nous tombons d'accord sur un projet. Il m'autorise à construire un étage au-dessus de sa maison. Depuis quelques mois j'ai quitté mon poste d'instituteur pour un travail mieux payé à Jérusalem. Je suis fonctionnaire dans un centre de jeunesse qui étudie et diffuse les différentes cultures des peuples dans le monde. Ce centre est dirigé par Abed, mon ami de Wahat al-Salam Neve Shalom. Parallèlement, je suis également éducateur, chargé d'organiser et d'animer des rencontres entre Juifs et Arabes à l'École de la Paix.

Intellectuellement, ces deux activités sont intéressantes et, matériellement, cela me permet de vivre plus confortablement et donc d'envisager les travaux de construction de ma maison sereinement.

Soulagés sur ce point, mes parents demeurent frustrés sur le second. Je ne lâche pas la moindre confidence sur la mystérieuse femme présumée. S'ils sont convaincus de son existence, ils ne se doutent pas qu'elle est juive. J'imagine le choc quand ils le découvriront. Car je conviens qu'Evi n'a pas tort : même si cette particularité identitaire ne constitue pas pour nous un interdit au mariage, elle le complique quand même sérieusement. Surtout en Palestine où les tensions entre les deux communautés sont vives et permanentes. Raison supplémentaire pour ne pas révéler le nom et la confession de ma compagne. Rien ne presse. Pour l'instant, je vis parfaitement heureux comme ça avec Evi.

Nos activités à Wahat al-Salam Neve Shalom nous passionnent et nous rapprochent chaque jour un peu plus.

Sous l'impulsion d'un homme, Ilan, Juif, le village se développe, prend tournure. Depuis qu'il s'est installé, Ilan est omniprésent. Il est à la fois le coordinateur, l'homme à tout faire et l'animateur. Grâce à lui et quelques autres nouveaux arrivants comme Voltaire et Eitan, le village se structure et commence à recevoir les dons indispensables à sa survie. Des règles ont été clairement définies pour son bon fonctionnement. Ses fondateurs se réunissent régulièrement en assemblée générale pour définir les priorités et les besoins. Les décisions essentielles sont prises collégialement. Ces assemblées générales permettent aussi d'étudier les candidatures de nouveaux membres car, pour un village de ce type, basé sur l'intercommunauté, un filtre doit être établi. D'ailleurs, les postulants sont d'abord mis à l'essai pendant un an avant d'être acceptés comme membres à part entière. À compter de ce moment, ils participent eux aussi aux assemblées générales et aux prises de décision.

Le système fonctionne bien mais ceux qui choisissent Wahat al-Salam Neve Shalom ont tout de même du mérite car les conditions de vie sont épouvantables. Nous n'avons toujours pas l'eau courante et devons nous en remettre à un générateur poussif pour nous fournir de l'électricité. Les jours de pluies violentes, assez fréquentes en Israël, la piste qui mène au village se transforme vite en torrent de boue et devient quasiment impraticable. Une âme de pionnier s'impose pour supporter un tel inconfort au quotidien et nous avons bien du mal à convaincre les familles arabes de tenter l'aventure, non seulement à cause de cette indispensable maison qui doit être construite avant le mariage, mais aussi à cause des liens familiaux qu'il est difficile de rompre. Sans compter la peur de l'exil connu en 1948 qui continue de planer et tempère les rêves d'aventure. Quant à attirer un homme seul, il ne faut pas y songer. Il serait trop isolé et compromettrait ses espoirs de rencontres, de mariage.

Nous devons donc nous armer de patience et continuer de prospecter à la recherche des oiseaux rares. Heureusement ils existent.

Signe de la foi inébranlable que les habitants ont dans leur village : ils ont déjà ouvert une crèche pour la poignée d'enfants qui trottent sur les chemins. Cette démarche est parfaitement justifiée et s'inscrit dans nos plans : nos enfants doivent avoir leur propre espace pour communiquer et apprendre à vivre ensemble dès leur plus jeune âge, car ce sont les graines de la cohabitation que nous semons avec eux, aujourd'hui, pour assurer l'avenir du village.

Pendant que Aicha, notre institutrice et instigatrice de ce projet, se démène pour le mener à terme, son mari Abed et Nava se consacrent, eux, à la bonne marche et au développement de leur enfant chéri, l'École de la Paix. Ils en sont à l'origine, se sont battus bec et ongles pour organiser les premières manifestations auxquelles j'ai très vite assisté, et aujourd'hui leur principal souci réside dans la formation d'animateurs pour assurer les cours. Car cette école n'est pas un gadget. Ceux qui l'ont conçue entendent bien y dispenser un enseignement réel. Il ne s'agit pas d'y ânonner les vertus du pacifisme mais d'y étudier les racines de l'exclusion, de la haine ou des malentendus historiques. Les origines étant déterminées, un travail d'introspection s'impose à chacun pour accéder au remède avec l'aide et l'enseignement des animateurs de l'École et d'intervenants extérieurs, pour la plupart universitaires de haut niveau. Il est également prévu que chaque cours sera assuré en duo par un animateur juif et un autre arabe.

Voilà les objectifs ambitieux que se sont fixés Nava et Abed et dont ils me parlent souvent jusqu'à ce jour de février où Nava m'entraîne dans le cagibi qui lui sert de bureau et m'annonce :

– En mai, je pars pour deux mois et demi aux États-Unis avec mon mari ainsi qu'Abed et son épouse. Nous allons prospecter pour trouver des dons et des financements pour le village. Pendant mon absence, il faut que quelqu'un s'occupe de l'École de la Paix. J'ai pensé à toi. Tu pourrais loger dans notre maison, et, de toute façon, nous avions l'intention de te nommer membre de Wahat al-Salam Neve Shalom à part entière. Aucun problème administratif ne se posera donc de ce côté.

Je suis surpris et flatté par cette proposition mais je crains de ne pas être compétent. Nava balaye cette objection et comme je n'en trouve pas d'autres à lui opposer, j'accepte.

Cet accord que je donne marque un tournant dans ma vie. J'en ai conscience. Il confirme mon engagement au sein du village. Je ne suis plus seulement un adhérent, je rejoins doucement l'équipe dirigeante et si l'École de la Paix, comme je l'espère, prend racine, je serai un jour reconnu comme l'un de ses fondateurs. Je n'aurais jamais imaginé une telle évolution personnelle. Je le confie un jour à Faleh. Une sorte d'hommage que je lui fais puisque c'est lui qui m'a entraîné dans cette aventure. Il se contente d'un humble commentaire :

– Tu vois, j'ai bien fait d'insister. Quand je pense que tu ne voulais même pas venir visiter les lieux...

C'est vrai. Et pourtant me voilà quasiment codirecteur de l'École de la Paix et parfaitement heureux de cette fonction que j'assume avec enthousiasme. Bref, je suis comblé.

À son retour, Nava s'en réjouit, ne manque pas de me faire remarquer que j'ai parfaitement assumé le poste, et pousse son avantage en me proposant d'y demeurer définitivement, ce qui lui permettrait de se consacrer à d'autres projets.

J'accepte mais cela va m'obliger à venir très souvent à Wahat al-Salam Neve Shalom et, cette fois, il faut me trouver un logement permanent, même modeste, ce qui n'est pas le plus simple dans le contexte de l'époque.

Lorsque j'ai commencé à fréquenter assez régulièrement le village, je passais la nuit dans la crèche que je quittais le matin, avant l'arrivée des enfants. Puis j'ai occupé la maison de Nava pendant son séjour aux États-Unis. Cette fois, j'obtiens une chambre autonome dans une maison habituellement réservée aux volontaires de passage. Ce n'est qu'une sorte de cellule sans fenêtre tout juste capable d'accueillir un lit et une toute petite table, mais malgré l'exiguïté des lieux, je suis heureux car j'ai enfin une chambre indépendante. Evi peut m'y rejoindre quand elle vient passer le week-end avec moi au village. Ce n'est pas très confortable, mais le bonheur est ailleurs, il demeure dans notre réussite. Qui n'est pas acquise.

Pendant que je m'installe, une bonne nouvelle en chasse une mauvaise au village. Un couple venait de renoncer à notre communauté pour retourner vivre à Tel-Aviv, ce qui nous avait affectés. Mais heureusement il vient d'être remplacé par un autre couple qui quitte Stockholm pour s'installer définitivement ici. L'arrivée de Kent et Ety et leur installation avec leurs trois jeunes enfants sont fêtées dignement. Leur choix de vivre parmi nous est un gage de confiance, un encouragement, une invitation à poursuivre. Ils ont tout laissé en Suède pour réorienter leur vie ici. La démarche est courageuse et notre comité d'accueil met tout en œuvre pour que la réception des nouveaux venus soit à la hauteur de leur engagement. La maison qu'ils vont occuper a été nettoyée de fond en comble, les murs ont été passés à la chaux, les portes et les fenêtres repeintes. Lorsque nos amis arrivent, je les sens émus mais heureux, motivés, et débordants d'enthousiasme.

Quelques jours plus tard je dois songer à faire mes bagages. Evi et moi avons décidé de nous offrir des vacances en Europe. C'est la première fois que je vais quitter Israël. Cette perspective m'excite, comme un gosse, je compte les jours avec une impatience croissante. Evi s'en amuse et ne cesse de me détailler le périple prévu pour me faire rêver davantage : Paris, Nice, Venise, Zurich, Marburg, en Allemagne, où l'un de mes frères est installé...

Notre première étape nous conduit à Paris. Lorsque

je sors de l'aéroport de Roissy, je respire profondément l'air en répétant plusieurs fois comme pour me persuader que je ne rêve pas : « Ça y est Eyas, tu es à Paris, tu es à Paris... »

Quelques heures plus tard, j'avale goulûment la tour Eiffel, l'Arc de triomphe, les Champs-Élysées... Je veux tout voir, je suis insatiable et Paris ne me suffit pas : c'est toute l'Europe que je veux sillonner du nord au sud et d'est en ouest. Evi tempère mes ardeurs et me fait sans cesse remarquer qu'en dix jours ce sera juste. Le périple que nous avons prévu sera même difficile à tenir dans les délais qui nous sont impartis.

Nous avons loué une voiture et, après Paris, nous descendons à Nice, sur la Côte d'Azur. Pour économiser un peu d'argent, nous dormons sur la plage, comme bien d'autres vacanciers, ce qui est strictement interdit.

Une nuit, vers 4 heures du matin, j'ai un étrange pressentiment et je réveille Evi :

– Roule ton duvet, vite, nous partons.

Les yeux bouffis de sommeil, Evi ne comprend pas mais s'exécute machinalement. Comme un automate elle fixe sa couche sur son sac et je l'entraîne à grands pas vers notre voiture garée quelques dizaines de mètres plus loin. Je suis à peine installé derrière le volant que les lueurs bleues de gyrophares zèbrent l'aube naissante. Des dizaines de policiers investissent la plage, réveillent vigoureusement les dormeurs, et procèdent à de sévères contrôles d'identité.

Totalement réveillée par ce remue-ménage, Evi contemple la scène puis se tourne vers moi :

– Comment savais-tu ? Tu as entendu quelque chose ?

– Non, rien du tout. Je ne sais même pas pourquoi je me suis réveillé. Ce doit être l'instinct. Quand j'étais enfant et que des parents dormaient illégalement chez nous, nous restions toujours sur le qui-vive par peur de voir des soldats israéliens arriver. Nous avons appris à dormir comme des chats, afin de ne jamais être surpris dans notre sommeil. Cette vigilance doit être maintenant inscrite dans mes gènes...

*
**

EVI

Nice

Ce que vient de dire Eyas me perturbe. J'observe les policiers vérifier les identités des jeunes gens somnolents puis emmener fermement vers un petit bus ceux qui ne sont pas en règle. Le souvenir d'une autre époque me submerge. Les récits de ma mère me reviennent en mémoire. Je pense aux miens, réveillés en pleine nuit par des soldats casqués, embarqués violemment dans des camions bâchés. Eux non plus ne devaient jamais s'endormir sereins, ils devaient s'éveiller au moindre bruissement. Cette phrase mille fois entendue me traverse l'esprit : vivre en démocratie, c'est être sûr que lorsque l'on sonne chez vous à 8 heures du matin, c'est le laitier qui vous livre son lait.

Étrangement, Eyas et moi gardons le silence pendant toute l'opération de police qui n'a pourtant rien de dramatique, mais je suis persuadée que les mêmes images, les mêmes souvenirs défilent dans nos têtes.

Quand le soleil se lève enfin, je chasse ces vestiges du passé des limbes de ma pensée et me concentre sur le solide petit déjeuner que nous dégustons à la terrasse d'un café, face à la mer. La journée s'annonce belle, nous établissons notre plan de route.

De Nice nous partons pour l'incontournable étape des amoureux à Venise, puis nous remontons vers la Suisse. Je me faisais une joie de faire visiter Zurich à Eyas, mais plus je m'approche de la cité où j'ai grandi et plus je suis mal à l'aise. À nouveau je suis tiraillée entre des sentiments contradictoires, à nouveau j'ai l'impression de trahir, de dissimuler, de mentir. J'ai dit à mes parents que je venais en Europe, avec une amie, et que je passerais les voir seule avant mon départ, pendant que ma compagne irait, de son côté, saluer des cousins en Allemagne. Je ne pouvais mentionner Eyas et ce mensonge me pèse. Nous ne restons qu'une journée et une nuit à Zurich mais, pendant ce court laps de temps, je vis dans l'angoisse de rencontrer mes parents en ville, de croiser des amis au bord du lac, d'être reconnue au restaurant. Pour passer inaperçue je m'affuble d'énormes lunettes de soleil, et j'ai très vite la conviction que cette étape est aussi déplaisante que ridicule. Mais lorsqu'à mon grand soulagement nous quittons enfin la ville, Eyas me remercie pour ce cadeau superbe. Il avait envie de connaître ces lieux dont je lui parle souvent, de mieux les situer afin de mieux me comprendre. Il regrette juste de ne pas avoir vu l'immeuble où habitent mes parents, mais passer devant mon ancien domicile, savoir que mes parents étaient peut-être à leur fenêtre, qu'ils pensaient peut-être à moi à ce moment précis, c'était vraiment trop me demander. Je n'ai pas pu, et Eyas comprend mon trouble.

Après ce crochet par la Suisse nous revenons en France, à Strasbourg, où vit l'une de mes amies. Puis Eyas se lance seul à l'assaut de la vieille Europe. Je l'accompagne en Allemagne où il prend le train pour Marburg, un gros bourg à une centaine de kilomètres au nord-ouest de Francfort, pour rejoindre son frère. Il reviendra ensuite à Francfort pour regagner Tel-Aviv en avion pendant que je termine mon périple en retournant à Zurich pour saluer cette fois mes parents avant de rentrer, à mon tour, en Israël. Je ne reste que vingt-quatre heures avec eux mais ce court laps de temps est un calvaire. Je ne pense qu'à ma faute, à tout moment j'aimerais pouvoir leur crier : « Oui, il y a trois jours j'étais ici, à Zurich, avec un Arabe et cet Arabe est mon amant. » Cet aveu me libérerait mais je ne peux m'y résoudre.

Un jour, pourtant, il faudra bien le dire...

CHAPITRE XI

EYAS

Wahat al-Salam Neve Shalom (septembre 1982)

Une quinzaine de familles sont maintenant installées à Wahat al-Salam Neve Shalom et le père Bruno Hussar, qui vit à Jérusalem, vient régulièrement leur rendre visite. Le religieux a la certitude que son projet est sur de bons rails et il en a délégué la gestion à Ilan, Nava, Abed, Eitan et quelques autres dont je fais partie. Les sessions que j'organise à l'École de la Paix attirent de plus en plus d'étudiants. Je note qu'Arabes et Israéliens sont à peu près à parts égales.

Beaucoup me confient qu'ils viennent volontiers et sans réserve jusqu'ici parce qu'ils n'ont pas l'impression de « venir chez l'autre ». Cette réflexion constitue pour nous une première étape de gagnée. Nous avons réussi à dénationaliser Wahat al-Salam Neve Shalom. Le lieu appartient à tous. Ni juif ni palestinien, il est juif et palestinien. Parfaitement neutre. Chacun peut y assumer, y exprimer son identité à l'abri des passions et des provocations. Bien loin de tendre vers une identité commune, nous demandons au contraire à ceux qui suivent notre enseignement de réfléchir sur leur identité propre, de déterrer les racines enfouies au plus profond d'eux-mêmes afin d'expliquer à tous qui ils sont, d'où ils viennent, ce qui leur est cher ou indispensable, et pourquoi. Notre objectif n'est pas qu'un Arabe dise, après avoir suivi nos rencontres : « Je suis devenu juif », mais qu'il affirme : « Je sais pourquoi mon ami est juif, et je sais pourquoi il le revendique. » Et vice versa, bien sûr.

J'ai la certitude que seule cette démarche nous conduira vers la paix et que nous sommes en avance sur notre temps car elle reflète un état d'esprit général dont le pays prendra un jour conscience. Nous avons besoin de paix, et cette paix s'imposera. Celle signée avec l'Égypte prouve que des accords sont possibles entre hommes de bonne volonté.

C'est ce que je ne cesse de me répéter lorsque, le 14 septembre, j'apprends que le président Bachir Gemayel vient d'être assassiné à Beyrouth. Une bombe, commandée à distance, a été placée dans un appartement vide, au-dessus de celui où il tenait une réunion. Tout l'immeuble s'est effondré causant la mort d'une dizaine de personnes. Je ne me fais aucune illusion, cet attentat va relancer le cycle de la violence alors que le pays est à peu près calme malgré la guerre du Liban opposant Israël à l'OLP.

En quelques années cette organisation s'était implantée dans le sud de ce pays au point d'y créer un État dans l'État. Les chefs de l'organisation avaient pignon sur rue à Beyrouth-Ouest d'où ils commandaient une véritable armée. Régulièrement leurs commandos s'infiltraient en Israël pour des opérations coups de poing qui entraînaient immédiatement des ripostes israéliennes. Observateur attentif, la Syrie d'El-Assad soutenait quelquefois l'OLP contre Israël, et naviguait à vue dans ce monde trouble.

Étrange situation où les intérêts du moment de chacun conduisaient à une guerre molle ponctuée d'opérations coups de poing plus qu'à des affrontements réguliers. Pour les Syriens, l'OLP était un allié encombrant ; utile parce qu'il harcelait Israël, mais dangereux parce qu'il pouvait représenter une menace pour les pouvoirs en place au Proche-Orient si on lui laissait trop de champ. Moyennant quoi, Syriens et Israéliens se tenaient respectivement sous la menace de leurs armes, mais aucun des deux n'avait intérêt à déclencher des hostilités qui auraient fait le jeu d'Arafat.

Pour le gouvernement de Menahem Begin, la menace de l'OLP était cependant bien réelle et le leader de l'État hébreu ne pouvait tolérer ce danger permanent sur sa frontière nord. Il a donc intensifié la lutte et obtenu le retrait des autorités palestiniennes de Beyrouth à la fin du mois d'août 1982, grâce à l'appui des grandes puissances occidentales.

Mais les Israéliens suspectaient Arafat d'avoir laissé des agents infiltrés et des hommes de main dans la capitale libanaise. Pour en finir une fois pour toutes, ils avaient imaginé un plan : amener au pouvoir les Phalanges chrétiennes maronites, farouchement hostiles à Arafat, et les aider ensuite à se débarrasser des Palestiniens qui s'entassaient encore dans les camps, ce dont ils ne se priveraient pas.

Rondement mené, le projet avait abouti. Élu à la présidence le 14 septembre, Béchir Gemayel allait prêter serment quand il fut assassiné par Habib Shartouni, un agent des Syriens. La Syrie voyait cette fois d'un très mauvais œil l'alliance israélo-libanaise se mettre en place et avait décidé d'en interrompre radicalement le processus. L'entente allait rompre les équilibres et Gemayel avait clairement indiqué qu'une fois élu il raserait les camps de réfugiés palestiniens et expulserait tous leurs occupants manu militari vers la Syrie. El-Assad n'entendait pas récupérer sur son territoire quelque trois cent mille indésirables proches de l'OLP. Il a donc bouleversé les plans en faisant éliminer Gemayel.

Cette mort prend les Israéliens de court mais leur réaction est immédiate et, elle aussi, radicale. Ministre de la Défense, Ariel Sharon propose aussitôt à Begin d'envoyer des troupes dans le Sud-Liban pour sécuriser la frontière. Une fois dans la place, sans en référer au gouvernement, il prend l'initiative d'étendre son action et de « nettoyer » Beyrouth-Ouest. L'opération ne présente pas de risques majeurs, depuis le départ d'Arafat les Syriens se sont retirés de la ville. Israël peut, de surcroît, compter sur le soutien total des Phalangistes qui veulent déjà porter au pouvoir Amine Gemayel, le frère de Bachir assassiné.

La réalisation du plan ne traîne pas. À l'aube du 15 septembre, moins de vingt-quatre heures après la mort du président, l'armée israélienne occupe les quartiers arabes de Beyrouth-Ouest. Reste à appliquer la phase la plus délicate de l'opération : la destruction et l'évacuation des camps de réfugiés. Même s'ils en meurent d'envie, les Israéliens ne peuvent pas, politiquement, se charger eux-mêmes de ces basses œuvres. Sollicitée, l'armée régulière libanaise se défile. Les autorités israéliennes se tournent alors vers les Phalanges qui n'attendaient que ce feu vert pour se précipiter sur leurs ennemis de toujours et les exterminer.

On sait aujourd'hui que certains ministres et hauts responsables ont mis Sharon et Begin en garde : « Ne faites pas cela, ce sera un carnage, un bain de sang. » Mais nul ne les a écoutés et des Phalangistes se sont rués, le fusil mitrailleur Uzi à la main, sur les camps de Sabra et de Chatila pour y commettre de véritables massacres. Après la tuerie, le gouvernement israélien a d'abord tenté de masquer la vérité puis, les informations se faisant de plus en plus précises et concordantes, chacun a fui ses responsabilités, rejetant la faute sur l'autre, jurant de n'être en rien concerné. L'opinion internationale s'est déchaînée contre Israël cependant que les photos du charnier s'étalaient en première page de tous les journaux. En découvrant ce qui s'était réellement passé, les Israéliens avaient eu honte de leur gouvernement. Quatre cent mille personnes avaient défilé dans les rues de Tel-Aviv pour demander des comptes à Sharon et Begin. Acculés, les deux hommes ne pouvaient plus se défiler et une enquête avait été ordonnée.

Elle révéla que, non seulement, dans la nuit du 16 au 17 septembre les autorités militaires israéliennes avaient laissé filer cent cinquante Phalangistes fanatisés vers les camps, connaissant parfaitement leurs intentions, mais qu'elles leur avaient ensuite éclairé le chemin en tirant des fusées traçantes. Des démons ivres de haine s'étaient alors livrés aux pires abominations, tuant, violant. Désarmés, surpris dans leur sommeil, les réfugiés n'étaient plus que du bétail pris au piège de l'abattoir.

Des conversations téléphoniques saisies par la commission d'enquête ont prouvé que cette tuerie n'était pas seulement imputable à une poignée de fanatiques hystériques mais qu'elle avait été « couverte », voire souhaitée, par certains responsables. Sur des bandes, on entend des hommes demander par téléphone à leurs supérieurs : « J'ai des captifs, il y a des femmes et des enfants, j'en fais quoi ? » Et les réponses tombent. Un officier hurle : « Je te l'ai déjà dit. J'ai été clair, non ? Je ne veux plus entendre cette question. » Un autre est moins agressif mais tout aussi odieux : « Que la volonté de Dieu soit faite... »

On ne saura jamais le nombre exact de victimes dans ces camps de Sabra et de Chatila. Certains avancent quatre cents morts, d'autres sept cents à huit cents. À ce stade les chiffres ne signifient plus rien.

Après de telles révélations, qui prouvent bien la détermination des Israéliens à nous éliminer physiquement, j'espérais que le Premier ministre et son ministre de la Défense démissionneraient. Eh bien non. Estimant qu'ils n'avaient pas ordonné de tels débordements et ne pouvaient que les déplorer, ils restèrent en place. Seuls quelques lampistes furent sanctionnés, c'est-à-dire, dans le pire des cas, démis de leurs fonctions, mais replacés aussitôt discrètement à un autre poste.

Devant de telles horreurs quasiment impunies, j'avoue que j'ai du mal à me consacrer à mon enseignement de la Paix, à mes illusions de tolérance, de compréhension, de respect mutuel. J'en fais part à mes amis qui s'interrogent également. Nous nous réunissons pour étudier longuement la situation et, petit à petit, l'espoir revient. Plutôt que de baisser les bras, il faut relever la tête. Après tout, quatre cent mille Juifs sont descendus dans la rue pour crier leur dégoût devant ces massacres. On ne l'avait jamais vu en Israël. Qu'ils le veuillent ou non, les dirigeants seront bien obligés d'en tenir compte, même si les plus cyniques font remarquer que l'objectif fixé est atteint et que c'est là l'essentiel. J'entends bien leur discours, il me dégoûte et je préfère retourner à mon école.

*
**

EVI

Jérusalem (septembre 1982)

Ce que les Phalangistes ont fait dans les camps de Sabra et de Chatila est abominable. J'ai honte que mon pays soit mêlé à ces massacres, qu'il les ait suscités voire, peut-être, encouragés. Je suis allée manifester mon indignation dans la rue et j'espère que des sanctions seront prises contre les responsables de ce bain de sang. Mais je ne peux m'empêcher d'associer l'OLP à ma colère. Les attentats aveugles se succèdent en Israël et partout dans le monde, causant eux aussi la mort de dizaines, de centaines d'innocents, et cela, il est impossible de l'oublier. Aujourd'hui j'accuse nos dirigeants mais demain je sais que je devrai condamner les auteurs d'un nouvel attentat, d'une nouvelle boucherie. Je ne supporte plus cette haine qui finit par me perturber psychiquement.

Depuis quelque temps, un étrange rêve récurrent hante mes nuits : je suis enfermée dans une maison et chassée d'une pièce à l'autre par Hitler, puis celui-ci sort, et c'est Arafat qui vient le remplacer. Ce cauchemar me poursuit toujours.

Malgré notre réelle indignation devant ce qui vient de se produire au Liban, nous ne devons pas perdre de vue que les victimes d'aujourd'hui sont nos bourreaux d'hier et certainement de demain. Si je milite à Beth Hillel, si je me consacre à Neve Shalom Wahat al-Salam, ce n'est pas pour nier cette réalité mais, au contraire, pour la dénoncer afin qu'elle disparaisse. L'approche est tout à fait différente mais j'ai la conviction croissante que je vais dans la bonne direction. Les sinistres événements du Liban m'incitent à me rapprocher encore plus de Neve Shalom Wahat al-Salam.

Mon poste d'assistante sociale à mi-temps que j'occupe depuis 1981 au ministère de la Santé me permet de répartir mon temps équitablement entre mes différentes activités, mes fonctions de thérapeute complétant un emploi du temps bien rempli.

J'ai pris l'habitude de passer les week-ends avec Eyas dans sa petite chambre à Neve Shalom Wahat al-Salam. À maintes reprises j'ai pensé habiter définitivement avec lui, mais je suis effrayée par la perspective de cet engagement, de tout ce qu'il représente. J'ai évoqué le problème avec Eyas et mes amis les plus proches afin d'évacuer définitivement cette idée, mais le refus de cohabiter ne résiste pas à l'évidence : nous ne passons plus seulement les week-ends ensemble, mais les jours fériés, les vacances, et même quelquefois les jours ouvrables. Bref, tous les prétextes sont bons pour que je reste avec Eyas. Il est donc inutile d'entretenir l'hypocrisie et l'ambiguïté : le 18 mai 1983, veille de l'anniversaire d'Eyas, je range mes bagages dans le coffre de ma voiture, je vais habiter à Neve Shalom Wahat al-Salam.

Le lendemain, à 7 heures, je frappe à sa porte un bouquet à la main :

– Joyeux anniversaire Eyas !

À moitié endormi, il ne réalise pas bien ce qui arrive et m'interroge :

– C'est gentil, mais que fais-tu là si tôt ?

– J'ai une surprise pour toi.

– Quoi donc ?

– Elle est dans ma voiture. Un cadeau pour ton anniversaire. Viens le chercher, je ne peux pas le porter seule.

– C'est si lourd ?

– Tu m'as dit un jour que les Arabes aimaient les gros cadeaux...

– ... Lors d'un retour de voyage.

– Va savoir...

Quelques secondes plus tard, Eyas aperçoit ma voiture qui croule sous le poids des bagages.

– Tu quittes le pays ?

– Non, je vais vivre avec toi. Ici.

Mon installation révèle au grand jour ma liaison avec Eyas. À compter de ce moment nous nous serrons dans la même petite chambre.

Nous parvenons à supporter cet inconfort en regardant résolument vers l'avenir. Pour l'instant, les maisons sont communautaires, elles appartiennent à notre association et sont allouées à chaque famille, ou chaque membre, en fonction de ses besoins. Mais le problème du logement a déjà été abordé et il nous semble évident que si nous gagnons notre pari, si Neve Shalom Wahat al-Salam se développe, nous reverrons ce système et nous nous dirigerons certainement vers la propriété individuelle sous une forme ou sous une autre. Ce sera à nous de définir les modalités, mais d'ores et déjà, comme nous ne sommes pas une secte, nous comprenons que chaque foyer souhaite un minimum d'indépendance dans le cadre de notre communauté. Certes, rentrer dans « sa » maison, c'est déjà se diviser, mais nous ne sommes pas des rêveurs inconscients et nous saurons nous adapter.

Pour l'heure, à chaque assemblée générale, nous évoquons l'aménagement du village : adduction d'eau, raccordement au réseau électrique, construction d'une route goudronnée, adhésion à un système de ramassage des ordures ménagères... Seul problème : tout cela coûte cher et nous ne vivons que sur nos propres deniers et les dons que nous recevons. L'État d'Israël ne nous verse aucune subvention. Pour lui, nous n'existons pas puisque nous sommes installés sur un terrain privé. De plus, l'expérience marginale que nous menons dérange les autorités qui ne se précipitent donc pas pour nous aider.

Menahem Begin a bien répondu personnellement à l'une de nos demandes de subventions, mais pour dire : « Vous venir en aide tant que vous vivez sur les terres d'un monastère serait contraire à la loi. Il s'agirait d'une aide au secteur privé. En revanche, si votre village se déplace en Galilée et se reconstitue sur l'un des vastes espaces libres que nous proposons, il bénéficiera immédiatement de toutes les aides prévues par notre législation. » Cette proposition est inacceptable pour nous et Begin le sait. Les « espaces » en question sont pour la plupart des terres de Galilée dont les propriétaires ou locataires arabes ont été expropriés. Nous ne pouvons cautionner de telles méthodes.

Nous progressons donc à notre rythme en utilisant au mieux les moyens du bord, et en restant attentifs à la moindre dépense. Un budget est prévu par la communauté pour rémunérer ceux qui travaillent sur le site, soit dans l'intérêt général, soit à l'École de la Paix. Mais nous avons admis comme principe que le salaire serait égal pour tous, quelle que soit la fonction occupée. Nos traitements sont très modestes et nous obligent quasiment tous à conserver un emploi parallèle à Jérusalem ou Tel-Aviv. Ce n'est qu'à ce prix que nous pouvons vivre correctement et faire des projets comme tous les couples du monde.

Ceux que nous formulons actuellement avec Eyas sont à courte vue : afin d'élargir notre espace vital nous allons grappiller les chambres voisines de la nôtre au fur et à mesure qu'elles seront libérées par des volontaires. En quelques mois, nous devrions ainsi arriver à vivre dans ce qui ressemblera à un appartement en attendant que le village s'oriente vers la propriété privée. Hypothèse que nous évoquons comme tous nos amis.

J'apprends à cette occasion que Eyas a déjà entrepris la réalisation d'un logement au-dessus de la maison de ses parents à Tira et, dans notre nouvelle optique, je ne vois plus l'utilité d'un tel investissement. Je le lui fais remarquer et je me heurte au mur de la tradition :

– Un Arabe doit construire sa propre maison avant de se marier. J'ai commencé à bâtir la mienne à Tira, je la terminerai. Mon père ne comprendrait pas que j'arrête, il en serait mortifié. Ce serait pour lui un affront, une honte aux yeux de tout le village.

Économiquement cela me semble une aberration mais je sens que je touche un point sensible non négociable et je n'insiste pas. D'ailleurs, je ne vois pas au nom de quoi j'imposerais mes décisions à Eyas. En revanche, je le préviens d'entrée :

– Je ne sais pas ce que nous réserve notre destin, mais je sais que je n'irai jamais habiter à Tira au-dessus de la maison de tes parents.

– Je ne te le demande pas, mais cela ne change rien à mes engagements. Il ne s'agit pas d'un investissement matériel, mais culturel.

Nous en restons là et je me promets de ne plus jamais faire le moindre commentaire sur cette demeure familiale. De toute façon, dans les mois qui suivent, nos activités sont telles que nous n'avons guère le temps de nous préoccuper de notre logis.

Je ne vois pas les jours passer lorsque je réalise brusquement qu'une année s'est écoulée, que le printemps est déjà là et que nous approchons du 14 mai, jour anniversaire de la création d'Israël. Dans tout le pays l'on va danser, chanter, s'amuser. La commémoration de notre indépendance est toujours célébrée avec faste et je souhaite aussitôt organiser la fête à Neve Shalom Wahat al-Salam. Toute heureuse de cette idée, je la confie le soir même à Eyas au cours de notre dîner. Sa fourchette reste en suspens. Il me fixe, je le vois blêmir, puis il articule lentement en détachant bien les mots :

– Tes jours de fête sont mes jours de deuil.

Tout se bouscule alors dans ma tête. Je suis incapable de répondre, je réalise tout le chemin qu'il nous reste à parcourir pour vivre ensemble à Neve Shalom Wahat al-Salam. Quand l'émotion qui me noue la gorge s'estompe enfin, j'interroge Eyas :

– Mais nous sommes israéliens, si nous ne participons pas aux festivités ce sera une trahison envers la patrie !

– Tu es Juive israélienne, moi je suis de « nationalité israélienne ». Le passeport de mon père était palestinien. Je ne te l'ai jamais fait remarquer pour ne pas t'ennuyer, mais je n'ai jamais fêté ce jour avec toi depuis que nous nous connaissons. Souviens-toi, j'ai toujours trouvé un prétexte pour m'absenter et m'enfermer chez moi, à Tira, avec les miens. Nous, Arabes, nous appelons cette journée le Yom Al-Nakbah, le jour de la catastrophe. Tous nos malheurs ont commencé avec ce jour maudit. Nous avons été spoliés, volés, jetés sur les routes, nos maisons ont été brûlées... Tu ne peux pas me demander de fêter ça, ni même d'assister à tes fêtes. Tu crains de trahir ta patrie et tu voudrais que je trahisse mon peuple ?

Pour la première fois, nous nous heurtons à un problème majeur et je vais aussitôt en discuter avec mes amis juifs. Jusque-là, le problème ne s'était pas posé parce que la communauté restait embryonnaire mais cette année notre groupe se compose de vingt-trois familles dont neuf arabes et nous risquons un affrontement le 14 mai. C'est très grave, il faut immédiatement désamorcer cette bombe.

Dès le lendemain des émissaires parcourent le village et sondent les intentions de chacun. Il apparaît clairement que, malgré leur ouverture d'esprit, les Arabes ne veulent pas entendre parler de fête, et ils s'opposent surtout à ce que le village pavoise. Tout drapeau brandi ou accroché sur une façade serait ressenti comme une insulte et ruinerait tous nos efforts de vie intercommunautaire.

Le danger se précise et nous sentons tous que l'existence même de notre village est en jeu. En accord avec les différents responsables de la communauté, nous organisons immédiatement une réunion exceptionnelle et convoquons toutes les familles chez l'un des membres du village. J'avoue que j'ai très peur...

Le soir, nous nous installons en silence sur des bancs disposés en cercle. La tension est extrême, nous n'osons même plus nous regarder, chacun fixe le bout de ses souliers. L'un des participants s'apprête à ouvrir le débat lorsque l'un de nos compagnons se lève, va au centre du cercle et dépose calmement une étoile de David sur le sol. Puis il fait le tour de l'assistance en dévisageant chacun et lance, pointant le doigt vers l'étoile :

– Il faut la regarder en face. Elle existe et ce n'est pas en la cachant que nous la détruirons. Elle est un symbole. Il ne suffit pas de dire qu'à ce titre elle dérange, il faut expliquer pourquoi. Neve Shalom Wahat al-Salam n'a pas de raison d'être si l'on y reproduit les schémas de l'extérieur que nous avons fuis. Si nous quittons cette pièce sans avoir résolu nos problèmes autant fermer nos maisons dès demain, nous aurons échoué.

Le discours a sonné clair et l'orateur regagne son banc dans un silence glacial. Nous sommes tous sous le choc et, comme mes amis, je fixe cette étoile à six branches qui me fascine. Une personne réagit, se lève et donne son point de vue. J'observe Eyas. Il se lève et, à son tour, réaffirme ce qu'il m'a dit la veille au dîner. Il est déterminé et détaille posément ses arguments.

Aucune trace de haine ne perce dans ses propos. Il s'en tient à l'Histoire et aux ressentiments qu'il juge légitimes. Il parle longuement avant qu'un Juif lui réponde point par point, acceptant certains arguments et en réfutant d'autres. Ensuite les prises de parole s'enchaînent, les points abordés sont précis, le ton est grave, les discussions sont serrées, le débat est animé mais, au fil des minutes, je le sens constructif parce que nul ne s'emporte et que chacun écoute. Les principes que nous nous imposons dès notre arrivée au village, que nous enseignons, sont en train de porter leurs fruits.

La réunion s'éternise mais personne ne voit les heures passer. Le jour se lève lorsque nous quittons la pièce en nous embrassant : nous avons gagné. Neve Shalom Wahat al-Salam est sauvé parce que nous sommes « d'accord pour n'être pas d'accord ».

La formule peut paraître simpliste ; elle résume pourtant nos débats et marque un tournant capital dans la vie de notre communauté. Pour ma part je n'hésite pas à parler de renaissance. Eyas préfère dire que nous sommes sortis de l'adolescence, que nous sommes devenus plus matures.

Avant notre réunion nous ne souhaitions voir que ce qui nous réunissait. Maintenant nous acceptons de considérer ce qui nous sépare et, en premier lieu, nous, Juifs, devons enregistrer et admettre une fois pour toutes que nous ne partageons pas notre village avec des Arabes israéliens mais avec des Palestiniens. J'y avais déjà vaguement pensé, mais cette notion me paraissait accessoire. Elle est pourtant essentielle.

Comme beaucoup de mes amis juifs, j'estimais, quelquefois, que les Arabes d'Israël ont tort de se plaindre, qu'ils devraient même remercier le ciel de vivre en Israël où ils bénéficient des bienfaits du formidable développement économique. Du travail, de l'argent, rien ne leur manque. Comparés aux Arabes des pays voisins, ils sont de véritables nababs et feraient bien d'en prendre conscience. Leurs sempiternelles revendications m'apparaissaient comme de l'ingratitude.

J'étais très loin du véritable problème. Je n'en voyais que la manifestation sans en chercher la cause. Ce n'est pas de l'argent ni du confort que les Palestiniens réclament, c'est le droit à leur identité nationale, la reconnaissance de leur existence propre. Je l'ai enfin compris lorsque Eyas ce soir-là a souligné :

– Mon père avait un passeport palestinien mais à l'école on m'a enseigné l'histoire des Grecs, des Romains, des Juifs, des Égyptiens, jamais celle des Palestiniens, comme s'ils n'avaient jamais existé, comme s'ils n'étaient que légende.

Voilà le cœur du problème. Les Palestiniens n'ont que faire de nos bienfaits qu'ils ressentent au contraire comme une forme de tutelle infamante ; ils veulent être reconnus et ils nous ont expliqué ce soir que c'est bien pour cela qu'ils tiennent tant à préserver leurs différences, témoignage de leur passé, expression de leur culture. Nous sommes donc convenus que, pour vivre ensemble en paix, chacun devait accepter le risque du désaccord.

– Le jour de votre fête de l'Indépendance, faites un feu de joie si vous voulez, nous a encore dit ce soir un Palestinien, mais ne nous y invitez pas.

Seules les commémorations à connotation politique, ou historique, posent problème. En ce qui concerne les fêtes traditionnelles, nous sommes tombés d'accord pour que chacun les célèbre où il veut, laissant à tous le choix de s'y associer ou de les éviter.

En terme de psychothérapie, je dirai que notre communauté est sortie de sa phase symbiotique. On peut comparer son évolution à celle du couple où, dans un premier temps, on ne prend en compte que ce qui rapproche, occultant tout ce qui pourrait diviser, avant de définir et reconnaître les différences. Si l'amour est le plus fort, le couple vit, résiste, se renforce et s'épanouit. Sinon il se brise. Voilà l'étape que nous venons de franchir. Nous ressortons plus forts de l'épreuve et je suis certaine que nous allons mieux respirer.

Tous mes conflits existentiels ne sont pas résolus pour autant. Cette soirée réveille même, au contraire, mes vieilles contradictions.

Je trouve anormal que l'on m'ait remis un passeport israélien aussitôt après mon arrivée à Jérusalem, au seul titre du droit au retour, parce que mes ancêtres étaient censés habiter là, il y a deux mille ans, alors que l'on refuse ce droit à la famille d'Eyas dont le grand-père vivait là de façon formelle il y a quelques années. Cela me semble profondément injuste et je comprends que les Palestiniens revendiquent un territoire.

Certes, je me bats et me battrai pour que mon peuple dispose d'un pays sûr, aux frontières incontestables et incontestées, mais je refuse qu'il soit construit au détriment des Palestiniens. Cette spoliation me semble aussi odieuse que celle que mon grand-père médecin a subie lorsqu'on lui a volé son cabinet, en Allemagne, pendant la guerre.

Cette noble pensée m'honore. Mais en même temps elle me glace le sang. Si un État palestinien voit le jour à nos frontières combien de réfugiés éparpillés à travers le monde vont s'y précipiter ? Des centaines de milliers sûrement qui, comme nous, rejoindront la terre promise ; des centaines de milliers qui à nouveau menaceront l'intégrité d'Israël, contesteront mon identité. Je n'ose imaginer un tel scénario et je ne sais plus comment concilier l'inconciliable, comment adapter mes grands principes à la réalité du terrain.

*
**

EYAS

Wahat al-Salam Neve Shalom (mai 1984)

Devenue indispensable à la veille des fêtes de l'Indépendance, notre réunion d'hier soir s'est révélée riche et fructueuse. Les arguments qui ont été exposés et les idées qui ont été exprimées vont me permettre d'élaborer un cours sur la citoyenneté à l'École de la Paix. Nos débats ont permis de faire sauter un obstacle majeur qui mettait en péril toute notre institution. Le point de blocage est déverrouillé, nous pouvons à nouveau nous tourner vers l'avenir et, dans l'immédiat, c'est l'avenir de nos enfants qui me préoccupe.

Jusqu'à présent, nos petits s'ébattaient sans souci dans notre jardin d'enfants, sous la surveillance de deux nourrices, l'une arabe et l'autre juive. Mais à la prochaine rentrée scolaire, onze d'entre eux vont intégrer l'école primaire, ce qui nous pose problème car il n'existe aucune école en Israël réunissant des enfants arabes et juifs dans le même enseignement. Ainsi nos petits Palestiniens devraient se rendre à l'école arabe la plus proche, celle de Ramleh, alors que nos petits Juifs iraient à l'école de l'un des kibboutz voisins. Le problème ne se posera pas cette année car la première promotion d'enfants ne comporte que des Juifs, mais dès l'an prochain de petits Palestiniens quitteront le jardin d'enfants. Il est donc inutile d'attendre.

Nous refusons une division que nos gosses vivraient mal et qui ruinerait tous nos efforts d'éducation commune. Afin de l'éviter, il n'existe pas trente-six solutions : nous devons ouvrir notre propre établissement, ce qui tombe bien mal car notre budget n'a jamais été aussi serré. Une fois de plus, il nous faut donc aller tirer les sonnettes. Les associations amies de Wahat al-Salam Neve Shalom en Europe et aux États-Unis que notre expérience intéresse beaucoup nous viennent en aide en activant les réseaux de mécènes qu'elles connaissent. Les dons affluent et nous permettent de faire face aux monceaux de difficultés qui se présentent. Deux membres du village, Abed et Ety, se sont attelés au projet de notre école privée. Pour obtenir l'agrément des autorités, celle-ci doit répondre à des normes de sécurité et d'hygiène précises. Nous ne pouvons compter sur aucune indulgence, ce que nous ne souhaitons d'ailleurs pas, dans le simple intérêt de nos petits.

Nous nous lançons ainsi dans une série d'investissements qui vont révolutionner notre village. Nous allons être raccordés au réseau électrique et à celui de l'eau, et une route asphaltée extrêmement sinueuse de quatre kilomètres va nous relier à la civilisation. Nous en profitons pour faire goudronner également les rues principales du village, ce qui va améliorer considérablement notre quotidien les jours de pluie. Wahat al-Salam Neve Shalom s'humanise.

Lorsque les premiers tractopelles rugissent au bout du chemin, poussant devant eux leurs masses de terre, je ressens une réelle émotion. Des sentiments mêlés de bonheur et de fierté m'envahissent. Ce village est le nôtre, il est le reflet de nos idées et il prend corps, il s'anime, sous mes yeux. Plus rien ne pourra nous arrêter, j'en ai la conviction.

Au début du mois de septembre l'inauguration de notre école revêt vraiment un caractère exceptionnel. Décoré de ballons multicolores, tout le village est en fête. Des dizaines d'amis viennent partager notre joie et, à titre privé, les ambassadeurs des États-Unis, d'Allemagne, de Suisse et de France nous font l'honneur de se joindre à nous.

Nos deux enseignants, Abed et Ety, l'un Arabe et l'autre Juive sont particulièrement à l'honneur. Ils rayonnent de joie en passant d'un groupe à l'autre.

Très vite l'un de nos invités me pose une question à laquelle j'avais déjà réfléchi :

– Comment allez-vous enseigner l'histoire du pays aux enfants ?

– Ils sont encore trop jeunes, la question se posera dans deux ans. Nous avons le temps d'y réfléchir, mais je pense que le plus simple sera de dire la vérité. Nos structures et notre mode de pensée devraient nous permettre de la définir en commun sans passion. Mais il est certain que ce ne sera pas simple.

Nous n'en sommes pas encore là. Dans l'immédiat, il convient déjà d'assurer le démarrage de l'école et de veiller à sa bonne marche. Chaque chose en son temps. Pour moi, la prochaine étape devrait être l'ouverture du village vers l'extérieur.

Tant que nous n'avions pas les reins solides, notre politique consistait à rester discrets afin de ne pas agacer nos adversaires. Pour vivre heureux nous vivions cachés. Afin d'éviter le moindre faux pas qui aurait pu nous mettre hors la loi et nous conduire à une condamnation, voire à une expulsion, nous demandions même l'avis d'un avocat avant toute décision. Mais aujourd'hui, nos structures étant fiables et notre village aux normes, il me semble que nous devons nous faire connaître davantage, c'est la seule façon de nous développer et d'attirer de nouveaux membres. J'en parle lors de notre assemblée générale et, après concertation, le principe d'une journée portes ouvertes est accepté. Nous convenons qu'elle sera organisée au printemps 1985.

Wahat al-Salam Neve Shalom s'en va-t-en-Paix...

CHAPITRE XII

EYAS

Wahat al-Salam Neve Shalom (mai 1985)

C'est pour demain. Après quelque neuf mois de préparatifs, de concertation, de réflexion, Wahat al-Salam Neve Shalom va ouvrir ses portes vers l'extérieur.

Accompagné de Ilan, je parcours une dernière fois les rues de notre village pour vérifier que tout est en ordre. A priori nous sommes prêts. L'organisation de cette journée portes ouvertes nous a demandé beaucoup de travail, parce que nous n'avons pas le droit à l'erreur. Notre village n'est plus tout à fait anonyme, mais sa réputation se limite tout de même à un cercle restreint. Cette initiative va nous placer sous les feux des projecteurs et nous savons que les détracteurs ne vont pas manquer. Il ne faut pas prêter le flanc à leurs critiques. Depuis des mois nous nous efforçons de prévoir les questions et les attaques pour mieux préparer notre défense. Pour cela, nous avons obligé certains d'entre nous à jouer les avocats du diable. Il nous est interdit d'être pris au dépourvu. En aucun cas nous ne devons avoir à nous justifier, et encore moins à donner cette impression. Nous ouvrons nos portes pour montrer et démontrer qu'une autre voie existe pour l'avenir, et non pour la visite guidée d'un zoo. Le pari est risqué mais nous nous sentons forts, sûrs de nous, et notre action ne se justifie que si nous progressons. Notre village n'a pas été créé pour se limiter à un épiphénomène que l'on observe avec curiosité et condescendance, mais au contraire pour rassembler autour de lui, se développer et essaimer. Nous avons pris le temps d'apprendre, nous devons maintenant enseigner.

Le lendemain matin, les premiers visiteurs débarquent au village dès 9 heures et nous y voyons plutôt un bon présage. Ils sont aussitôt pris en charge par les responsables du comité d'accueil qui les ventilent vers les différents stands que nous avons mis en place. Des conférences et des débats sont prévus tout au long de cette journée. Entre chaque intervention chacun peut visiter nos installations à sa guise et nous constatons rapidement que nos invités ne s'en privent pas. Ils veulent tout voir, poussent les portes des maisons, ouvrent les cahiers des écoliers, se pressent dans les locaux administratifs, s'enquièrent du fonctionnement et de la gestion de notre petite cité.

Durant toute la journée, l'auberge de Wahat al-Salam Neve Shalom ne désemplit pas. Elle n'a plus rien à voir avec la gargote des débuts. Sans prétendre aux sommets, elle peut revendiquer le titre de coquet estaminet où l'on sert maintenant une honorable cuisine. Il faut dire que l'arrivée de l'eau courante et de l'électricité a considérablement contribué aux améliorations. Seules les ordures ménagères posent encore problème. Il faut les charger sur une remorque et les évacuer avec un tracteur vers le kibboutz voisin de Nahshon. Nous ne cachons pas ces difficultés à nos visiteurs puisqu'elles font partie des problèmes que nous devons résoudre et nous en profitons pour rappeler à tous que toutes aides et toutes idées sont toujours les bienvenues.

Pendant vingt-quatre heures, Wahat al-Salam Neve Shalom vit dans un véritable tourbillon. Nous accueillons pêle-mêle des étudiants, des familles entières venues par curiosité, des élus politiques de gauche, et un nombre important de journalistes, ce qui laisse augurer du large écho qu'ils vont accorder à notre manifestation.

En tout, cinq mille personnes passent dans notre village, ce qui représente un incontestable succès. Nous en avons très vite la confirmation par les articles élogieux qui nous sont consacrés dans différents journaux. Même les plus réactionnaires nous épargnent. Sans adhérer au projet, ils ne nous condamnent pas et rendent hommage à notre action qu'ils trouvent cependant inutile et vouée à l'échec.

Mais l'essentiel pour nous est d'exister à travers ces écrits. Cette reconnaissance me touche profondément. J'y trouve une récompense et un fol espoir. Nous avons passé l'épreuve avec succès et devons maintenant assumer les engagements que nous avons pris publiquement. Nous ne pouvons plus reculer. L'échec nous est interdit mais nous sommes disposés à relever le défi. Wahat al-Salam Neve Shalom a franchi le cap de l'expérience pour devenir réalité. Evi en est également convaincue.

Cette stabilité nous ouvre des horizons nouveaux. Un soir, pour la première fois nous évoquons notre mariage. Nous n'avions jamais abordé le sujet mais l'un et l'autre y avions secrètement songé. J'avais même beaucoup réfléchi en prévision de cet instant et un mariage me paraissait prématuré. Mes sentiments pour Evi n'étaient pas en cause, mon amour était intact, mais trop d'obstacles familiaux, culturels, religieux se dressaient sur notre route. En concubinage, nous pouvions les laisser de côté puisque chacun gardait une relative autonomie en regard de la société. Mariés, il faudra assumer pleinement notre statut de couple face à nos familles et devant la société. Cela entraînera des complications, des tensions, qui pourront, en définitive, faire voler notre amour en éclats. C'est ce que j'explique à Evi. Elle paraît déçue mais accepte mes explications et convient que le risque existe ; elle est prête toutefois à l'assumer et estime que les obstacles sont surmontables. Elle évoque, par exemple, la possibilité d'aller vivre en dehors d'Israël, là où le problème de la mixité ne se poserait plus. C'est une solution mais j'ai besoin d'y réfléchir encore, et un déplacement arrive à point pour me permettre de prendre du recul.

Je pars sept semaines aux États-Unis avec Ariela afin de récolter de l'argent pour le village. Je vais présenter nos bilans, nos comptes et nos projets à nos mécènes, et donner une série de conférences pour convaincre de nouveaux sponsors de l'utilité et du bien-fondé de notre action.

Ce périple loin de Wahat al-Salam Neve Shalom me fait du bien. J'avais besoin d'espace après les rudes tensions liées à l'organisation de la journée portes ouvertes. L'année a été bien remplie, prendre un peu l'air me rafraîchit et me repose.

Au fil des jours, je sens la pression tomber et les difficultés s'estomper. Petit à petit, je relativise les obstacles, les ramène à de plus justes proportions et en arrive à repenser à l'éventualité d'un mariage avec Evi.

Devons-nous sacrifier notre bonheur au nom de principes établis par d'autres et que nous rejetons ? Devons-nous accepter le diktat de nos familles, qui nous empoisonne la vie, ou nos parents doivent-ils s'incliner devant nos choix puisqu'ils ne les concernent en rien ? Que nous reproche-t-on ? De nous écarter du droit chemin dans lequel on pousse le troupeau depuis des siècles ; de préférer le théorème au postulat. C'est nous qui sommes dans le vrai. Evi a raison, nous devons nous libérer du carcan, briser nos chaînes et vivre nos passions en toute liberté. Nous allons nous marier. Je le lui dirai dès mon retour.

*
**

EVI

Neve Shalom Wahat al-Salam (juillet 1985)

Eyas est parti hier soir pour les États-Unis. Au succès de la journée portes ouvertes, j'aurais aimé joindre la perspective d'un mariage, mais je comprends les réticences de mon compagnon et je vais moi aussi prendre un peu de champ avec Neve Shalom Wahat al-Salam, ce qui me fera le plus grand bien après toutes ces fatigues. Je pars me reposer trois semaines chez mes parents à Zurich, et ma décision est prise : tandis qu'ils continuent de me dissuader de vivre avec Eyas je vais leur confirmer que notre liaison est solide, même si le mariage n'est pas à l'ordre du jour. Jusqu'alors j'entretenais l'équivoque, je laissais planer le doute ce qui ne faisait que nourrir un climat pesant et nous confinait dans une situation détestable pour tous. Je ne supporte plus de devoir exclure mon compagnon. Lorsque mes parents venaient à Jérusalem, je devais débarrasser à la hâte les quelques affaires d'Eyas que nous avions laissées à l'appartement et sortir presque en cachette avec lui pour ne pas choquer mes parents, ce qu'il supportait de moins en moins, à juste titre. Je vais donc clarifier la situation, mais je m'attends à des grincements de dents.

C'est à mon père que je confie d'abord mon secret, un matin, alors que ma mère est absente. Il est effondré :

– Je m'en doutais, mais j'espérais encore me tromper. J'ai même préparé ta mère à cette hypothèse, afin que le choc soit moins rude. Dans le pire des cas, j'osais croire à une passade, un flirt, mais je vois que cette liaison dure et, si tu m'en parles, ce doit être vraiment sérieux. C'est une catastrophe. Ta mère ne s'en remettra pas.

Je sais que cette nouvelle va effectivement provoquer un drame et je retarde l'échéance de quelques jours pour que ma mère profite pleinement de ma présence. Un soir pourtant, il faut bien passer aux aveux, d'autant que je sens mon père de plus en plus tendu.

La réaction de maman va au-delà de ce que je craignais : elle ne dit rien, absolument rien. Elle se liquéfie et son silence est assourdissant. Pire que des larmes. Sortant enfin de son mutisme, elle lâche d'une voix caverneuse que je ne lui connaissais pas :

– Ton père ne s'était pas trompé.

Mon père prend à son tour la parole pour me mettre en garde :

– Ta mère et moi ne pouvons accepter cette liaison. Réfléchis bien à ce que tu fais et envisage sérieusement les conséquences inévitables de ton geste.

La suite de mon séjour est détestable. J'ai le sentiment de crucifier mes parents. Mon père ne m'adresse plus l'ombre d'un sourire et ma mère, livide, les traits décomposés, paraît se préparer pour le dernier voyage. J'ai honte du mal que je leur fais, je sais que je détruis leur vie, qu'ils sont mortifiés, humiliés. Je les marque au fer rouge, ils vont à jamais se sentir responsables devant la famille et leurs amis de ma haute trahison.

Tous les jours mon père et ma mère, à tour de rôle ou ensemble, me font la leçon, me supplient ou me menacent, prenant garde toutefois de ne jamais aller trop loin de peur que je me braque et m'enferme définitivement dans mes choix, par provocation.

Le harcèlement moral finit par payer. Mes certitudes s'effritent et le judaïsme que j'avais réussi à mettre de côté remonte lentement à la surface. Mes parents n'ont peut-être pas tort : je suis née juive et suis en train de bafouer cette confession. Je trahis tous les miens au nom de mon seul égoïsme et cautionne par mon attitude les ignobles attentats que les Palestiniens continuent de perpétrer à travers le monde. Je sais qu'Eyas est homme de paix mais il épouse cependant la cause d'Arafat qui répand la haine du Juif, la destruction d'Israël. Si je me marie, un jour ou l'autre je serai écartelée, il me faudra choisir et quel que soit mon choix je serai parjure. Je peux encore éviter ce piège inéluctable. Eyas a raison. Oublions les noces...

De retour en Israël, je vais attendre à l'aéroport de Lod Eyas qui rentre des USA. Il est souriant mais, sitôt sa valise récupérée, il m'indique qu'il doit se rendre à Tira auprès de sa mère malade et m'invite à l'accompagner.

À sa grande surprise je décline l'invitation et je vois aussitôt deux petites rides verticales se former entre ses sourcils. Il plisse le front, comprend que quelque chose ne va pas mais n'insiste pas.

Deux jours plus tard nous nous retrouvons dans nos petites chambres de Neve Shalom Wahat al-Salam où Eyas m'annonce son changement de cap et son intention de m'épouser.

Je ne m'attendais pas à un tel revirement. Désarçonnée, je bredouille :

– J'ai réfléchi, tu avais raison, nous marier serait une erreur...

Nous nageons en plein psychodrame et Eyas lance instantanément :

– Ce sont tes parents qui t'ont si bien conseillée ?

Je ne peux nier. J'essaie seulement d'atténuer leur responsabilité :

– J'ai parlé avec eux de notre liaison et nous avons évoqué un certain nombre de points. C'est vrai que notre situation pourrait très vite devenir intenable.

– J'ai pensé moi aussi aux problèmes qui pourraient survenir. Comme tu me l'avais dit avant mon départ, ils ne me paraissent plus insurmontables. Il est temps d'en parler ensemble.

Pendant de longs moments nous évoquons alors tout ce qui pourrait nous conduire à un conflit. La religion ne pose pas de problème ; nous sommes l'un et l'autre non pratiquants. L'éducation des enfants non plus puisque nous enseignons et valorisons précisément dans notre village une méthode d'instruction intercommunautaire. L'unique point d'achoppement réside bien dans ce refus ancestral de cohabitation entre nos deux peuples. Ce sinistre héritage remonte si loin que l'on finit par en oublier les origines, comme dans ces vendettas corses où le seul patronyme suffit à condamner parce qu'un jour, nul ne sait plus quand, deux ancêtres se sont écharpés pour une chèvre ou un lopin de terre. Nous traînons nous aussi notre haine derrière nous et la transmettons comme un bien sacré à nos enfants. Après notre longue discussion, Eyas et moi sommes bien obligés d'en convenir.

Nous décidons alors de nous soumettre l'un et l'autre à une thérapie de couple afin d'y voir plus clair en nous. Il nous faut l'aide d'un spécialiste pour démêler nos sentiments contradictoires et les mettre enfin en harmonic.

Après quelques séances, notre psychologue en arrive à cette conclusion : elle nous invite à retrouver nos sentiments profonds, à nous y tenir, et nous incite à nous dégager de la pression de notre entourage. Nous devons donc, impérativement, nous libérer de ces contraintes qui nous minent et nous conduisent à l'autodestruction.

Nous nous régénérons grâce à cette thérapie. Elle nous aide à recadrer notre situation et à l'accepter envers et contre tous.

Le mariage de Faleh, qui va être célébré prochainement à Tira, arrive à point nommé. Il va nous permettre de franchir un pas de plus dans la réalisation de nos projets. Eyas va profiter de l'occasion pour me présenter à sa famille. J'ai déjà rencontré ses parents, mais à chaque fois j'étais noyée au sein d'un groupe ; une amie parmi d'autres. Cette fois, la présentation va être plus intime, plus personnalisée.

La démarche est importante. Non seulement une Juive est présentée à une famille arabe, mais elle doit y être la bienvenue. Pour moi, le geste est significatif, je me sens ambassadrice de l'espoir, porte-parole d'une cause en gestation.

Le moment venu, Eyas ne juge pas utile de préciser mes origines, mais elles ne font guère mystère, même si personne ne les mentionne. Faleh les connaît, de même que plusieurs de nos amis communs des associations Beth Hillel et Shoutafout, ou encore quelques adolescents présents au mariage qui ont participé au camp de Nazareth. Tous viennent me saluer dès qu'ils me voient et m'entraînent dans leur sillage, impatients de me montrer deux moutons dorés embrochés que des hommes font lentement tourner au-dessus d'un feu, cependant que d'autres les badigeonnent de sauce à l'aide de chiffons ficelés au bout de longues perches. Je me réjouis de ce spectacle festif – sauf pour les moutons – lorsque Eyas m'arrache à mes amis pour me conduire dans sa maison familiale.

Je trouve d'entrée ses parents accueillants, sympathiques, ouverts. Sa mère respire la générosité. Elle est le reflet de la femme arabe entièrement dévouée à son mari et ses enfants. Souriante et avenante, elle me fait visiter la demeure sans retenue ni protocole.

Ce bain dans cette nouvelle famille que je devrais fuir constitue un moment d'émotion assez exceptionnel.

Je pense à mes parents et je suis certaine qu'eux aussi apprécieraient ces gens s'ils oubliaient un instant qu'ils sont arabes...

*
**

EYAS

Wahat al-Salam Neve Shalom (août 1986)

Profitant d'un moment où ils m'avaient vu seul pendant le mariage de Faleh, mon père et ma mère étaient venus me trouver pour me féliciter sur le charme et la gentillesse de mon amie Evi, en me faisant tout de même remarquer qu'elle était juive, mais sans le moindre commentaire. Et, bien sûr, ils avaient cherché à en savoir un peu plus sur la nature de notre relation. J'avais coupé court à leurs questions en répondant évasivement qu'il n'y avait là rien de sérieux, puis je m'étais enquis de leur santé afin de changer de sujet.

Après ce premier contact, Evi m'accompagne à nouveau plusieurs fois à Tira et, bien que courtoise et aimable, une étrange épreuve de force s'instaure entre mes parents et elle. Partout où nous allons, ils présentent Evi comme mon amie suisse et, à chaque fois, esquissant son désarmant sourire enjôleur, Evi précise :

– ... et juive.

Je sais qu'il ne s'agit pas de provocation. Par cette attitude, Evi invite les témoins à formuler d'éventuelles critiques devant elle et non pas sournoisement dans son dos. Nous assumons pleinement la mixité de notre amour, nous n'avons pas l'intention de la dissimuler et elle entend le faire savoir. Au moins les choses sont claires : c'est à prendre ou à laisser. Ainsi toute ambiguïté est levée et c'est vrai que l'ambiance est beaucoup plus détendue.

Débarrassé de tous problèmes relationnels, je peux à nouveau me consacrer l'esprit libre au développement de Wahat al-Salam Neve Shalom et poursuivre l'ouverture du village vers le monde extérieur.

Pour la rentrée scolaire, nous décidons d'ouvrir l'école aux enfants des villages voisins. La démarche n'est pas simple car nous devons rallier à nos idées et nos conceptions des parents arabes d'Abu-Ghosh et juifs de Nataf, et les convaincre de nous confier l'instruction de leurs enfants. Nous leur laissons tout loisir pour leur éducation.

Pendant des semaines, nous expliquons nos méthodes et nos objectifs et, surtout, nous invitons nos voisins à assister à nos cours afin qu'ils comprennent mieux le but recherché. Notre campagne de recrutement est bonne car une dizaine d'enfants sont inscrits pour la rentrée. Notre message passe mieux à Nataf qu'à Abu-Gosh car le petit village juif se distingue lui aussi en Israël par son côté expérimental en accueillant de la même façon des habitants religieux et non religieux. Le terrain est donc favorable aux principes de la coexistence et de la différence. Cependant, à l'avenir, nous devrons veiller à rétablir la parité Juifs-Arabes dans nos classes. Nous ne devons pas retomber dans le piège des minorités. Nous en avons trop souffert les uns et les autres.

L'école primaire étant sur la bonne voie, entre les mains de nos institutrices, je retourne vers l'École de la

Paix dont j'assume toujours la direction tout en me consacrant également au comité de sélection et d'accueil des nouveaux postulants à Wahat al-Salam Neve Shalom.

Une bonne surprise m'attend dans ce domaine. Un matin, l'un de nos professeurs, Anouar, fraîchement recruté vient se confier à moi :

– Vos idées sont enrichissantes ; j'aime l'esprit de ce village. En accord avec ma femme qui est, elle aussi, conquise, j'aimerais m'installer définitivement parmi vous.

Je cours aussitôt annoncer cette excellente nouvelle à mes amis du village. Un adhérent d'une telle qualité intellectuelle rehausse à coup sûr l'image de marque de notre communauté et nous sommes flattés qu'il choisisse de vivre parmi nous. Petit à petit notre école acquiert ses lettres de noblesse et ce nouveau membre va nous aider à préparer la seconde journée portes ouvertes que nous projetons pour le printemps de 1987.

Pour ma part, je ne serai plus en poste à cette époque à l'École de la Paix. Je suis trop impliqué à Wahat al-Salam Neve Shalom. Mes activités au village me coupent des réalités du pays et je dois impérativement retourner prendre le pouls du quotidien des Israéliens, Arabes ou Juifs. Déchargé de la lourde responsabilité de l'école au début de l'année 1987, j'accepte de prendre en charge la comptabilité du village tout en enseignant parallèlement l'arabe dans un lycée juif de Jérusalem.

Mes journées dans la capitale facilitent de surcroît la promotion de nos journées portes ouvertes que nous souhaitons encore plus réussies qu'en 1985. Sitôt mes cours terminés, je pars à la rencontre des ambassades,

des salles de rédaction, des permanences des partis politiques avec Ilan. Partout nous recevons un accueil favorable et enthousiaste. Les journalistes se souviennent parfaitement de la première édition et nous promettent d'annoncer largement la seconde. Je jubile. J'acquiers rapidement la certitude que nous allons faire mieux et je préviens mes amis du village : nous devons voir grand et il faut que l'intendance suive. Ilan se frotte les mains. Il est prêt à prendre les risques les plus fous pour que Wahat al-Salam Neve Shalom projeté en première ligne de l'actualité soit à la hauteur de ses ambitions et digne de sa réputation grandissante.

La veille de l'ouverture des portes, les camions réfrigérés se succèdent et l'on entasse victuailles et boissons fraîches dans des batteries de congélateurs loués pour la circonstance.

Notre initiative a trouvé un large écho dans la presse et l'opération se présente effectivement comme l'un des événements de cette fin de semaine.

Le matin, dès 6 heures, nous sommes en place. Nettoyé, récuré, pomponné, le village scintille sous les rayons rasants du soleil. Il a plutôt fière allure. Les cabanes pouilleuses du début ont cédé la place à de coquettes maisonnettes qui forment un ensemble harmonieux et reposant. En les regardant, je pense à l'avenir de notre village, à son devenir, à toutes les tâches qui nous attendent encore. Pensée fugitive. L'heure n'est pas aux rêves. Il est encore très tôt mais les premiers arrivants pénètrent déjà sur le site. Ce ne sont pas ceux que nous attendons. Ce sont des policiers qui nous ont été attribués, comme la loi l'exige pour tout rassemblement public. Toute une escouade en tenue de combat prend position. Un officier se détache du groupe et vient nous saluer en expliquant :

– Des militants d'extrême droite ont l'intention de venir troubler votre fête. Le rabbin Kahana notamment a rameuté ses troupes. Nous sommes ici pour prévenir tout incident et vous protéger.

Le rabbin Kahana est un activiste remuant bien connu en Israël. Il sera assassiné quelques années plus tard aux États-Unis. Il a déjà condamné à plusieurs reprises toute action en faveur de la paix et demandé l'expulsion des Arabes d'Israël dans des meetings et des articles de journaux, mais nous ne nous attendions pas à ce qu'il nous honore de sa visite. L'officier nous demande d'être vigilants. Il nous assure que ses hommes seront discrets et qu'ils vont redescendre s'installer au pied de la petite route qui monte vers le village. Ils veulent privilégier la prévention à l'affrontement en interdisant à ces éléments perturbateurs l'accès à Wahat al-Salam Neve Shalom. Nous le remercions en espérant que ses subordonnés feront bien leur devoir.

Quelques minutes plus tard, nous oublions le rabbin et ses sbires car les premiers participants à notre journée apparaissent dans les rues du village et se dirigent vers le bureau d'accueil. Le rideau se lève. Dès cet instant nous n'aurons plus une minute à nous. En fin de matinée, je croise Nava qui mène un groupe vers notre centre administratif. Elle jubile et me glisse au passage :

– Tu as vu ce monde, c'est merveilleux !

Je m'attendais à un succès, mais il va au-delà de toutes mes espérances. On se bouscule dans les rues, on se presse autour des conférenciers, on recherche les débats, mais on rit aussi à la buvette pendant que les petits s'ébattent en piaillant au jardin d'enfants avec nos monitrices.

Dans l'après-midi, un journaliste que j'ai personnellement convié à nos entretiens s'étonne de la qualité de nos travaux. J'en suis flatté mais je lui certifie que nous recherchons toujours un enseignement de haut niveau, notamment pour l'École de la Paix, et que notre démarche s'inscrit dans un cadre intellectuel plus que politique ou médiatique.

À cet instant, l'on m'avertit que le rabbin Kahana s'agite au bas de la côte. Ses sympathisants ne sont pas très nombreux et la police les disperse avant même qu'ils aient eu le temps de déployer leurs banderoles sur lesquelles ils nous accusent, entre autres, de collusion, de trahison, voire de collaboration. Les policiers procèdent à quelques arrestations de principe et tout rentre rapidement dans l'ordre.

La deuxième partie de la journée est consacrée à un concert. Des artistes juifs et palestiniens unissent leur voix en un même chant. Ils sont tous venus là bénévolement, pour témoigner de leur confiance en un avenir commun. Wahat al-Salam Neve Shalom peut s'enorgueillir de son mini-Woodstock...

Après le départ du dernier visiteur, exténués, nous tombons dans les bras les uns des autres. Vingt mille personnes sont montées jusqu'à nous. Le chef-cuisinier de l'auberge n'en revient pas :

– J'avais vu grand et j'ai quand même failli manquer. Il était temps que la journée se termine.

Déjà les radios et les chaînes de télévision rendent compte de notre journée portes ouvertes et insistent sur la valeur de nos travaux.

Cette fois, Wahat al-Salam Neve Shalom est connu et reconnu par tous. Nous percevons très vite les retombées de cette journée. Positives et négatives. Certaines familles, enthousiasmées par ce qu'elles ont vu, ou lu, demandent à nous rejoindre, mais dans le même temps nous sommes soupçonnés des pires desseins par d'autres. Nous n'en sommes nullement surpris. Nous avons gagné notre première bataille, mais le plus dur reste à faire.

*
**

EVI

Zurich (juillet 1987)

Après le tourbillon de la journée portes ouvertes un peu de calme est bienvenu et nous en profitons, Eyas et moi, pour faire un nouveau point sur notre vie. Le village est placé sur orbite et appelé à se développer, nous en avons maintenant la certitude. Notre avenir est donc ici. À l'assemblée générale, nous avons d'ailleurs voté le principe de la construction de maisons en pierres pour ceux qui le désirent, mais à leurs frais. Comme tous les couples, nous devrons nous engager dans les travaux, et cela sous-entend un autre choix bien plus important : il est délicat de se lancer dans la construction d'une maison commune sans être mariés et, à trente ans passés, nous aspirons l'un et l'autre à un peu plus de confort. À la croisée des chemins, il faut nous décider.

Notre thérapie nous a fortifiés et, enfin, nous sommes tous deux d'accord pour nous marier. Comme chaque année, je vais passer quelques jours chez mes parents, à Zurich, au mois de juillet. J'en profiterai pour leur annoncer notre décision. Je sais d'avance que je vais les poignarder.

Dans les familles juives très religieuses, lorsqu'un enfant épouse un non-Juif, on le considère comme mort et l'on observe son deuil, c'est la « Chiva ». Pendant sept jours, les parents restent assis par terre et prient pour l'être cher à jamais disparu. Je ne pense pas que mes parents en arrivent là, mais pour eux, je serai tout de même une enfant perdue.

Mes prévisions sont justes. Lorsque je révèle mes intentions, ma mère s'effondre en larmes et mon père parvient à grand-peine à contenir sa colère. Il commente sèchement :

– Quand tu vas enfin te réveiller, il sera trop tard. Je te préviens, je ne veux jamais voir cet homme chez moi.

La fin de mon séjour est catastrophique. Mes parents se murent dans un silence absolu. Nous nous saluons à peine lorsque nous nous croisons dans l'appartement et je multiplie les sorties et visites en ville pour fuir ce climat oppressant.

De nombreuses invitations me permettent de justifier mes absences. Je sais que ma famille a monté une opération destinée à me détourner d'Eyas. Je ne tarde pas à la découvrir. Tous mes proches savent que je souhaite compléter mes études aux États-Unis afin d'obtenir un Master en travail social clinique et, un soir, un oncle propose de m'aider.

– Je connais bien les dirigeants d'une fondation qui pourraient prendre tes frais en charge pendant toute la durée de tes cours. Je les ai contactés, ils seraient enchantés de te recevoir.

Aussitôt, je mets les choses au point :

– C'est très gentil de leur part. Je pense qu'Eyas pourrait en profiter pour se perfectionner, lui aussi, dans certains domaines.

Comme je m'y attendais, mon oncle est embarrassé par ma remarque et bafouille un peu avant de préciser :

– Cette fondation ne peut accueillir deux personnes. Tu dois y aller seule.

– Mais mon oncle, tu sais bien que je vais me marier. Je ne peux pas me séparer de mon mari sitôt après le mariage. C'est impossible.

Mon oncle est dépité. L'opération détournement a échoué.

Le jour de mon départ, mon père et ma mère m'accompagnent tout de même à l'aéroport. Alors que je vais embarquer mon père prévient :

– Je vais aller à Jérusalem. Je souhaite avoir un entretien en tête à tête avec ton ami.

*
**

EYAS

Wahat al-Salam Neve Shalom (août 1987)

Cet entretien avec Bernhardt, le père d'Evi, me paraît un peu ridicule mais je conçois le désarroi de cet homme et j'ai donc accepté de le rencontrer.

Il est arrivé depuis deux jours en Israël et le rendez-vous est prévu pour demain. Son organisation a été rocambolesque, digne d'un mauvais roman d'espionnage. Mon futur beau-père ne voulait pas que je vienne dans son appartement de Jérusalem, il refusait de me rencontrer à Wahat al-Salam Neve Shalom et il ne souhaitait pas non plus un entretien à la sauvette dans un café. Pas simple. Nous sommes finalement convenus de nous retrouver chez l'un des frères d'Evi qui habite un kibboutz au nord d'Israël.

En m'y rendant le lendemain, j'ai l'impression d'aller signer des accords secrets avec un chef d'État.

Le père d'Evi est extrêmement tendu lorsque je prends place dans un fauteuil de rotin en face de lui. Il se garde bien de m'appeler par mon prénom et s'en tient à un « monsieur » des plus protocolaires. Son discours est parfaitement élaboré et il fait d'abord appel à mes qualités d'homme d'honneur en estimant que j'aurai, moi, le courage qui fait défaut à Evi pour briser cette liaison impossible.

Je le déçois beaucoup en lui faisant remarquer que le courage consiste, au contraire, à en finir avec les interdits.

Bernhardt ne se décourage pas pour autant. Il dresse alors l'inventaire des difficultés auxquelles nous nous exposons en y mêlant quelques menaces voilées à l'encontre d'Evi qui sera rejetée par tous les siens si je m'obstine.

Mais là encore, je me permets de faire remarquer à Bernhardt, d'une part que sa fille est adulte et qu'elle sait parfaitement ce à quoi elle s'engage, et que, d'autre part, en ce qui nous concerne, notre porte reste ouverte à tous et que nous ne comprenons pas pourquoi notre union entraînerait une rupture inéluctable avec nos familles respectives.

Bernhardt se dérobe. Il ne se laisse pas piéger par le débat de fond et revient à sa mission. Les grands sentiments ayant échoué il s'énerve un peu et dérape dans le vulgaire, me demandant à mots couverts ce que je souhaite pour renoncer à sa fille. Ce troc me navre. J'y devine une forme de mépris envers notre peuple dont Bernhardt n'a même pas conscience. En osant cette proposition d'échange, il révèle quelle estime il nous porte, persuadé que nous sommes incapables de sentiments et que ma liaison avec sa fille ne peut être que vénale, intéressée, mais en aucun cas amoureuse. La tournure que prend notre discussion me déplaît, je n'ai plus la moindre compassion pour ce père en déshérence. Je durcis le ton, j'explique clairement à mon interlocuteur que s'il est venu pour que je lui confie comment j'envisage le bonheur de sa fille je suis prêt à le lui dire, mais que s'il s'attend à ce que je renonce à notre union, il perd son temps.

À bout d'arguments, Bernhardt me met en garde une dernière fois et dénonce ce mariage qu'il juge contre nature. Fatigué de ses propos, je me lève et lui tend une main qu'il serre avec réticence.

En m'installant derrière le volant de ma voiture je ne sais pas si je dois rire ou pleurer. Le moment que je viens de passer me paraît surréaliste. J'ai trente-deux ans, j'enseigne dans un lycée, et je viens d'être sermonné par un monsieur qui ne m'estime pas digne de sa fille devenue femme. Ce pourrait être cocasse. Mais s'il me juge indigne, c'est uniquement parce que je suis arabe. Et ça, ce n'est pas drôle du tout.

De retour à Wahat al-Salam Neve Shalom, je rends compte à Evi de mon entrevue avec son père. Je ne juge pas nécessaire de m'attarder sur les détails qui m'ont choqué. Ils n'ont pas d'importance. Nous maintenons nos projets de mariage.

Quelques mois plus tard, la politique va peut-être réussir là où le père d'Evi a échoué.

Le 8 décembre 1987 éclate la première Intifada – « convulsion » en arabe – et ces graves événements me perturbent au point de remettre en cause mes projets de mariage. Le fossé se creuse tant entre nos deux peuples qu'il me donne le vertige. L'attitude des Israéliens face à l'immense détresse des Palestiniens me révolte. En épousant une Juive, j'ai le sentiment de cautionner cette oppression, cette répression sauvage qui s'abat sur des hommes que le désespoir seul pousse à la révolte.

Car c'est bien de cela qu'il s'agit. L'Intifada n'est pas le fruit d'une agitation politique. Elle surgit au contraire pour combler un vide politique, pour dénoncer un abandon de la Palestine et pallier une absence de pouvoir et de décisions.

Depuis son expulsion du sud du Liban, l'OLP est à l'agonie. Préoccupées par la redoutable guerre entre l'Irak et l'Iran, qui risque de bouleverser les équilibres au Proche-Orient, les puissances arabes n'ont que faire du problème palestinien et se détournent d'Arafat. En novembre, dans un souci d'apaisement, le sommet arabe se réunit à Aman, en Jordanie, approuve même les accords diplomatiques entre l'Égypte et Israël. Sans appui, sans argent, le leader palestinien à beau s'agiter, personne ne l'entend plus et il perd toute crédibilité au yeux de son peuple au moment où celui-ci a le plus besoin d'aide et de repères.

Car la situation devient catastrophique dans les territoires occupés. Chassés des pays du Golfe à cause des retombées politico-économiques et des incertitudes liées à la guerre Irak-Iran, les expatriés palestiniens rentrent en masse au pays. La surpopulation prend des proportions insupportables. Neuf cent mille hommes, femmes et enfants s'entassent en Cisjordanie ; cent trente mille à Jérusalem-Est ; et surtout six cent cinquante mille dans la bande de Gaza, où l'on atteint le chiffre record de mille six cents habitants au kilomètre carré, l'une des plus fortes densités mondiales.

Pour vivre, les hommes sont sous-employés à des tâches subalternes par les Israéliens qui profitent sans scrupules de la situation. De surcroît, loin d'être freinée ni même maîtrisée, la colonisation sauvage s'accentue par l'arrivée massive en Israël de Juifs encouragés à quitter l'URSS par son nouvel homme fort, Mikhaïl Gorbatchev. Ces nouveaux colons ont besoin de terre et ils se servent. Des experts tirent la sonnette d'alarme mais personne ne les écoute. Ils font pourtant remarquer que dans la seule bande de Gaza, 0,4 % de colons détiennent 28 % des terres cultivables, et que cette disproportion est mal acceptée. On leur répond que les Arabes n'ont jamais rien cultivé.

Cette attitude, jointe à l'invasion croissante des Juifs, pousse de plus en plus de Palestiniens vers des organisations radicales et favorise l'émergence de mouvement comme celui des Frères musulmans, entre autres.

En décembre 1987, la colère explose dans les rues. Il faut dire que la décision d'Ariel Sharon, la bête noire des Palestiniens, d'emménager au début du mois dans un somptueux appartement d'un quartier arabe de Jérusalem n'est pas faite pour calmer le jeu. Les Palestiniens y voient non seulement une provocation, mais l'affirmation que les Israéliens entendent prendre possession de tout le pays et annexer les territoires occupés.

Des incidents que personne ne contrôle vraiment – et surtout pas l'OLP – éclatent alors dans toute la Palestine. Des véhicules israéliens, civils, publics ou militaires sont régulièrement caillassés par des jeunes garçons qui prennent aussitôt la fuite. Des meurtres à l'arme blanche se multiplient. Face à la situation qui ne cesse de s'aggraver, le gouvernement de coalition de l'époque, dirigé par un élu du Likoud, Yitzhak Shamir, s'énerve et laisse le Shin Beth gérer le problème. C'est l'engrenage de la violence aveugle. Aux jets de pierres succèdent des vagues d'arrestations arbitraires, d'emprisonnements ou d'expulsions inexpliquées, injustifiées. À la moindre étincelle tout peut exploser, et c'est un banal accident de la route qui va mettre le feu aux poudres le 8 décembre.

Dans le nord de la bande de Gaza, un véhicule militaire israélien percute une camionnette transportant des ouvriers arabes. Quatre d'entre eux sont tués et l'on accuse aussitôt le conducteur hébreu d'avoir provoqué intentionnellement l'accident.

Le lendemain, en signe de représailles, des manifestants encerclent un poste militaire et le canardent. Vingt-quatre heures plus tard, ils sont encore plus nombreux à lancer des pierres et à hurler des menaces de mort. Pour se dégager, les militaires appellent des renforts. La colonne de secours est accueillie sous une pluie de cailloux et de blocs de béton qu'on laisse tomber des terrasses. Les soldats ouvrent le feu sur la foule. Un adolescent de dix-sept ans est tué. L'Intifada commence. Elle va se propager à travers tout le pays. Des grèves sont décrétées ici ou là, les universités des territoires occupés ferment leurs portes... La haine à l'état brut, la haine caricaturale s'installe dans les deux camps.

Excédé, Yitzhak Rabin, alors ministre de la Défense, ordonne :

– Que l'on casse le bras de tous ceux qui lancent des pierres !

Et peu après, en direct à la télévision, on voit des militaires exécuter cet ordre barbare qui ne fait que décupler la rage des Palestiniens et multiplier les jets de projectiles.

Les agents du Shin Beth arrêtent alors à tour de bras et emprisonnent sans discernement. Tout dialogue devient impossible.

Je me demande si notre village, totalement anachronique, ne va pas être balayé par cette vague, s'il a vraiment sa place entre ces deux communautés qui ne rêvent que de s'étriper, qui, chaque jour, affirment leur farouche volonté non seulement de ne pas vivre ensemble mais de se détruire, de s'anéantir.

Et nous, Evi et moi, qu'allons-nous devenir dans ce contexte de massacre et d'incompréhension ? Comment nos enfants trouveront-ils leur chemin dans ce labyrinthe d'intolérance ? À quelle identité feront-ils référence ? Nous souhaitons pour eux qu'ils soient un jour fiers d'être Arabes et Juifs, mais n'allons-nous pas plutôt en faire des bâtards qui auront honte de n'être ni l'un ni l'autre, des êtres hybrides, qui ne se reconnaîtront dans aucune des deux cultures et nous maudiront d'avoir fait d'eux des citoyens à deux têtes ?

C'est peut-être Bernhardt qui a raison, notre mariage est une folie : je ne supporte pas que mon peuple soit menacé. Ceux qui veulent l'éradiquer sont les frères de sang de ma future femme qui, eux aussi, comme Evi, se sentent, à juste titre, en danger.

Nous avons vu trop grand, nous avons vu trop beau, nous ne pourrons pas concilier longtemps ces contradictions majeures, vitales.

Nous avons cru en l'Homme. Nous avons été fous. Il nous faut renoncer pendant qu'il en est encore temps. Je suis triste, profondément triste. Je dois avertir Evi de ma décision : je jette l'éponge, je renonce au mariage.

CHAPITRE XIII

EVI

Neve Shalom Wahat al-Salam (mai 1988)

Voilà cinq mois que nous subissons l'Intifada. De jeunes garçons continuent à jeter des pierres, la répression se poursuit mais l'onde de choc s'estompe. Nous nous habituons à ces incidents comme aux keffiehs que portent maintenant beaucoup d'Arabes. À petits carreaux rouge et blanc pour les uns, vert et blanc ou noir et blanc pour les autres, ils constituent un signe de reconnaissance entre les différents mouvements palestiniens de plus en plus actifs. La situation est toujours aussi tendue entre les deux communautés mais nous apprenons à vivre dans ce climat poisseux et explosif. Lorsque Eyas m'a annoncé, en décembre dernier, que notre mariage n'était plus d'actualité, j'ai laissé passer l'orage. La défense de la patrie est le point le plus fragile de notre union, le seul qu'aucun de nous deux ne peut remettre en cause. Je me battrai pour qu'Israël vive ; Eyas se bat pour que la Palestine renaisse.

J'ai accepté la décision de mon compagnon au début de l'Intifada. Je comprenais sa peur du lendemain et, à mes yeux, l'essentiel était préservé puisqu'il n'était pas question de rupture et que nous continuions à vivre ensemble dans notre maison de fortune. Le mariage était simplement mis entre parenthèses. Il serait toujours temps de revoir la question plus tard. Eyas ne devait pas être loin de penser la même chose puisqu'il m'expliquait souvent que, pour lui, l'amour n'est pas un conte de fées qui aboutit obligatoirement à un mariage, mais plutôt un bateau qui nous emmène de découvertes en découvertes en un voyage sans fin. Ce joli discours me rassurait. Il relativisait la décision d'Eyas en replaçant le mariage dans un cadre administratif et non affectif.

Au fil des semaines, comme je l'espérais, le choc émotionnel des soulèvements de décembre s'est dissipé et aujourd'hui nous avons reparlé de notre mariage, mais cette fois de manière extrêmement concrète.

Il ne pourra avoir lieu en Israël. Le seul mariage civil n'y existe pas et il est interdit d'unir religieusement un juif et un musulman. Moyennant quoi nous optons pour Zurich. Là-bas, il n'y aura aucun problème puisque je suis citoyenne suisse et que je peux justifier d'un domicile chez mes parents.

Une de mes amies, Sabine, accepte de s'occuper des formalités administratives sur place. Elle se démène avec un enthousiasme sans réserve, et nous communique rapidement une date pour la cérémonie : le 6 octobre... jour anniversaire du début de la guerre du Kippour de 1973. Il serait préférable d'éviter ce triste souvenir, d'autant que cet affrontement entre l'Égypte et Israël constitue toujours une pomme de discorde entre Eyas et moi. Pour lui, les Arabes ont gagné la guerre et pour moi, ce sont les Israéliens. Depuis que nous nous connaissons aucun des deux ne veut en démordre, et le seul fait d'évoquer cette date pour notre mariage relance brusquement notre éternel débat : certes les Égyptiens ont repris un peu de territoires aux Israéliens, mais ils ont dû se contenter de cela, renoncer à de plus vastes ambitions, bien heureux que les grandes puissances internationales fassent pression sur le gouvernement israélien pour qu'il stoppe sa contre-attaque.

Quoi qu'il en soit, je fais part de nos réticences à Sabine, mais elle ne parvient pas à dégager une autre date.

Quelques semaines plus tard, alors que toutes les formalités sont accomplies et la cérémonie fixée avec certitude au 6 octobre – nous n'avons pas pu changer la date –, je téléphone à mes parents pour leur annoncer la nouvelle. Mon père en prend note en me précisant immédiatement que ni lui ni ma mère n'assisteront à la cérémonie. Je m'y attendais.

Mais le lendemain, il me rappelle :

– Ta mère et moi souhaitons que le mariage ne se déroule pas à Zurich. Tu sais qu'ici les bans sont publiés dans les journaux. Nous ne tenons pas à voir notre nom côtoyer celui d'un Arabe. Ce n'est pas une faveur que je te demande, c'est une question de respect envers nous.

J'explique alors à mon père que, malgré tout le respect que je lui dois, la cérémonie se déroulera à Zurich. Après un court silence pesant, papa enchaîne :

– Je voulais aussi t'avertir que nous t'avons déshéritée. Je pense que tu le comprendras. Au revoir Evi.

Le téléphone raccroché, les mots résonnent encore dans ma tête. Ils me font mal. Être exclue de l'héritage n'a aucune importance pour moi, mais la démarche est significative. Elle témoigne d'une condamnation absolue, sans appel. Mes parents ne se contentent pas d'être tristes, ils cherchent vraiment à me faire le plus de mal possible, et c'est ce qui me peine. En m'asseyant lourdement sur mon lit pour récupérer, je pense aux enfants que j'aurai bientôt et j'ai la certitude que, quelle que soit la personne qu'ils épouseront, quels que soient les sentiments que j'éprouverai envers elle, j'assisterai à leur mariage car je respecterai leur choix et adhérerai à leur bonheur quoi qu'il m'en coûte. Mon amour pour eux ne se divisera pas.

*
**

EVI

Zurich (octobre 1988)

Dans quelques jours, mon union avec Eyas sera officiellement scellée à Zurich. Je l'ai précédé dans la ville d'affaires suisse. Je profite du voyage pour y donner des conférences sur Neve Shalom Wahat al-Salam, et aussi pour choisir ma robe de mariée. Elle sera blanche, très simple. Son choix ne me prend que quelques minutes. En attendant mon futur époux, je loge chez mes parents. Nous n'échangeons que quelques mots et évitons les repas en commun. L'ambiance est détestable et je suis surprise lorsque mon père m'annonce que maman et lui souhaitent me recevoir à dîner avec Eyas la veille de notre mariage. Qu'ils lui ouvrent leur porte et l'invitent à leur table me surprend. Cela va à l'encontre de leurs principes. J'accepte leur invitation sans marquer d'enthousiasme particulier. Je reste sur mes gardes et ne me prive pas du coup de pied de l'âne le jour où je quitte leur appartement pour aller attendre Eyas à l'aéroport et le mener chez des amis qui vont nous héberger. Avant de partir, je suspends ma robe de mariée, bien en vue, dans ma chambre et j'appelle ma mère sous un prétexte futile. Lorsqu'elle voit ma robe elle éclate en sanglots.

Elle a mal, terriblement mal. Moi aussi.

*
**

EYAS

Tira-Zurich (octobre 1988)

Dans deux jours je prends l'avion pour aller épouser Evi à Zurich. Il serait temps que je l'annonce à ma famille.

Le soir, à Tira, pendant le dîner, cette révélation prend tout le monde de court. Mon père reste la fourchette en l'air ; ma mère manque s'étouffer ; deux de mes frères éclatent de rire et, après un temps de réflexion, mes quatre sœurs présentes décident de bouder ostensiblement en me reprochant sérieusement de ne pas les avoir conviées à la fête. L'une d'elles se permet un commentaire :

– Je pensais que ça ne durerait pas. Je ne croyais pas que c'était si sérieux.

Ensuite c'est ma mère qui réagit. Elle est outrée par ma décision.

– Tu vas épouser une Juive, mais mon garçon tu es fou. Toute la honte va retomber sur nous.

Je fais alors remarquer à maman qu'elle m'a déjà dit le plus grand bien de cette Juive-là. Embarrassée, elle bougonne :

– Oui, mais ce n'était pas ta femme. Elle est juive.

Mon père reste muet. La surprise passée, il semble s'amuser de la situation. Je ne m'en étonne pas. Il m'avait encouragé à participer au camp de Nazareth, puis à me rendre à Wahat al-Salam Neve Shalom, et il reste donc fidèle à sa ligne de conduite, bien qu'il soit éberlué par ma démarche et plus que réservé sur son opportunité, me confessera-t-il plus tard.

Ce soir-là, je ne m'éternise pas après le dîner. Je file rapidement vers Wahat al-Salam Neve Shalom et, en roulant, j'imagine les discussions sans fin qui ont dû éclater après mon départ. J'avoue que je m'en amuse.

Je ris beaucoup moins lorsque à mon arrivée à l'aéroport de Zurich Evi m'apprend que ses parents nous ont invités à dîner chez eux. Je n'envisage pas un seul instant un revirement de dernière minute et m'attends tout au contraire à une soirée détestable. Je ne suis pas déçu.

Évitant soigneusement tout sujet qui pourrait déranger, nous échangeons quelques affligeantes banalités autour d'un insipide plat de spaghetti au thon suivi d'un dessert sans nom, avant que le père d'Evi m'impose un aparté en passant au salon. C'est le moment que j'attendais. La première rafale tirée est assez banale et n'amène pas de réponse :

– Eyas, je n'ai qu'une fille et vous me la prenez. J'espère que vous avez bien conscience de ce que vous faites ?

Ce point ne m'intéresse pas. Je hoche la tête et

j'attends la suite. Elle se veut encore plus solennelle et claque comme un ordre :

– Pour nous, les enfants sont juifs par leur mère. Ceux d'Evi devront donc recevoir une éducation juive.

– Pour nous, les enfants sont musulmans par leur père. Les miens recevront donc une éducation arabe.

Je vois Bernhardt blêmir sous l'offense et je m'attends au pire mais il contient sa colère et d'un geste m'invite à rejoindre Erika et Evi au salon. Nous avalons un café dans un silence de mort puis Evi et moi prenons congé et regagnons l'appartement de nos amis. Nous estimons l'un comme l'autre que les parents d'Evi auraient pu nous éviter cet ultime désagrément la veille de notre mariage.

Le lendemain matin, l'accueil est beaucoup plus chaleureux devant la mairie de Zurich, où une vingtaine d'amis d'Evi, dont les Dreyfus qui ont organisé notre mariage, nous attendent. Pas un membre de la famille d'Evi n'est présent. Deux jours plus tôt elle avait pourtant encore convié ses deux tantes à se joindre à nous, mais elles avaient décliné l'invitation en riant :

– Nous savions que tu nous inviterais, mais tu comprends bien que ce n'est pas possible.

Pas un remerciement ni le moindre vœu de bonheur. Evi ne s'en est pas offusquée :

– Je les ai tous invités, m'a-t-elle dit, ils ne veulent pas venir, je suis en paix avec ma conscience. Ma famille me rejette, je m'y attendais, je m'y étais préparée. C'est ainsi.

Je sais qu'Evi ne veut pas laisser paraître sa peine. Elle fait un énorme effort pour cacher sa douleur, faire bonne figure et privilégier le bonheur et la fête.

Et c'est vrai qu'Evi est radieuse lorsqu'elle salue ses amis massés devant l'hôtel de ville. Dans le groupe s'est glissé mon frère, Hassan, venu en voisin d'Allemagne. Après l'avoir longuement remercié pour sa présence, Evi me glisse furtivement à l'oreille :

– Au moins, toi, tu as l'un de tes frères, tu vois, moi, personne...

Je lui serre fortement le bras et nous pénétrons dans la mairie où un officier municipal parlant anglais nous attend. Le rituel ne pouvait être prononcé en allemand puisque je dois obligatoirement comprendre l'énoncé de mes droits et devoirs afin de m'engager en toute connaissance de cause. C'est la loi. Nous avons donc payé un supplément pour que l'on déniche un adjoint au maire bilingue.

Lorsqu'il entame sa lecture, je l'écoute avec attention mais je ne comprends pas un mot de ce qu'il dit. Inquiet, je jette un regard furtif à Evi et sa mimique me rassure : elle ne comprend pas plus que moi. Une formidable envie de rire nous envahit. Dès lors, je ne me concentre plus que sur un point : ne pas manquer le moment où je devrai dire « Yes », en priant le ciel de tomber juste. Lorsque l'homme lève le nez de son texte et me fixe en arborant un sourire encourageant, je jette à tout hasard mon assentiment. Gagné. Il se tourne alors vers Evi qui fait de même mais ne peut retenir son rire, ce qui met en joie notre marieur, tout heureux d'unir deux tourtereaux de si bonne nature. Comme le rire d'Evi est chaud et communicatif, c'est bientôt toute l'assemblée qui s'esclaffe sans trop savoir pourquoi alors que je glisse au doigt d'Evi trois anneaux entrelacés, faits de trois ors différents, qui symbolisent notre esprit intercommunautaire. Qu'importe si nos amis ignorent le motif de notre hilarité, notre mariage, en tout cas, se présente bien.

Et il continue dans la même veine car Sami et Katja, le couple de Zurich qui nous héberge, nous annonce, sitôt la cérémonie terminée, que tous nos amis se sont cotisés pour organiser un repas de noces dans un adorable restaurant du vieux Zurich, fleuri et décoré de ballons multicolores en notre honneur. C'est pour nous le plus beau des cadeaux. Leur initiative nous touche énormément après les rudes propos échangés avec les parents d'Evi.

Ce n'est pas tout. À la fin du repas, la mère de Sabine, Sonia, nous informe qu'elle a prévu une grande fête dans sa maison de Bâle, dimanche, et nous prie d'y convier qui nous voulons. Je sens Evi très émue. Le ciel, à son tour, nous accorde ses faveurs lorsque nous arrivons à Bâle chez nos amis les Dreyfus : alors qu'il pleut sans discontinuer sur la Suisse depuis une semaine, le temps se met brusquement au beau, et en ce 8 octobre d'automne, nous pouvons déjeuner et rire dans le jardin de nos hôtes jusque dans la soirée. Quelle fête fabuleuse ! Plus de cinquante personnes se pressent autour d'une table dressée sous les arbres ; des fleurs ont été disposées un peu partout et Sabine a confectionné une incroyable pièce montée de cinq niveaux au sommet de laquelle elle a planté un adorable petit couple de mariés.

Nos amis ne cessent de nous gâter. Dès le lendemain, nous partons nous installer dans un chalet près de Neuchâtel, que l'un d'entre eux nous prête quelques jours pour notre voyage de noces. Le ciel toutefois estime qu'il en a fait assez et se détourne de notre lune de miel : il pleut pendant tout notre séjour. Nous passons nos journées à jouer au Monopoly.

Après ces festivités et tous ces témoignages de sympathie, notre arrivée à l'aéroport de Zurich nous rappelle bien vite les réalités de la vie en Israël. Les services de sécurité de la compagnie El Al s'étonnent de notre supplément de bagages. Ils en demandent l'origine. Evi explique à l'un d'eux que nous venons de nous marier en Suisse et que nous ramenons tous nos cadeaux. L'homme me regarde, détaille mon passeport, s'aperçoit que je suis palestinien et m'entraîne dans une pièce où je dois répondre à un interrogatoire serré et précis, sur le motif de mon déplacement, les lieux où j'ai séjourné, à quelles activités je me suis livré... J'ai l'habitude de ces questions. Tous les Arabes, même s'ils sont, comme moi, de nationalité israélienne, sont contrôlés de la sorte lorsqu'ils prennent un vol d'El Al. Pendant que je me soumets au questionnement de rigueur, un agent de sécurité s'approche d'Evi qui m'attend et lui demande sans la moindre gêne :

– Pourquoi avez-vous épousé un Arabe, il n'y a pas assez de Juifs en Israël ?

Quelques minutes plus tard, celui qui m'a interrogé lui glisse à son tour en lui tendant nos passeport :

– Il a l'air gentil votre mari, c'est dommage qu'il ne soit pas juif...

Et le pire, c'est qu'il n'y a pas une once d'ironie dans ses propos. Je crois qu'il le pense vraiment.

Lorsque nous arrivons à Wahat al-Salam Neve Shalom, nouvelle surprise : nous y sommes attendus avec chaleur. Notre maison est ornée de fleurs, de ballons, de banderoles nous souhaitant bonheur et longue vie. Nous ne savons comment remercier lorsque des enfants nous remettent des bouquets de fleurs fraîchement coupées. Ety prend alors la parole devant tout le village réuni et dit en levant son verre :

– À la santé et au bonheur des premiers mariés de Wahat al-Salam Neve Shalom.

De toutes parts fusent alors des « Mazel Tov ! Mabrouk ! », retentissants et joyeux.

Non seulement nous sommes les premiers mariés mais ce sont un Arabe et une Juive qui se marient et cela, c'est vraiment rarissime en Israël. Il est certain que la structure et la philosophie de notre village facilitent cette union même si nous refusons d'ériger ces mariages mixtes en principe et nous gardons bien de les encourager. D'ailleurs, à ce jour, aucune autre union de cette nature n'a été célébrée.

Après les réceptions de Zurich puis de Wahat al-Salam Neve Shalom, ce sont ma famille et mes amis que j'aimerais, moi aussi, associer à la fête. Mais, s'ils sont d'accord, je pense à la sérieuse préparation que cela va demander, car rien qu'entre mes douze frères et sœurs, mes oncles, mes tantes et mes cousins, mes proches sont déjà une centaine. Et il faudra rajouter les amis des uns et des autres. Quelques jours après notre retour, je pars donc pour Tira afin d'organiser les festivités.

À peine ai-je formulé ma proposition lors du dîner que ma mère s'insurge et s'oppose catégoriquement à mon projet :

– Ah çà, non ! Mon fils qui vient faire la fête sous mon toit parce qu'il a épousé une Juive, il n'en est pas question. Je ne le supporterai pas.

Beaucoup plus conciliant, mon père essaie de faire entendre raison à maman en lui faisant remarquer que rien ne s'oppose dans le Coran à ce type d'union. Mais ma mère ne veut pas en démordre, foin de fête, foin de Coran, elle ne veut pas assister à cela. Alors mon père simule la colère et tranche autoritairement à la façon d'un patriarche :

– La fête se fera ici et j'irai te conduire chez ta mère ce jour-là.

Le débat est clos, l'affaire est entendue, je peux aborder les problèmes matériels avec mon père et trois de mes frères présents. Une date est arrêtée : le 17 décembre. L'un de mes frères fait aussitôt remarquer que la météo est incertaine à cette époque. Il s'engage à trouver et dresser une vaste tente dans notre grand jardin. Puis nous établissons la liste des invités en prenant garde de n'oublier personne pour ne pas froisser les susceptibilités dans ce contexte particulier. Après plusieurs tours de table nous arrivons au total de quatre cents personnes. Maîtrisant mal ce domaine, mon père m'interroge alors sur le menu que j'envisage :

– Il me faudra cent poulets et...

– C'est pas assez !

Venue du bout de la table, la remarque est tombée comme un couperet. Ma mère, que nous avions oubliée, reprend ses droits et ses prérogatives. Satisfaite de son effet, elle précise avec un zeste de condescendance :

– Cent poulets pour quatre cents personnes, avec tous ces jeunes, c'est pas assez.

Ravi, mon père la titille :

– Qu'en as-tu à faire puisque tu ne seras pas là ?

– Mais si je serai là. Je ne vais pas te laisser marier mon fils tout seul...

Puis plus bas, afin de marquer qu'elle ne s'avoue pas vaincue :

– ... à une Juive.

Personne ne relève. Nous sommes trop contents que maman se joigne à nous. Dans un élan de gentillesse parfaitement intéressé, nous lui déléguons instantanément la responsabilité du repas et l'écoutons avec tendresse multiplier les courgettes par les pois chiches, les melons par les oranges, et les pâtisseries par le fromage de chèvre frais. Pour elle, la fête commence.

*
**

EVI

Tira (décembre 1988)

Ce n'est plus une fête, c'est un meeting. Quatre cents personnes ont effectivement répondu à l'invitation de Eyas et nous ont rejoints à Tira pour célébrer notre mariage devenu un véritable événement. Tous les habitants de Neve Shalom Wahat al-Salam, sans exception, ont fait le déplacement ainsi que mes collègues de travail et une foule d'amis venus de tout Israël. Dans tout Tira, on ne parle que du fils Shbeta qui épouse une Juive.

Son choix ne lui a pas attiré que des félicitations, mais à tous ceux qui émettaient des réserves, voire des reproches, Eyas répondait :

– Je lutte pour la Paix, même si cela doit me coûter la vie.

Afin d'affirmer ce choix, il a subtilement décoré la salle aux couleurs de nos deux communautés, mêlant, par le jeu des serviettes, des nappes et des tentures, le bleu et le blanc d'Israël au noir, blanc, vert et rouge de la Palestine, couleurs qu'il est, à l'époque, interdit d'arborer en Israël.

Avant d'être présentée officiellement à nos amis, je me régale de ce spectacle grandiose. Je dois juste me défendre pied à pied contre l'une des sœurs d'Eyas qui insiste pour me vêtir et me maquiller selon la tradition arabe. Je refuse, non pas pour des raisons culturelles, mais simplement parce que j'aurais l'impression d'être déguisée, et me sentirais alors mal dans ma peau. La jeune femme l'admet et nous nous amusons toutes deux à embellir ma robe en l'ornant de pierreries.

Eyas nous arrache à nos rêveries de petites filles. Il est temps pour notre couple d'entrer en scène officiellement. Je pose ma main sur le bras d'Eyas et nous nous dirigeons solennellement vers le fond du jardin où un buffet multicolore attend les convives.

Les groupes s'écartent et forment une haie sur notre passage cependant qu'un chant éclate dans un haut-parleur. Au chant traditionnel de circonstance, Eyas a préféré une chanson héroïque de Marcel Khalifa, un véritable hymne clamant sa fierté de m'épouser. Pour les gens de Tira, ce mariage ne ressemble vraiment à aucun autre... Ils paraissent plus surpris que choqués.

Après de brefs et chaleureux remerciements à ceux qui nous font l'honneur d'être là, nous passons à table.

La maman d'Eyas s'approche alors de moi et m'offre un bracelet en me précisant bien :

– J'offre le même à toutes mes filles le jour de leur mariage.

Cette référence me touche profondément. Elle signifie clairement mon adoption par la famille d'Eyas et, à cet instant, je ne peux m'empêcher de penser à mes parents. Je suis malheureuse, je les plains de se priver de tels moments de bonheur.

Pendant des heures, dans un joyeux brouhaha, nos amis vont et viennent, décortiquant à belles dents des poulets mordorés avant de se lancer sans retenue dans des danses échevelées. Happée par le tourbillon musical, je suis invitée à improviser, sous les applaudissements et les encouragements de tous, une danse du ventre typiquement locale dont je ne me croyais vraiment pas capable.

La fête se poursuit jusque tard dans la nuit et j'en garde aujourd'hui encore un merveilleux souvenir.

De retour à Neve Shalom Wahat al-Salam nous réalisons pleinement le pas que nous venons de franchir et nous savourons ce moment de bonheur. Maintenant, nous pouvons regarder sereinement devant nous et penser à notre avenir commun. Dans l'immédiat, le premier projet concerne l'immobilier.

Après en avoir voté le principe quelques mois plus tôt, notre communauté a décidé de lancer la construction de véritables maisons. Quatre familles ont déjà commencé des travaux qu'elles ont dû interrompre bien vite à cause d'un sérieux différend avec les moines français du couvent de Latroun, propriétaires du terrain, qui s'opposent à toutes constructions nouvelles.

Pire, ils menacent de récupérer leur bien, estimant que nous ne respectons pas nos engagements et que nous nous sommes détournés de nos objectifs de départ.

Le père Bruno Hussar plaide notre cause et tente de résoudre le problème avec l'aide de sa fidèle assistante, Anne Le Meignen, l'une des fondatrices de Neve Shalom Wahat al-Salam, et de quelques autres membres du village.

Nous réalisons alors que nous n'avons pas assez communiqué avec les moines, que nous avons commis une erreur en les tenant à l'écart de nos travaux. Insuffisamment informés, ils ont pris peur. Nous devons absolument inverser la tendance pour les rassurer.

Nous entamons donc une vaste campagne diplomatique et ouvrons tout grand nos portes à nos amis trappistes. L'opération séduction prend du temps, mais notre mea culpa finit par payer. À demi convaincus, les moines nous autorisent finalement à construire nos maisons. Nous leur promettons, à l'avenir, de les tenir au courant de nos moindres projets. En attendant, l'essentiel est sauvé, les travaux peuvent reprendre et, à notre tour, Eyas et moi allons nous lancer dans l'aventure de la construction.

Eyas choisit d'abord un emplacement au bas de la colline, loin du centre. Je maudis son goût d'ermite qui nous isole totalement au bout du village. Il se défend en m'assurant :

– Nous aurons la plus belle vue sur la vallée et, dans quelques années, le centre viendra jusqu'à nous. Ce jour-là, tu me remercieras d'avoir choisi cet emplacement.

Je reconnais aujourd'hui qu'il avait raison.

Après avoir choisi le lieu, Eyas établit ensuite le plan de la maison. En prévision de naissances futures, nous optons pour cinq pièces, et déposons notre projet devant l'assemblée générale du village pour obtenir son accord. Tout est en ordre, notre communauté nous permet de commencer les travaux.

Une nouvelle étape est franchie.

CHAPITRE XIV

EYAS

Wahat al-Salam Neve Shalom (janvier 1989)

L'homme a regardé longuement son plan, puis il a mesuré consciencieusement le terrain avec une chaîne d'arpenteur avant de planter son premier piquet. Je le regarde avec attention, mais il a totalement oublié ma présence. Avec application, il trace sur le sol la base de notre future maison. Notre demeure s'élèvera là, entre ces piquets. Je ne parviens pas encore à le réaliser. Afin de superviser les travaux, j'ai abandonné mon poste d'enseignant à Jérusalem et repris la direction de l'École de la Paix à Wahat al-Salam Neve Shalom. Cette fonction m'occupe à temps plein car, depuis le début de l'Intifada, nous multiplions les conférences, les débats et les travaux pour tenter de comprendre, d'expliquer et de proposer des solutions à la crise.

Je note une évolution assez flagrante, une prise de conscience réelle du problème palestinien parmi mes étudiants juifs. En les écoutant, je réalise qu'un monstrueux malentendu conduit à une incompréhension totale entre nos deux communautés. Les Juifs ne se rendent pas compte, ou ne veulent pas admettre, qu'Israël est devenu une puissance dominante au Moyen-Orient. Ils se sentent toujours menacés et ils ont toujours peur des Arabes, de ceux de l'extérieur comme de ceux de l'intérieur. Dans leur esprit, l'implantation des colonies, l'oppression des Palestiniens, la répression, ne constituent que des gestes défensifs alors qu'il est évident pour nous qu'il s'agit d'agressions caractérisées, reflet d'un expansionnisme galopant. Isolés dans leur tour d'ivoire, leurs certitudes, libres de leurs mouvements, les Juifs sont heureux et ne comprennent pas que nous ne le soyons pas. N'étant pas soumis aux contrôles, aux vexations, ils n'en imaginent pas l'insupportable poids et finissent même par les occulter.

Toute tentative de conciliation sera impossible tant que nous ne nous serons pas expliqués sur ce point. Pour parvenir à un accord, encore faudrait-il travailler sur le même chantier. C'est ce que nous nous efforçons de faire à l'École de la Paix et nos résultats sont encourageants puisque chacun accepte d'écouter les explications de l'autre et reconnaît ne pas avoir envisagé le problème sous l'angle ainsi exposé. C'est une formidable avancée qui permet, enfin, d'élaborer un plan de travail fiable et je me réjouis en apprenant que ces remises en cause que nous effectuons dans notre école se généralisent dans tout le pays, principalement dans les milieux de gauche.

Tout cela est positif mais le chemin est encore long pour parvenir à se comprendre et à s'entendre. Il faut rester vigilants. À Wahat al-Salam Neve Shalom, nous le sommes plus que jamais envers nos enfants qui voient chaque jour à la télévision des images de l'Intifada et ne les comprennent pas. Les questions qu'ils posent à leurs institutrices témoignent de leur désarroi. Nous devons impérativement leur apporter des réponses et des explications. Ce n'est pas du tout évident car il faut commencer par les définir entre nous, et le corps enseignant est lui-même souvent divisé sur ce point. C'est normal. D'abord parce que, devant le nombre croissant d'élèves, nous devons maintenant faire appel à des instituteurs extérieurs à Wahat al-Salam Neve Shalom qui ne sont pas formés à nos concepts, ensuite parce que, avec la meilleure volonté du monde, les enseignants ne vivent pas l'Intifada de la même façon selon qu'ils sont Arabes ou Juifs. Parmi les premiers, ceux qui habitent les quartiers arabes de Jérusalem sont fous de rage chaque fois qu'ils doivent franchir un barrage, y décliner leur identité, y être fouillés, alors qu'ils viennent simplement prendre leur poste dans notre village. Comment ne pas avoir envie, quelquefois, de prendre une pierre et de la lancer ?

Les professeurs ont réfléchi longuement à ces problèmes et sont parvenus à définir une position commune. Pour trouver leur chemin, tous les enfants doivent absolument recevoir les mêmes explications cohérentes. Après de longues discussions, les enseignants sont arrivés au plus banal des constats : pour les aider, il suffit de leur dire la vérité en exposant les deux versions, comme nous le faisons nous-mêmes. Ils en profitent pour souligner devant eux qu'ils ont de la chance d'habiter à Wahat al-Salam Neve Shalom où Arabes et Juifs vivent ensemble, parce que pour nous l'important c'est l'homme, et non pas sa religion ou sa race.

Notre discours passe bien car plusieurs parents me rapportent que leurs enfants ont dit en regardant les violences à la télévision :

– Ils devraient venir voir chez nous. Ils apprendraient beaucoup de choses à Wahat al-Salam Neve Shalom.

Des propos qu'ils répéteront devant les caméras d'une chaîne de télévision venue précisément prendre le pouls de notre village face à l'Intifada.

La réaction de nos enfants est une formidable récompense. Malheureusement le bon sens n'est pas de mise en Israël et notre village reste une exception. L'Intifada se poursuit, nous faisons avec et la vie continue malgré tout.

Ainsi, avec Evi, nous suivons de près la construction de notre maison. Elle sera belle, mais elle va nous coûter cher. Nous venons encore de faire nos comptes lorsqu'un soir Evi rentre de Jérusalem bouleversée. Elle vient de rendre visite à ses parents venus passer quelques semaines en Israël et tient à la main une grande enveloppe qu'elle me tend sans dire un mot. À l'intérieur, je trouve une importante somme d'argent et une lettre. Je lis : « Notre chère fille, nous t'offrons cet argent pour t'aider à bâtir ta maison... » Je réagis immédiatement et demande à Evi de rapporter sur-le-champ cette somme à ses parents. Je lui explique pourquoi :

– Cette maison n'est pas « ta » maison, mais « notre » maison. Si tes parents refusent toujours de l'admettre nous nous passerons de leur argent. Il n'était pas prévu, nous pouvons parfaitement nous en passer.

Evi retourne à Jérusalem rend l'argent à son père et lui transmet mon message. Bernhardt me téléphone aussitôt pour s'excuser. Il m'assure que sa phrase était maladroite mais pas du tout intentionnelle. Il me certifie qu'il m'associe totalement à ce cadeau. L'incident est donc clos, mais Evi m'avouera plus tard que son père a été impressionné par ma réaction.

Ses parents ne m'accueillent pas encore à bras ouverts mais nos relations se normalisent quelque peu et j'en suis heureux pour Evi. Dès son retour, nous investissons l'argent dans les travaux, mais malgré cet apport imprévu nous n'espérons pas emménager avant 1991.

Pendant quelques mois notre situation personnelle n'évolue guère plus que celle du pays. Nous nous heurtons toujours aux mêmes problèmes lorsque, le 2 août au matin, j'entends à la radio que les troupes irakiennes de Saddam Hussein viennent d'envahir le Koweit.

Cela faisait un moment qu'un grave contentieux pétrolier et politique opposait les deux pays. Pour en terminer, Saddam a décidé de mettre la main sur les puits des émirs que l'Irak revendique depuis 1937, estimant en avoir été dépossédé lors des différents découpages de la région, par les Britanniques notamment dans les années vingt.

En apprenant ce coup de force, je suis convaincu qu'il ne restera pas impuni, que la région va s'embraser une fois de plus, et que l'État hébreu ne pourra échapper aux remous.

*
**

EVI

Neve Shalom Wahat al-Salam (août 1990)

Quel monde connaîtra l'enfant qui commence à vivre en moi depuis un mois ? Les hommes lui offriront-ils enfin la paix ? Je veux à tout prix l'espérer et je caresse machinalement mon ventre encore plat. Eyas vient de m'annoncer que Saddam Hussein a envahi le Koweit. Cet homme est un monstre attaché à la perte d'Israël. Je suis encore plus inquiète que mon mari quant à la suite des événements.

Effectivement, dans les semaines qui suivent, la tension internationale ne cesse de monter. Soutenus par les Nations unies, les Américains menacent Saddam d'une intervention militaire s'il ne retire pas ses troupes du Koweit immédiatement. La Grande-Bretagne, la France, mais aussi l'Égypte, la Syrie et l'Arabie Saoudite assurent les États-Unis de leur total concours politique et militaire si Bagdad ne s'exécute pas. Malgré cela, Saddam s'entête et fanfaronne, arguant de la force de son armée, que l'on dit la quatrième du monde, et de son bon droit pour ne pas se plier aux injonctions du président George Bush.

Plus le temps passe et plus l'affrontement devient inéluctable. Avant la fin de l'année, les premiers navires de guerre et porte-avions occidentaux croisent déjà dans le golfe Persique.

Bien que non concerné pour le moment, Israël se prépare au pire. Les hommes de la protection civile répètent à tous les consignes de sécurité et vérifient l'état des abris antiatomiques car nous pensons que Saddam possède des armes chimiques ou bactériologiques non conventionnelles et qu'il n'hésitera pas à s'en servir contre nous le cas échéant.

La loi israélienne ordonne alors l'édification d'un abri à moins de cinq cents mètres de toute habitation et conseille d'isoler hermétiquement au moins une pièce dans chaque maison. Nos conditions de logement à Neve Shalom Wahat al-Salam sont telles à l'époque que nous sommes loin des normes préconisées. Bien heureux quand nos fenêtres ferment, nous ne leur demandons pas d'être étanches. En revanche, nous avons effectivement construit un abri conforme aux normes. Ni luxueux ni même confortable, il nous assurera néanmoins une protection suffisante contre une attaque. C'est ici que tous les habitants du village devront se réfugier en cas de bombardement.

Nous avons vérifié les installations, entassé les vivres et branché un poste de télévision qui nous reliera au monde extérieur et nous informera de l'évolution de la situation si les choses tournent mal. Il ne reste plus qu'à espérer que ce fortin ne servira à rien, mais tout laisse présager du contraire.

Saddam Hussein ne peut plus reculer. Pour sortir de son isolement et s'attirer les bonnes grâces des pays arabes, il brandit la menace qu'ici nous attendions tous et déclare publiquement : « J'attaquerai Israël. Je libérerai la Palestine et rendrai Jérusalem aux Arabes. »

Ces menaces sont prises très au sérieux par notre gouvernement qui multiplie les contacts internationaux et les réunions d'état-major.

Coincée entre l'Irak et Israël, entièrement exposée aux tirs irakiens, et peuplée de nombreux Palestiniens, la Jordanie, par mesure de prudence plus que par conviction, apporte son soutien à Saddam. Dans la foulée, Yasser Arafat, depuis Tunis où il s'est replié, se range, lui aussi, aux côtés du dictateur. Il se rend même à Bagdad pour lui témoigner sa sympathie et lui dire de vive voix tout le bien qu'il pense de ses projets.

Cette démarche est pour nous une catastrophe car elle creuse un peu plus le fossé entre nos deux communautés à l'intérieur du pays. Notre village n'échappe pas à ce poison, les vieux démons nationalistes ressurgissent plus ou moins ouvertement. Même Eyas refuse de condamner l'alliance d'Arafat et de Saddam. J'en suis mortifiée. Cet homme immonde, ce tortionnaire coupable de mille crimes et ignominies proclame qu'il veut anéantir Israël, anéantir mon pays, ma patrie, et mon mari ne le condamne pas sur-le-champ. C'est insupportable. Comment peut-il s'identifier à ce monstre ? Une fois de plus, je me sens menacée dans mon identité et dans ma chair, je suis une victime potentielle, et l'homme que j'aime, celui qui s'est engagé à me protéger le jour de notre mariage, m'abandonne. Il se range dans le camp de mes agresseurs.

Ce moment est gravissime. Le village est au bord de l'implosion. Plus que jamais nous devons garder notre sang-froid, appliquer nos principes. Je cours voir Ilan, Nava, tous les anciens de Neve Shalom Wahat al-Salam, et nous organisons immédiatement une assemblée générale exceptionnelle. Nous devons absolument nous parler.

*
**

EYAS

Wahat al-Salam Neve Shalom (janvier 1991)

Tous les représentants des trente familles que compte aujourd'hui Wahat al-Salam Neve Shalom sont réunis dans une vaste salle du village. Le climat est extrêmement tendu. L'assemblée compte à peu près autant d'Arabes que de Juifs car nous avons tenu nos engagements de parité entre les deux communautés, ce dont je me félicite en ces circonstances particulières. Un déséquilibre aurait immédiatement incité la minorité à se replier sur elle-même alors que là, les deux communautés sont prêtes au débat et n'affichent aucun complexe.

Je comprends les reproches voilés qu'expose Evi. Prenant la parole, elle se contente, habilement, pour ne pas envenimer le débat, de s'étonner d'entrée que nous puissions soutenir un personnage aussi détestable que Saddam. C'est pourquoi je tiens à lui répondre personnellement devant notre auditoire :

– Ce n'est pas l'homme qu'Arafat soutient, c'est le symbole qu'il représente pour le peuple palestinien. Après des années d'oppression, d'humiliations, de spoliations, nous trouvons enfin notre champion. Un Arabe se dresse devant Israël et lui fait peur. Nous l'attendions depuis des années, il arrive enfin. Même s'il n'est pas présentable, pouvons-nous le rejeter ? Pouvons-nous expliquer aux Palestiniens qui s'entassent dans la bande de Gaza, à ceux qui, tous les jours, présentent leurs papiers aux soldats israéliens à la sortie de Ramallah et de Jérusalem-Est, que cet Arabe-là, qui leur propose une terre, une nation bien à eux, ne nous convient pas parce qu'il ne répond pas aux critères démocratiques de nos oppresseurs ? Pouvons-nous leur refuser de retrouver leur dignité parce que leurs adversaires craignent de perdre la leur ? Le vrai problème est là. Il ne s'agit pas de savoir si nous soutenons ou, en tout cas, ne condamnons pas Saddam, il faut comprendre pourquoi nous nous reconnaissons dans son discours. Nous ne suivons pas Saddam parce qu'il veut tuer des Juifs ; nous le suivons parce qu'il nous permet de relever la tête, parce qu'il nous offre l'espoir de ne plus être les éternels perdants.

Mes amis juifs ont écouté mon intervention en silence. L'un d'eux souhaite aussitôt me répondre :

– Je comprends et j'admets tes ressentiments à l'égard des Juifs, mais si ta soif de revanche est toujours aussi présente, si elle ressurgit dès qu'une occasion se présente, alors, ici, nous faisons fausse route, nous nous mentons les uns aux autres et à nous-mêmes. Nous offrons le spectacle de la réconciliation, de l'union, de la tolérance, alors que la division et la rancœur sommeillent toujours dans nos cœurs. Si c'est cela, Eyas, écoute-moi bien, nous sommes pires que les plus extrémistes du Likoud parce que nous sommes des hypocrites, des marchands d'illusions, des faussaires de l'esprit...

Un intervenant arabe se manifeste immédiatement :

– Je ne vois pas où est l'hypocrisie. Nous avons toujours affirmé que l'objectif de notre village n'était pas la fusion entre nos deux communautés mais la démonstration que nous pouvons vivre côte à côte en paix, en harmonie. Juifs ou Arabes, nous sommes tous partisans, ici, de la création d'un État palestinien. Si nous pouvons y parvenir par la négociation tant mieux. Malheureusement, le gouvernement israélien ne me semble pas disposé à négocier. Il faut donc, hélas, le contraindre par d'autres moyens. Croyez bien que je regrette, moi aussi, que Saddam se présente comme un recours, mais c'est l'intransigeance des dirigeants juifs qui nous pousse dans les bras de ce fou furieux et nous empêche d'appliquer à l'échelle du pays les principes que nous développons ici dans notre village. Alors ne parlons pas d'hypocrisie mais de réalisme.

Un débat extrêmement vif, tendu, se développe ainsi pendant plusieurs heures. Nous frôlons plusieurs fois la rupture mais parvenons à nous rétablir grâce aux liens réels que nous avons tissés et qui nous unissent. Le malaise est profond. Pour la première fois, il persiste malgré la discussion et l'un des nôtres sent que, cette fois, nous ne parviendrons pas à le dissiper. Il contourne alors l'obstacle en parant au plus pressé :

– Il ne sert plus à rien de discuter à l'infini : dans l'immédiat nos destins sont liés. En cas d'attaque les bombes ne feront pas le tri entre les bons et les méchants ; elles écraseront tout le monde, Arabes ou Juifs, la mort sera la même pour tous. Alors même si nous restons divisés sur les motifs de cette guerre, assurons au moins notre sécurité en commun. C'est notre intérêt à tous.

Ce brusque recadrage est habile. Il met un terme à la réunion et nous motive à nouveau autour d'un projet commun.

*
**

EVI

Neve Shalom Wahat al-Salam (janvier 1991)

L'opération « Tempête du désert » est déclenchée dans la nuit du 16 au 17 janvier. Des avions américains décollent des porte-avions stationnés dans le golfe Persique et attaquent l'Irak. Durant toute la nuit, les chasseurs pilonnent les troupes irakiennes et les centres vitaux du pays. Israël retient son souffle, guettant la réaction de Saddam Hussein.

Elle ne se fait pas attendre. Dès le lendemain soir, nous sommes avertis par la télévision que la riposte est imminente. Nous ramassons aussitôt quelques effets préparés depuis longtemps et nous courons vers l'abri. Enceinte de six mois, je me déplace difficilement. Nous arrivons parmi les derniers dans le local où s'entassent les trente familles du village. Certains serrent fébrilement dans leurs mains les seringues qui nous serviront à nous injecter un sérum de protection en cas d'attaque biologique. Affolés, perturbés dans leur sommeil, beaucoup d'enfants pleurent et les mamans stressées ne parviennent plus à les rassurer. Le téléviseur est allumé, tout au bout de l'abri. Nous ne pouvons en détacher nos yeux. Nous allons vivre cette guerre en direct. Les affrontements seront retransmis vingt-quatre heures sur vingt-quatre, nous les suivrons à l'écran comme un sinistre film dont nous sommes les acteurs.

Nous avons été prévenus que dès qu'un missile sera tiré depuis l'Irak une voix prononcera à la radio et à la télévision le mot « vipère ». Nous devrons alors mettre nos masques protecteurs jusqu'à son explosion, environ huit minutes plus tard. Nos experts vérifieront alors qu'il ne s'agit pas d'une arme chimique ou biologique. Si l'arme est conventionnelle, le mot « moiteur » annoncera la fin de l'alerte à la télévision.

C'est en pleine nuit que, brusquement, ce mot « vipère » résonne dans notre abri. Il nous glace le sang comme un venin mortel. Par précaution nous mettons nos masques à gaz et faisons entrer les enfants dans de petites tentes spécialement aménagées pour les protéger de toute émanation de gaz, car ils ne supporteraient pas longtemps le port du masque. En revanche, se glisser dans leurs petits abris les calme instantanément et constitue même pour eux un véritable jeu. Nous finissons par en sourire malgré la gravité de la situation. Au moins, ils ne réalisent pas le danger qui plane sur eux. Quant à moi, je passe machinalement la main sur mon ventre : mon bébé est là, et c'est là où il est le mieux.

Quelques secondes plus tard nous voyons sur notre téléviseur le premier missile sol-sol Scud frapper Tel-Aviv de plein fouet. Je plaque mes deux mains devant ma bouche pour étouffer un hurlement et ne rencontre que la masse froide de mon masque. De gigantesques flammes s'élèvent au-dessus du point d'impact cependant que, déjà, nous percevons à l'écran un second sifflement annonçant un autre missile. Le bruit des explosions se mêle aux hurlements stridents des sirènes de la ville. Ces images de Tel-Aviv embrasé, meurtri sont terribles. J'ai peur. Nous avons tous peur.

Le reste de la nuit est plus calme et c'est avec un immense soulagement que nous entendons enfin le mot « moiteur » qui nous libère de l'angoisse et nous autorise à ôter nos masques. Nous parvenons alors à dormir un peu, ne laissant qu'un veilleur devant notre téléviseur.

Les mêmes alertes et les mêmes scènes se renouvellent les nuits suivantes, quatre fois, cinq fois... mais nous comprenons vite que notre village ne risque quasiment rien : les Irakiens concentrent leurs tirs sur Tel-

Aviv. En Cisjordanie, les Palestiniens font le même constat et, un soir, nous recevons en plein visage des images qui, à nouveau, jettent le trouble et la discorde dans notre communauté : installés sur les terrasses des maisons, des groupes de jeunes gens hurlent et applaudissent lorsqu'un Scud les survole avant d'aller s'écraser sur Tel-Aviv. Je trouve ces manifestations de joie parfaitement indécentes. Je le dis publiquement. Personne ne me répond, mais je vois bien que, sans l'avouer, certains Arabes de notre communauté ne seraient pas mécontents de s'associer à la fête.

Le fait de partager le même abri a conforté nos liens, a consolidé notre esprit de solidarité mais, malgré tout, il est évident que Juifs et Arabes n'ont pas la même vision du conflit. Il est inutile de le nier, et c'est pour cela que nous jugeons utile de créer des groupes de réflexion réunissant, chacun de leur côté, Juifs et Arabes. C'est la première fois dans l'histoire du village que nous nous divisons, mais nous l'estimons nécessaire. Chacun doit pouvoir réfléchir et s'exprimer sans retenue. Les non-dits deviennent étouffants et terriblement dangereux dans les réunions communes. Ces petits comités vont servir de soupapes de sécurité.

L'idée est bonne car très vite je me surprends à questionner Eyas, par jeu, pour savoir ce qui se dit dans le clan des Arabes. La tension baisse, l'agressivité s'estompe. Mais la guerre continue.

Au dixième jour du conflit, certains de ne pas être pris pour cible, nous sommes autorisés à dormir à nouveau dans nos chambres, mais auparavant Ilan et Eyas, un Juif et un Arabe – ce choix est volontaire –, vérifient que toutes les portes et fenêtres ferment hermétiquement. Seul un veilleur reste en permanence dans l'abri devant le téléviseur.

Saddam continue, en revanche, à bombarder Tel-Aviv, mais il n'utilise que des armes traditionnelles, ce qui limite les dégâts. On ne dénombre pas de morts, mis à part quelques accidents cardiaques, mais les blessés se comptent tout de même par dizaines et Yitzhak Shamir enrage de ne pouvoir riposter. Les Américains et les Nations unies l'ont supplié de ne pas le faire pour que le conflit ne dégénère pas.

Pour l'instant l'Irak est opposé, globalement, au reste du monde et Saddam s'est mis en faute en envahissant un pays souverain, ce qui, en application de la charte des Nations unies, lui interdit tout appui. C'est bien pour cela qu'il tente de détourner le conflit en entraînant Israël dans la guerre. Si l'État hébreu répond à la provocation, certains pays arabes seront obligés d'intervenir, ce qui changerait totalement la donne. La situation internationale deviendrait ingérable, et l'on ne pourrait échapper à l'élargissement du conflit, avec tous les risques que cela comporte.

Israël accepte donc de subir en serrant les dents. En contrepartie les Américains déploient sur son sol des batteries anti-missiles Patriot et fournissent même les servants. L'intention est louable mais le système défensif ainsi installé se révèle assez perméable. Les Scud passent facilement à travers les mailles du filet. Trente-neuf atteindront leur cible avant que l'armée irakienne abandonne ses positions et batte en retraite.

Le harcèlement aérien des coalisés dure cinq semaines. L'aviation prépare le terrain aux chars qui entrent en action le 24 février et balayent sans difficulté les restes de l'armée irakienne encore présente au Koweit. Le général Schwarzkopf, chef d'état-major de l'armée américaine, propose de poursuivre les troupes en déroute de Saddam jusqu'à Bagdad afin d'éliminer la redoutable garde présidentielle encore intacte et d'en finir une fois pour toute avec le dictateur. Schwarzkopf ne demande que deux jours pour mener son projet à bien mais Washington ne lui accorde pas ce délai et lui refuse le droit de poursuite. Il aurait pourtant dispensé le monde d'une autre guerre beaucoup plus douteuse avec l'Irak quelques années plus tard.

Officiellement, la Maison Blanche justifie sa position par le fait que le mandat de l'ONU se limite à la libération du Koweit et non à la chute de Saddam Hussein. Les diplomates avancent aussi que les pays arabes engagés aux côtés des alliés refusaient d'envahir un pays frère musulman. Les Occidentaux auraient donc dû s'aventurer seuls sur le territoire irakien.

En fait, il apparaît surtout, aujourd'hui, que les Américains souhaitent alors laisser Saddam en place parce qu'ils n'ont personne pour le remplacer et que leurs amis et alliés, saoudiens, sunnites, verraient d'un très mauvais œil les chiites – majoritaires en Irak et proches de l'Iran – prendre le pouvoir.

Mais en cette fin février, en Israël, nous sommes bien loin de ces supputations politiques. Nous nous réjouissons avant tout de la fin de la guerre.

Les Palestiniens toutefois sont amers. Ils se retrouvent à nouveau dans le camp des perdants et le vivent mal. Les lourds dégâts matériels infligés aux villes côtières ne les consolent pas. Ils constatent surtout que les Occidentaux se mobilisent très vite pour voler au secours du Koweit envahi par l'Irak alors que personne ne se préoccupe de la Palestine occupée illégalement par Israël depuis des années. De plus, la situation s'aggrave encore dans les territoires palestiniens qui doivent faire face à un nouvel afflux d'immigrés expulsés du Koweit et des autres émirats où ils travaillaient avant la guerre. La sœur d'Eyas et sa famille font partie de ces migrants qui viennent grossir la population de villes et de villages déjà surpeuplés. Sans travail, ils ne peuvent plus subvenir aux besoins de leurs familles, ce qui ne fait que détériorer un peu plus une situation déjà catastrophique.

Ces constats perturbent encore les soirées de Neve Shalom Wahat al-Salam pendant quelque temps, mais la vie reprend peu à peu ses droits et nous nous efforçons d'oublier nos divergences. Cet épisode nous aura toutefois prouvé qu'il nous reste encore beaucoup de travail à faire sur nous-mêmes pour arriver à une solution du problème palestinien équitable ct acceptable par tous.

Pour ma part, je suis doublement satisfaite de la fin du conflit car la paix revenue va me permettre de terminer ma grossesse dans des conditions plus sereines et plus confortables.

C'est en tout cas ce que j'espérais mais la nature en décide autrement, et fin mars mon accouchement se présente très mal. Mes contractions commencent le jeudi 29 mars dans la soirée, et se poursuivent jusqu'au vendredi soir. C'est éprouvant et j'ai hâte d'en terminer lorsque je réalise que ma fille va naître le 30 mars, le jour de la Fête arabe de la Terre et cela me dérange. Je souhaite que ces deux dates anniversaires ne se chevauchent pas, mais je ne suis pas maître du jeu. Dans la soirée de vendredi, épuisée, je m'abandonne totalement entre les mains des médecins et de la sage-femme qui me font effectuer mon travail.

Ma petite Maï naît dans la nuit. Je suis folle de joie lorsque la sage-femme la dépose sur mon ventre et je profite totalement de ce moment magique.

Plus tard, alors que je récupère et que l'on me présente à nouveau ma fille, je demande à Eyas qui est resté près de moi :

– À quelle heure est-elle née ?

– Vers minuit.

– Oui, mais à quelle heure exactement ?

Surpris par ce souci de précision, il avoue son ignorance et court s'enquérir de l'heure exacte. Peu après il me précise :

– 0 h 15.

Ouf ! Me voilà rassurée. À un quart d'heure près c'était le Jour de la Terre. La célébration de cette fête est déjà assez problématique pour notre couple, inutile de la compliquer davantage en y greffant l'anniversaire de notre fille. Elle serait la première à ne plus s'y retrouver. Tout est bien ainsi et je peux enfin me reposer.

Pas très longtemps car, dès mon réveil, Eyas me tend la fiche de naissance de Maï : dans les cases réservées à la nationalité et à la religion, une nurse a inscrit deux fois « juive », ce qui déplaît profondément à mon mari.

J'ai déjà guerroyé contre mes parents qui souhaitaient que Maï conserve le patronyme de Guggenheim, comme la loi israélienne l'autorise, il va maintenant falloir que j'entame des démarches administratives pour faire rectifier la fiche de naissance, et laisser vierges les cases nationalité et religion.

Nous faisons appel à un avocat, et il nous faut plusieurs mois pour que la Haute Cour nous donne enfin satisfaction. C'est vraiment compliqué de vivre en dehors des sentiers battus...

En revanche, Maï réussit déjà le merveilleux exploit de réunir nos deux familles autour de son petit lit. Pendant ma grossesse, mes parents m'avaient déjà rendu plusieurs fois visite et désormais ils ne résistent pas au plaisir de venir voir leur petite-fille à la clinique. Ils reportent sur ce petit ange les cadeaux et surtout l'affection qui ont tant fait défaut à notre mariage.

*
**

EYAS

Wahat al-Salam Neve Shalom (avril 1991)

Que d'événements en ce début d'année 1991 !

Après la guerre et les tensions au village qu'elle a provoquées, nous avons enfin emménagé dans notre maison, juste avant la naissance de Maï. Handicapée par sa grossesse, Evi n'a pas pu aménager la chambre du bébé comme elle le souhaitait mais une pièce entière est réservée à notre enfant et, si l'ameublement est encore assez sommaire, nous nous délectons de l'espace et du volume dont nous disposons enfin. Après tant d'années étouffantes dans nos chambrettes aménagées, nous renaissons.

À peine installé entre mes nouveaux murs, alors que

je n'ai pas seulement eu le temps de profiter de notre vue splendide sur la vallée, j'ai été sollicité pour occuper le poste de maire de Wahat al-Salam Neve Shalom. J'ai accepté avec joie cette charge qui m'honore et que j'entends assumer avec sérieux et efficacité dès mon élection. Nos projets pour le village ne manquent pas. Totalement impliqué dans la vie communale depuis toujours, je les connais suffisamment pour les affronter sans crainte. C'est l'avantage d'une gestion communautaire. Chacun est toujours concerné par la vie de la cité.

Absorbé par ma prise de fonction à la tête de notre commune, je me détache un peu de la politique du pays pendant quelques semaines et je suis surpris lorsque j'entends Shamir annoncer le 1er août qu'il est prêt à se rendre à Madrid pour négocier un accord de paix avec les Palestiniens.

En fait le Premier ministre israélien n'a pas tellement le choix. Le Président Bush entend en finir avec ce problème palestinien qui empoisonne la région. Il a obtenu l'accord des chefs d'État égyptien, syrien et jordanien pour une conférence au sommet en Espagne à laquelle seront conviés les représentants de l'OLP. Il demande alors à Shamir de se joindre à ses homologues arabes et de participer à cette conférence pour la paix placée sous la double présidence de Bush et de Gorbatchev.

Mis devant le fait accompli, Shamir n'a plus qu'à s'exécuter. La communauté internationale ne comprendrait pas qu'il refuse de participer à cet effort de paix. Il donne donc son accord.

Pendant des mois Shamir, Moubarak, Assad et le roi Hussein passent ensuite au peigne fin les noms des représentants palestiniens pressentis par l'OLP pour participer à la conférence.

Après de multiples tractations, la conférence de Madrid s'ouvre enfin le 30 octobre 1991. Les délégués palestiniens sont intégrés au sein de la représentation jordanienne.

Les travaux débutent dans l'euphorie. Les journaux américains pavoisent et le Président Bush, se félicitant du succès de l'opération, clame que ce sommet constitue une formidable avancée sur le chemin de la paix.

Et il est vrai qu'autour de la table des négociations chacun se montre optimiste et confiant. C'est d'autant plus facile que les véritables problèmes de fond ne sont pas abordés. Pour tous les observateurs, ce sommet apparaît très vite comme un trompe-l'œil. Chacun y est venu pour faire preuve de bonne volonté mais personne ne tient à changer quoi que ce soit à la situation, et c'est bien là le seul point sur lequel tous les participants sont d'accord. Persuadés que tout cela ne servira strictement à rien, ils sont parfaitement détendus et s'entendent sur des détails dénués de tout intérêt.

Ils se trompent pourtant sur un point : même s'ils ont brassé du vent et de belles intentions pendant plusieurs jours, ils se sont néanmoins tous assis autour de la même table, démontrant ainsi que le dialogue israélo-arabe est possible. Ils n'en ont pas encore conscience, mais ils ont officiellement enclenché un processus de paix, qu'ils le veuillent ou non.

D'ailleurs les responsables palestiniens du Hamas ne s'y trompent pas. Ils sentent le danger, flairent l'accord qui se profile, refusent de se laisser endormir et relancent immédiatement une campagne d'attentats destinée à prévenir toutes dérives et tentations pacifistes.

Afin de justifier leur action, les Frères musulmans mettent en avant la politique de Shamir qui continue à favoriser les implantations de colons juifs dans les territoires occupés. Ils sont maintenant cent douze mille en Cisjordanie et dans la bande de Gaza, et la tendance n'est pas au retrait.

Dans ce contexte, malgré le sommet de Madrid, la paix n'est pas encore pour demain.

CHAPITRE XV

EYAS

Wahat al-Salam Neve Shalom (juin 1992)

Figé devant l'écran de télévision, je ne parviens pas à y croire : en ce 23 juin 1992 le Likoud, qui dirigeait Israël depuis quinze ans, vient de perdre les élections législatives. Le Parti travailliste de Yitzhak Rabin prend le pouvoir. J'en suis tellement heureux que je crains un démenti à tout moment. Il doit y avoir une erreur ; on va le constater en recomptant les voix...

Mais les minutes passent et la nouvelle se confirme : sur les cent vingt sièges que compte la Knesset, les travaillistes en enlèvent quarante-quatre, contre trente-deux à droite. Avec cette victoire, une ère nouvelle s'ouvre pour le pays car, pour le gouverner, Rabin obtient l'appui d'un parti de gauche, le Meretz, mais également celui des cinq députés israéliens arabes élus au Parlement. Sans changer radicalement, il est clair que la politique du pays va prendre de nouvelles orientations.

Rabin n'a pas laissé que de bons souvenirs aux Palestiniens, loin de là. Il s'est associé aux mesures répressives et a cautionné la colonisation sauvage lorsqu'il a occupé des postes ministériels dans les gouvernements de coalition précédents. Chacun sait aussi qu'il déteste Arafat ce qui, a priori, ne laisse rien augurer de bon. Cependant, la position du nouveau Premier ministre sur le problème palestinien a considérablement évolué. Il admet aujourd'hui qu'Israël ne pourra échapper à la création d'un État palestinien et, visiblement, la majorité des Israéliens pense comme lui, puisqu'il vient de gagner les élections en faisant campagne sur ce thème. Mais, pour faire appliquer son programme, sa marge de manœuvre va être extrêmement réduite car l'équilibre droite-gauche reste fragile et les extrémistes peuvent reprendre la main à tout moment pour peu que les Israéliens sentent leurs frontières menacées. Le peuple souhaite la paix, mais pas à n'importe quel prix. Rabin sera comptable de ses concessions devant l'opinion et il le sait. Bien qu'il lui en coûte, il envisage un rapprochement avec l'OLP mais sa démarche devra attendre quelques mois, car elle est suspendue aux élections américaines prévues pour le mois de janvier. Le successeur de George Bush suivra-t-il la même politique que lui sur le Proche-Orient ?

En janvier 1993, la question reste entière lorsque Bill Clinton est élu. On le dit peu concerné par la politique étrangère et il risque donc de laisser en friche le terrain cultivé par son prédécesseur.

Il n'en est rien. Très vite, Clinton apparaît, au contraire, déterminé à régler le problème palestinien. Le processus de paix est réactivé aussitôt après son élection. Dans le plus grand secret, des contacts sont pris entre des émissaires d'Israël et de l'OLP.

Ces rendez-vous clandestins pourraient coûter très

cher à Rabin car une loi interdit aux Israéliens tout contact avec un membre de l'Organisation de libération de la Palestine. Pour ne pas se mettre en faute et prêter ainsi le flanc à la droite, Rabin fait abroger cette loi par la Knesset le 19 janvier. Dès lors, même s'ils restent très discrets, les représentants des deux parties peuvent au moins se rencontrer en toute légalité et, surtout, sans crainte de voir la nouvelle opposition israélienne saisir l'occasion pour faire capoter les négociations et même, peut-être, renverser le gouvernement.

Le ton est donné : on va vers le dialogue. Mais on ne se précipite pas. Les premiers négociateurs ne sont même pas mandatés officiellement. Ils défrichent le terrain dans l'ombre pour leur propre compte. Leurs dirigeants respectifs font mine de n'être au courant de rien. Pire, ils réaffirment leur volonté d'en découdre. Arafat ne s'oppose pas aux actions de plus en plus meurtrières du Hamas et du Djihad qui amènent une répression musclée des autorités israéliennes. Tout comme Rabin, le leader palestinien ne peut laisser croire qu'il trahit ou qu'il capitule. Il faut montrer sa force avant de s'asseoir, éventuellement, à la table des négociations. Rabin le dira d'ailleurs clairement plus tard : « Il faut combattre le terrorisme comme s'il n'y avait pas de processus de paix, et poursuivre le processus de paix comme s'il n'y avait pas de terrorisme. »

Cette phrase restera célèbre. Elle illustre à la perfection la politique menée sur le terrain et celle conduite en coulisse.

Ainsi, malgré la violence, des négociateurs réunis à Oslo, en Norvège, progressent à pas mesurés. Rabin et Arafat sont tenus régulièrement informés de leurs travaux. D'abord sceptiques et pessimistes, ils sont obligés de constater que des points d'accord apparaissent au fil des semaines. Vers la fin mai, l'esquisse d'un protocole se dessine. Les travaux se poursuivent tout l'été et les derniers ajustements sont effectués à la fin du mois d'août.

Un texte dans lequel Israël et l'OLP s'accordent une reconnaissance mutuelle est accepté par les deux partenaires.

Le 30 août, le conseil des ministres israélien approuve ce texte qui est aussitôt rendu public. Il rencontre un franc succès parmi la population juive. Arafat, en revanche, a plus de mal à le faire passer parmi les siens. Les Palestiniens se sentent frustrés parce que les colonies juives demeurent et qu'ils ne récupèrent pas la partie Est de Jérusalem.

Tout en déplorant aussi ce fait, je suis tout de même satisfait par cet accord d'Oslo qui marque la reconnaissance de la Palestine. C'est un premier pas important. Enfin nous existons en tant que peuple et, reconnus comme tel, il va bien falloir nous accorder une terre.

Autre point positif : les deux parties s'engagent à une sorte de pacte de non-agression, ce qui laisse espérer, enfin, des jours plus calmes.

La signature officielle de cette « Déclaration de principe » est organisée par Bill Clinton le 13 septembre dans les jardins de la Maison Blanche. La cérémonie est retransmise en direct par toutes les radios et télévisions israéliennes.

J'entends ainsi Arafat déclarer : « Les Palestiniens ont l'impression d'avoir subi une injustice de l'Histoire », et Rabin lui répondre : « Nous sommes voués à vivre ensemble sur le même sol, la même terre. »

Une immense fête est prévue à Wahat al-Salam Neve Shalom pour saluer ce formidable espoir de paix. Pour la première fois nous pouvons accrocher côte à côte, aux fenêtres de nos maisons, des drapeaux israéliens et palestiniens. Jusqu'à présent les couleurs de la Palestine étaient prohibées en Israël. Quiconque les arborait était passible de poursuites.

Pendant une grande partie de la nuit, nous chantons, dansons et discutons interminablement. Ces accords d'Oslo sont la preuve que nous sommes en avance sur l'Histoire, que nous sommes dans le vrai, que nous traçons la voie à ceux qui nous condamnent encore.

C'est vrai, à l'issue des négociations, Arafat n'a quasiment obtenu que le droit d'exister. Mais c'est énorme et notre peuple a tort de lui reprocher d'avoir cédé sur les revendications territoriales. Avant de prétendre à la terre, il faut déjà acquérir une légitimité. Nous ne disons pas autre chose à l'École de la Paix, au point d'y refuser obstinément toute rencontre entre Israéliens et Palestiniens des territoires occupés, car nous estimons que le dialogue ne peut être constructif et sain que s'il se déroule sur un pied d'égalité. Si l'un des participants arrive en position d'infériorité, amputé de sa terre, il va, soit développer un complexe et masquer sa rancœur, soit aiguiser une haine qui alimentera son agressivité. Dans un cas comme dans l'autre le débat restera infructueux.

On nous a souvent reproché notre intransigeance sur ce point, nous accusant même de fuir nos responsabilités en évitant le véritable débat. Nous y avons réfléchi longuement et avons acquis la certitude qu'il ne fallait pas brûler les étapes et que l'objectif était, au contraire, de faire prendre conscience à certains Juifs que des chaises resteront inoccupées tant qu'un minimum d'égalité ne sera pas établi entre nos deux peuples.

Sitôt les accords d'Oslo entérinés, nous comblons cette lacune et ouvrons nos portes aux Palestiniens des territoires occupés, désormais reconnus.

Nous établissons un partenariat avec deux organisations arabes, l'une implantée à Naplouse et l'autre à Ramallah, qui se chargent, dans un premier temps, du recrutement des candidats puis, très vite, de leur sélection car les demandes d'inscriptions affluent de toutes parts. En quelques semaines, les étudiants juifs se retrouvent, souvent, minoritaires dans nos groupes de travail, ce qui était extrêmement rare avant les accords d'Oslo.

La signature de ce pacte entre Rabin et Arafat modifie totalement les comportements et donne un coup de fouet inespéré à notre village en général, et à l'École de la Paix en particulier. Brusquement, dans tout le pays, nous devenons une référence, un modèle, une projection vers l'avenir. Tout le monde veut juger ce que nous avons mis en place car nous devenons l'échantillon de ce qu'Israël sera peut-être demain. Il ne se passe plus une journée sans que nous recevions au village les envoyés spéciaux de chaînes de télévision, de radios ou de journaux venus du monde entier. En un an, le nombre d'inscrits à l'École de la Paix est multiplié par deux. Mais la publicité qui nous est offerte profite aussi au village. De nombreuses familles souhaitent maintenant s'y installer. Nous devons refuser des candidatures tant elles sont nombreuses. Wahat al-Salam Neve Shalom ne pourrait absorber tout ce monde et nous ne voulons pas risquer d'être débordés, asphyxiés par une expansion trop rapide que nous ne pourrions maîtriser. Nous préférons poursuivre sagement le développement de notre village qui commence à avoir fière allure avec ses maisons neuves coquettes et soignées.

Cette multitude de reportages et d'articles qui nous sont consacrés nous font connaître dans le monde entier et nous facilitent considérablement la tâche dans notre recherche permanente de fonds. Ainsi, l'Union européenne, que nous sollicitons, délègue des parlementaires qui remettent un rapport élogieux sur nos activités au parlement de Strasbourg. Une aide nous est immédiatement accordée.

À l'intérieur même d'Israël, nos rapports avec le gouvernement évoluent. Ministre de l'Éducation nationale, Mme Shulamit Aloni accorde à notre école primaire la reconnaissance officielle de l'État. Le changement de statut nous fait passer du privé au public, ce qui nous soulage considérablement au niveau financier. L'État prend ainsi à sa charge quelques instituteurs qui viennent renforcer nos propres équipes pédagogiques. Deux caravanes transformées en salles de classe nous sont offertes pour faire face à l'afflux des élèves, et des bus de ramassage scolaire desservent désormais Wahat al-Salam Neve Shalom. En plus de son aide matérielle, le ministère de l'Éducation qualifie notre école d'exemplaire et invite tous les établissements scolaires du pays à s'inspirer de notre expérience.

D'ailleurs, très vite, plusieurs stagiaires viennent suivre une formation à Wahat al-Salam Neve Shalom. À l'issue de celle-ci, l'un d'entre eux ouvrira une école à Jérusalem et un autre mettra en place un jardin d'enfants et une école en Galilée. Nous initions volontiers ces adeptes de nos méthodes en les mettant toutefois en garde sur certains dangers. L'assimilation, notamment, ne se fait pas facilement. Nous en avons le parfait exemple dans notre village à cette époque pourtant positive.

En 1992, un couple d'intellectuels juifs connus, très marqué à gauche, s'était installé à Wahat al-Salam Neve Shalom avec ses enfants. A priori, compte tenu des idées que l'homme comme la femme développaient publiquement, leur intégration n'aurait dû poser aucun problème. Et pourtant, de la théorie à la pratique il y a un pas que la jeune femme n'a pu franchir. Après un an de présence, lorsque nous lui avons demandé, selon nos statuts, si elle souhaitait devenir membre de Wahat al-Salam Neve Shalom, elle a prétexté des obligations professionnelles pour regagner Jérusalem. Nous savions depuis longtemps qu'il n'en était rien et qu'elle ne supportait pas que sa fille soit placée au jardin d'enfants sous la tutelle de Aïsha, une monitrice arabe. Cette dame, que nous gardons en haute estime, continue à proférer un discours de gauche intercommunautaire que nous approuvons toujours, mais qui nous étonne un peu dans sa bouche.

Cette démission est la dernière que nous ayons enregistrée dans notre village. Il est étrange qu'elle soit survenue au moment où l'avenir nous souriait.

J'ai été affecté par ce départ, mais il valait mieux

que ce couple parte plutôt que de gangrener notre communauté, et les bonnes nouvelles qui s'accumulent me font vite oublier cette déconvenue.

Parmi celles-ci, une réponse d'Arafat qui, à notre demande, accepte de nous recevoir. Le leader palestinien va accueillir à Gaza une délégation de notre village, afin que nous lui expliquions son fonctionnement et sa philosophie.

Un matin, notre groupe, composé de représentants juifs et arabes, arrive à la frontière palestinienne de la bande de Gaza où nous sommes pris en charge et escortés par des motards de la police arabe jusqu'au bureau de Yasser Arafat.

Même si je n'approuve pas tous ses choix ni toutes ses actions, rencontrer cet homme mythique est assez émouvant et j'en éprouve une certaine fierté car ce sont notre travail et nos idées qui sont reconnus à travers cette démarche.

Arafat nous reçoit de manière très détendue, sans aucun protocole. Souriant, sanglé dans son uniforme et coiffé de son légendaire keffieh noir et blanc, il nous invite à nous asseoir autour d'une vaste table de conférence ovale puis, après quelques paroles de bienvenue et de paix, nous invite à lui décrire notre action et nos objectifs.

Il nous écoute attentivement, puis nous félicite pour notre courage, notre pugnacité et nous recommande de poursuivre sur cette voie.

Après cet entretien au sommet, nos amis juifs vivent un moment de bonheur intense en déambulant en toute liberté, sans crainte, dans les rues de Gaza. Quelques mois plus tôt, en pleine Intifada, ils auraient été lapidés.

Nous goûtons ensemble ce moment de paix inoubliable et nous ne parvenons pas à nous détacher des ruelles poussiéreuses où des dizaines de gosses nous filent entre les jambes en riant.

*
**

EVI

Neve Shalom Wahat al-Salam (octobre 1993)

J'éprouve une étrange impression en regardant à la télévision ces Israéliens qui défilent sans moi dans les rues de Jérusalem et de Tel-Aviv en brandissant des pancartes. Pour la première fois depuis des années, des manifestations sont organisées en ville et je n'y participe pas parce que je dois garder ma fille. Je me sens presque en faute...

Mais c'est la droite qui aujourd'hui descend dans la rue pour exprimer son désaccord avec le gouvernement et son mécontentement après les accords d'Oslo. Ce renversement de situation me fait sourire mais il ne faudrait pas que le mouvement dégénère. Je crains toujours les provocations des extrémistes des deux bords. La paix entrevue à Oslo est mal perçue par beaucoup d'entre eux. Les Israéliens d'extrême droite comme les partisans du Hamas y voient plus une trahison qu'une main tendue.

Et pourtant, depuis un mois, j'apprécie comme tant d'autres cette nouvelle situation qui dérange les va-t-en-guerre. Eyas peut désormais rendre visite librement à ses sœurs bloquées depuis des années à Naplouse et

Jénine. Cette liberté nouvelle, cette autonomie, sont les ballons d'oxygène que le peuple palestinien attendait depuis trop longtemps.

J'accompagne Eyas lors d'une de ses visites à Naplouse et je partage sa joie au passage de la frontière car j'ai le sentiment d'entrer vraiment dans un autre pays. Le poste de police à peine franchi, j'aperçois le drapeau palestinien qui flotte au-dessus de la porte de la prison. Paradoxalement, malgré le lieu, j'y vois un symbole de liberté, le droit pour les Palestiniens de se rendre justice, de disposer d'eux-mêmes.

Même au quotidien ce nouveau statut change nos habitudes. Ainsi, très vite, j'avertis Eyas :

– Une fois par semaine nous irons faire nos achats à Ramallah. Ce n'est qu'à trente kilomètres et c'est nettement moins cher qu'ici.

Je ne suis pas la seule à l'avoir constaté. Après la sinistre et incertaine période de l'Intifada, l'ouverture de la frontière dope l'économie locale palestinienne. Les commerçants retrouvent le sourire et se réjouissent – un comble – de l'arrivée des Juifs. Il est permis de rêver en effectuant son marché : la vie pourrait être si douce sans les attentats, sans la haine, sans la sottise. Une anecdote me revient à l'esprit alors que je flâne en plein marché arabe. Un de mes supérieurs avait dit un jour devant moi à l'un de mes collègues : « Evi est une excellente assistante sociale ; dommage qu'elle ait un mari arabe... »

Je ne voyais vraiment pas en quoi cela posait problème et je repense à cette absurdité, aujourd'hui, alors que je fouille les étals de commerçants arabes qui n'ont que faire de ma confession et se moquent comme d'une guigne de mon livret de famille. Quoi de plus naturel ? Mais la normalité, en Israël, est obscène. Quand allons-nous enfin mettre en ordre tout cela ? Nous sommes sur la bonne voie, ne nous plaignons pas...

En cette période, d'ailleurs, je ne me plains pas. Après avoir obtenu mon Master en travail social clinique en 1991 à l'université de Bar Ilan, et terminé une formation d'analyste de groupe en 1992, j'ai ouvert un cabinet privé de psychothérapie et j'exerce parallèlement, à côté de Neve Shalom Wahat al-Salam, les fonctions de chef de clinique dans un institut de réhabilitation pour personnes en difficulté. En plus de ces activités, je forme également des travailleurs sociaux, et trouve encore un peu de temps pour m'intéresser à la vie du village... C'est beaucoup, mais tout à fait épanouissant.

Ce climat plus serein est propice aux arrangements en tous genres et nous en profitons pour renégocier notre contrat avec les moines trappistes de Latroun.

Neve Shalom Wahat al-Salam a pris trop d'importance, nous ne pouvons plus nous contenter de louer notre terrain, nous devons en être propriétaires ce qui nous permettra, en outre, d'être définitivement reconnus comme une commune à part entière par les autorités et de bénéficier ainsi de tous les services publics.

Le père Bruno Hussar, qui a négocié le premier contrat en 1967, est tout à fait d'accord sur ce point : notre statut n'est plus approprié à notre situation et nous l'expliquons aux moines en leur exprimant notre volonté d'expansion. Neve Shalom Wahat al-Salam étouffe dans ses limites actuelles et éprouve un besoin urgent de s'émanciper. Les moines le comprennent, nous parvenons à un accord avec eux qui assure l'indépendance de Neve Shalom Wahat al-Salam et met le village à l'abri de toute expropriation. Nous pouvons maintenant envisager la réalisation de projets d'envergure, comme la construction, qui nous tient à cœur, d'une doumia, un vaste espace de recueillement, de réflexion, où chacun pourra se retirer à sa guise.

À titre personnel, cette accalmie politique arrive à point. Elle me permet de mettre au monde, dans de bonnes conditions cette fois, ma seconde fille, Nadine. Nous avons choisi ce prénom, qui signifie « espoir », parce que j'étais enceinte du huitième mois lorsque les accords d'Oslo ont été signés. Cette fois la fiche de naissance de ma fille ne mentionne aucune appartenance religieuse. C'est bien ainsi car cette notion de religion exacerbée me déplaît. Pour ma part, je n'accorde qu'une connotation religieuse partiellc au terme « Juive » que je revendique comme l'affirmation de mon peuple et non de ma confession.

*
**

EYAS

Wahat al-Salam Neve Shalom (octobre 1994)

C'était prévisible, l'amorce de paix entre l'OLP et les Israéliens laisse les coudées franches au roi Hussein de Jordanie qui se précipite dans la brèche. Depuis longtemps, le souverain jordanien souhaitait la paix avec

Israël. Ce n'était pas pour lui une nouvelle orientation politique : son grand-père entretenait déjà des liens amicaux avec les Hébreux. Mais le jeune roi avait les mains liées. Son royaume compte trop de Palestiniens qui auraient ressenti tout accord avec Israël comme une trahison. Ils l'auraient certainement fait payer très cher à leur souverain. C'est bien pourquoi celui-ci profite de l'entente entre Arafat et Rabin pour conclure à la hâte un traité de paix avec Israël. Le pacte est scellé le 26 octobre 1994. Il garantit la non-agression entre les deux pays et interdit toute aide ou soutien à d'éventuels agresseurs. L'OLP n'y trouve rien à redire puisque elle-même s'engage sur la voie de la paix. De plus, les Palestiniens d'Israël et des territoires occupés se réjouissent de cet accord qui leur ouvre le libre accès à la Jordanie.

J'en suis le premier satisfait. Il me permet de rendre visite à une grande partie de ma famille réfugiée en Jordanie depuis des années que je ne pouvais rencontrer qu'au prix d'une épuisante et hasardeuse gymnastique administrative. J'espère aussi qu'après l'Égypte, puis la Jordanie, d'autres pays arabes vont se décider, à leur tour, à entamer un rapprochement avec Israël.

Depuis l'arrivée de Rabin et des travaillistes au pouvoir, tout va donc mieux, même si le Hamas et le Djihad continuent à endeuiller le pays en commettant attentats sur attentats. Arafat ne parvient toujours pas à contrôler ces deux composantes de la résistance et certains se demandent même s'il ne les encourage pas en sous-main à poursuivre leur action pour maintenir une pression sur les Juifs.

C'est en tout cas ce que les leaders de la droite, Ariel Sharon en tête, martèlent à leurs électeurs. Le Hamas, le Djihad et le Hezbollah sont pour eux une bénédiction. Les attentats se multiplient, et après chacun d'eux, les élus du Likoud et leurs alliés, parmi lesquels bon nombre de rabbins, appellent à la vengeance et à l'action. Ils dénoncent de plus en plus violemment les accords d'Oslo, qu'ils jugent scélérats, et accusent de trahison ceux qui les ont préparés, signés, puis entérinés. Ensuite, on passe très vite des reproches aux insultes, de l'opposition à l'insurrection, et de la contestation à la calomnie.

Une immonde campagne se développe contre Yitzhak Rabin. Ses adversaires politiques lancent contre lui de véritables appels au meurtre. Dans un premier temps, ils l'accusent d'avoir bradé Israël lors des accords d'Oslo, puis d'œuvrer afin de livrer sciemment le pays aux Palestiniens. Le 5 mai 1995, lors d'un débat public, Zevouloun Hammer, un leader du PNR, le Parti national religieux, hurle à la tribune : « Les organisations terroristes se voient offrir un État sur un plateau et elles se réjouissent d'avoir fait couler le sang de nos enfants. »

Mais le ton monte encore et un autre leader politique du Tsomet, Raphaël Eitan, compare les membres du gouvernement à des « collabos » avant que la marche ultime de l'ignominie soit gravie et que des caricatures de Rabin portant l'uniforme nazi s'étalent partout en ville et dans des journaux d'extrême droite.

Les activistes musulmans entretiennent ce climat de haine en redoublant eux aussi le nombre de leurs opérations meurtrières.

Le processus de la violence est beaucoup plus facile à enclencher que celui de la paix et les jusqu'au-boutistes des deux camps n'ont aucune peine à entraîner derrière eux de larges parties de la population totalement aveuglées par la mort, le sang et les propos irresponsables des uns et des autres. De dangereux amalgames s'opèrent alors dans les esprits les plus simples. Des raccourcis conduisent à des radicalisations primaires.

Le Parti travailliste et ses alliés de gauche mesurent mal le danger. Ils laissent passer trop de temps avant de réagir et de s'organiser face au déchaînement de leurs adversaires. Ce n'est que le 4 novembre 1995 que plusieurs partis et mouvements de gauche organisent une manifestation de masse sur la place des rois d'Israël à Tel-Aviv. Elle réunit cent mille personnes.

Evi est restée au village pour garder les enfants que nous ne souhaitons pas mêler à ces mouvements populaires, mais j'ai, moi, répondu à l'appel et je suis heureux, rassuré, en constatant que la manifestation est un succès. Prenant tour à tour la parole, Shimon Peres puis Yitzhak Rabin redéfinissent les grandes lignes de leur politique. Ils dénoncent les pratiques de la droite qui ne se remet pas de sa défaite et refuse toute idée de paix, condamnant ainsi le pays à vivre à jamais sous la menace et sur la défensive pour assurer une survie que nul ne peut lui garantir.

Je trouve ces paroles raisonnables et j'espère qu'elles seront entendues par le peuple. Aucun incident n'a entaché le meeting alors que l'on craignait des provocations de l'extrême droite, ou un attentat du Hamas.

Quelques minutes après la manifestation, je parle encore avec des amis sur la place qui se vide lorsque la nouvelle court comme une traînée de poudre et nous pétrifie : on a assassiné Rabin...

Nous sommes effondrés.

Alors que le Premier ministre regagnait son véhicule garé sur le parking des officiels, un étudiant en droit de la faculté religieuse Bar-Ilan, Yigal Amir, a bousculé les policiers des services de sécurité puis a tiré trois balles dans le dos de Rabin. Mortellement blessé, il est décédé pendant son transport à l'hôpital Ichilov. Son meurtrier a été arrêté sur les lieux du crime.

Incrédule, je n'arrive pas à croire qu'un Israélien ait pu tuer l'un des siens. Immédiatement je dénonce l'abominable campagne qui a conduit à ce meurtre. J'espère que ceux qui l'ont orchestrée prendront conscience de leurs responsabilités.

Après le choc du meurtre, le pays paraît sonné, anesthésié.

Lorsque j'arrive à Wahat al-Salam Neve Shalom, mes amis, Juifs et Palestiniens, sont prostrés. Oubliant le passé pour ne croire qu'en l'avenir, les Arabes et les Juifs du village accordaient leur confiance aux acteurs du processus de paix. Ils croyaient dans le discours de Rabin, dans sa volonté d'accepter un État palestinien. Avec sa mort, les espoirs nés à Oslo risquent de voler en éclats.

C'est effectivement ce qui se produit. Shimon Peres ne fait pas longtemps illusion lorsqu'il reprend le flambeau abandonné par Rabin.

Il promet de respecter les accords de paix contractés par son prédécesseur, dont il est le principal artisan mais, comme le sang continue à couler dans les rues, ses adversaires politiques sautent sur l'occasion et l'obligent à provoquer des élections anticipées dans un climat favorable à la droite.

La cote du Parti travailliste s'effrite, puis s'effondre avant les élections générales de mai 1996 remportées facilement par Binyamin Netanyahou, leader du Likoud.

Le revirement politique est immédiat. La droite s'empresse de revenir sur les avancées du gouvernement précédent en faveur de la paix.

À Wahat al-Salam Neve Shalom, nous ne tardons pas à percevoir les retombées du changement de majorité. Les statuts de notre école primaire sont changés et l'on nous impose un régime encore plus défavorable que celui que nous avions obtenu à la création de l'établissement. Les bus de ramassage nous sont également supprimés.

L'addition est lourde. Nous nous félicitons de ne pas nous être endormis sur nos lauriers lorsqu'un avenir en rose s'ouvrait devant nous. Nous avons, au contraire, profité des vents portants pour redoubler d'activité et c'est pourquoi, aujourd'hui, nous courbons le dos mais pouvons faire face à la tempête.

Heureusement, le nombre d'élèves de l'école primaire augmente chaque année, et les étudiants se pressent toujours, eux aussi, à l'École de la Paix. Je m'en réjouis. C'est bien la preuve que notre message est entendu, qu'il se répand dans tout le pays et qu'il séduit. Mais rien n'est gagné, il faut continuer à travailler pour préparer l'avenir, travailler pour contrer et étouffer les projets vengeurs de Netanyahou.

*
**

EVI

Neve Shalom Wahat al-Salam (février 1996)

En ce début d'année, les mauvaises nouvelles n'épargnent pas Neve Shalom Wahat al-Salam. Alors que nous pleurons encore Yitzhak Rabin et assistons, hélas, à la chute programmée du Parti travailliste, le père Bruno Hussar, notre vénéré fondateur, meurt à son tour le 8 février 1996. Même s'il avait pris du recul avec le village pour se consacrer à d'autres tâches, sa disparition m'affecte car il restait l'âme, l'esprit de notre communauté. Il a voulu ce projet, que nous avons modelé pour lui donner forme. La veille de son enterrement, je relis ces quelques lignes qu'il m'avait remises tout au début de notre aventure :

« Là où il n'y a pas d'amour, semez-le. Toute semence donnera un jour des fruits. Vous ne les cueillerez peut-être pas vous-mêmes, mais d'autres viendront après vous les récolter. Voilà le but authentique de Neve Shalom Wahat al-Salam : gardez l'espérance et semez beaucoup d'amour. Le jour de la moisson viendra en son temps. »

Premier à avoir foulé la terre de Neve Shalom Wahat al-Salam, le père Hussar y est enfoui à jamais. Nous pleurons ce grand homme. Nous admirons sa dignité, son action incessante en faveur des hommes et de la paix qui lui avait valu d'être nominé pour le prix Nobel en 1987, pour son travail accompli à Neve Shalom Wahat al-Salam.

Nous sommes fiers d'avoir été associés à cette reconnaissance internationale grâce à notre village et nous en remercions le prêtre en ce jour de deuil. J'ai la conviction que si le père Hussar avait reçu le Nobel, il nous aurait assurés que sa plus grande fierté n'était pas d'être distingué mais d'avoir réussi, grâce à nous, à faire de ce village un phare de la Paix dont les faisceaux balayent le monde.

Le prêtre s'en est allé et ainsi, il n'aura pas à s'inquiéter du retour des partisans de la guerre. Car en ce mois de mai ils sont bien là, assoiffés de revanche, et nous le font rapidement savoir. Pour eux, notre village n'est pas un phare mais une verrue dont il convient de se débarrasser.

Alors que les nuages s'amoncellent à nouveau dans le ciel d'Israël, une petite étoile s'allume et scintille tout au fond de mon être et me détourne de ces menaces : je vais donner naissance à notre troisième fille : Karin.

Aura-t-elle la chance d'être la première de nos enfants à vivre totalement en paix ?

Je continuerai à me battre pour cela, à guerroyer pour elle et pour ses sœurs.

CHAPITRE XVI

EVI

Neve Shalom Wahat al-Salam (février 1997)

Il est 2 heures du matin mais tout le village est encore éveillé lorsque la voiture militaire arrive et s'arrête devant la première maison éclairée. Deux officiers en descendent, se renseignent puis se dirigent lentement vers la maison des Kitain. Au rez-de-chaussée, un rideau bouge derrière la fenêtre de la cuisine. Les militaires saluent. La porte se referme doucement derrière eux. Malgré l'heure tardive, je suis encore chez des amis face à la demeure des Kitain. Instinctivement, je porte les mains à mon visage et me mords les lèvres. J'ai compris. Tous ceux qui assistent à la scène ont compris : Tom est mort. Il avait vingt ans...

Un horrible pressentiment écrasait le village depuis plusieurs heures mais nous voulions espérer. L'arrivée des émissaires de l'armée en pleine nuit ne laisse plus aucun doute.

En fin de matinée, une catastrophe avait endeuillé Israël : deux gros hélicoptères de l'armée, des transports de troupe, s'étaient heurtés en plein vol près de la frontière du Liban. L'accident avait fait soixante-treize morts. On ne comptait aucun rescapé.

Chez les Kitain, Daniela, la maman de Tom, avait senti son cœur battre un peu plus vite. Son fils effectuait son service militaire. Après une courte permission, il était parti la veille pour rejoindre son unité. Légèrement malade, il aurait pu s'en dispenser mais il tenait à accomplir son devoir. Les jeunes Israéliens n'aiment pas se dérober face à leurs obligations militaires. En Israël, le jeune soldat est vénéré. Ainsi, formé à notre école et à nos principes de paix, Tom entendait cependant accomplir lui aussi son devoir et servir sa patrie sans restriction, du mieux qu'il le pouvait. Contraire à ses idées, la guerre lui était pénible mais il faisait abstraction de ses réticences et se comportait en toutes circonstances en parfait militaire.

Le 3 février, au moment de son départ, c'est ce qu'il avait expliqué à sa mère en l'embrassant. Comme il la sentait tendue, gentiment il l'avait rassurée :

– Tu t'inquiètes toujours, mais tu sais, avec tous ces attentats en ville, nous sommes sûrement plus tranquilles dans nos camps militaires.

Daniela n'en était pas du tout convaincue. Elle savait très bien que Tom ne passait pas ses journées à la caserne, mais qu'il partait toujours sur le terrain, dans des campements. Il lui était cependant interdit, comme à tous les soldats, d'éventer ces secrets militaires et, encore moins, de révéler la destination de ses missions, pour peu qu'il les connaisse lui-même.

Daniela, pas plus que son mari Boaz, ne savait où se trouvait Tom, et c'est bien pourquoi l'annonce de la catastrophe les tourmentait. Daniela avait beau se raisonner, tenter de se persuader que son fils était ailleurs, à Jérusalem, à Tel-Aviv, dans le Néguev, l'angoisse persistait. Comme toutes les mamans d'Israël dans cette situation, elle voulait entendre la voix de son fils pour être rassurée.

Tom avait l'habitude d'appeler ses parents le soir, profitant d'une pause ou d'une patrouille. Hier soir, le téléphone n'avait pas sonné chez les Kitain. Daniela connaissait quelques amis de régiment de son fils. Elle avait appelé leurs parents. Ils n'avaient pas de nouvelles non plus et étaient anxieux. Effondrée, Daniela nous avait fait part de ses craintes et tout le village s'était mobilisé pour veiller auprès du couple en attendant des nouvelles.

Ces nouvelles, hélas, viennent d'arriver.

Comme tous mes amis, je guette le départ des officiers puis nous courons aider et réconforter les parents de Tom.

Cette disparition plonge le village dans une profonde tristesse. Tom était arrivé à Neve Shalom Wahat al-Salam en culotte courte, juste à l'âge d'intégrer l'école primaire. Il avait grandi parmi nous, partagé toutes nos fêtes, tous nos rassemblements ; il faisait partie de notre famille et était appelé un jour à prendre notre relève. Sa mort nous bouleverse.

Dès le lendemain de l'annonce du décès, des journalistes arrivent au village. Ils veulent connaître l'histoire de Tom, son enfance, ses choix, ses engagements. Ils demandent ses photos, se les échangent pour les contretyper sur un coin de table. Fatigués, les Kitain demandent grâce mais, après la presse, les autorités militaires prennent le relais. Nous les attendions. Avant leur arrivée, les Kitain ont pris la décision d'enterrer leur fils sans cérémonie militaire. L'image de notre village ne le permet pas. Les parents de Tom ont accepté ce principe, mais je sens un problème sous-jacent.

Ce n'est pas le moment d'approfondir, l'heure est au deuil et au recueillement. Nous portons Tom en terre. Tout le village se rassemble autour des Kitain et les soutient pour affronter ce drame.

Dans la soirée, nous apprenons que le président d'Israël, Ezer Weizmann, a décidé de rendre visite aux parents des soixante-treize victimes de l'accident. Il viendra donc à Neve Shalom Wahat al-Salam.

Le Président se serait certainement épargné cette visite à notre village, où nous l'invitons régulièrement en vain, mais le destin lui force la main. Il ne peut ignorer Tom, mort comme ses camarades au service de la patrie. Aussi se présente-t-il à notre village huit jours après les obsèques.

La venue de Weizmann mobilise les journalistes. Dès le matin, ils sont agglutinés devant l'auberge, friands de l'événement à venir dont nous n'avons que faire. Notre chagrin a rejeté bien loin toute idée de polémique et le chef de l'État présente ses condoléances brièvement et dans la dignité à Daniela et Boaz Kitain, sans plus de commentaire. Trois membres de notre village raccompagnent ensuite Ezer Weizmann jusqu'à sa voiture. Le calme retombe enfin sur Neve Shalom Wahat al-Salam.

Quelques mois plus tard apparaissent les problèmes que je pressentais. Des donateurs proposent aux parents de Tom d'élever un mémorial à leur fils et de donner son nom au terrain de sports dont nous terminons l'aménagement.

Alors que jusqu'ici les Palestiniens avaient partagé sincèrement la peine et le deuil des Kitain, leur attitude change brusquement et la plupart d'entre eux s'opposent violemment à ce projet soutenu par la majorité des Juifs du village.

– Ce serait une grave offense pour nous, affirment-ils. Nous n'allons tout de même pas élever ici, sous nos yeux, un monument à la gloire des soldats qui nous chassent de nos terres.

Les parents de Tom sont ulcérés par cette réaction qu'ils ne comprennent pas. Je sais par ma formation de psychothérapeute que tout dialogue avec eux est délicat. Murés dans leur désespoir, Daniela et Boaz trouvent normal qu'un mémorial soit élevé à Neve Shalom Wahat al-Salam pour leur fils, et rien ni personne ne pourra les faire changer d'idée.

Mais, face à eux, se dresse un autre bloc tout aussi déterminé qui avance de bonnes raisons pour s'opposer à la réalisation d'un tel monument. Eyas lui-même y est hostile et je sens un reproche à l'encontre des Juifs lorsqu'il me le fait clairement savoir.

Nous allons à l'affrontement. Il faut absolument désamorcer le dur conflit qui se prépare et qui était prévisible.

J'ai réalisé depuis longtemps qu'il y avait une faille dans les structures de Neve Shalom Wahat al-Salam et qu'un jour ou l'autre une ligne de fracture se dessinerait. Ce jour est arrivé.

Notre village est devenu adulte, des enfants y grandissent et nous sommes pris au piège de notre réussite car nous ne sommes pas en mesure d'assurer leur suivi éducatif. Nous sommes rattrapés par les règles communes du pays, contraints de nous y soumettre à défaut d'en proposer d'autres.

Dans un premier temps, nous avons ouvert un jardin d'enfants, puis notre propre école primaire, structures relativement souples que nous pouvions gérer et assumer. En revanche, l'enseignement secondaire est encore, à cette date, un défi trop lourd pour nous. Nous ne pouvons y faire face. Si bien que les premiers enfants, dont Tom, qui ont frappé à la porte de la sixième ont dû être dirigés, soit vers des collèges juifs pour certains, arabes pour d'autres. Ils ont découvert une ségrégation dont nous nous efforcions jusqu'alors de les protéger. Aucun collège ne réunit Juifs et Arabes en Israël. Pour la première fois de leur vie, nos enfants ont été séparés. Certains l'ont assez mal vécu et ont peiné pour négocier ce changement de cap qu'ils ne comprenaient pas, mais, heureusement, la plupart se sont assez bien intégrés et ont franchi l'écueil sans difficultés ni dommages.

Quoi qu'il en soit, le problème se pose et nous devons y réfléchir. Nos enfants ne doivent pas être placés abruptement devant cette situation, ils doivent y être préparés, tant que nous n'aurons pas trouvé une solution plus conforme à nos principes.

À Neve Shalom Wahat al-Salam, Juifs et Palestiniens appartiennent historiquement à des minorités et doivent gérer au mieux les anomalies que cette exception génère pour ne pas en souffrir. Cela fait partie des disciplines enseignées à l'École de la Paix, mais aussi dès l'école primaire, où nous veillons surtout à ce que l'équilibre entre les communautés soit toujours respecté.

Avant d'entrer en sixième, nos enfants ne connaissent donc pas les phénomènes de marginalisation dont nous avons souffert à leur âge. Ils les découvrent brusquement lorsque leurs camarades de classe s'étonnent qu'ils aient pu grandir et être éduqués avec des Arabes pour les uns ; des Juifs pour les autres.

Nous sommes désarmés face à cette situation. La seule solution consisterait à nous doter d'un collège et nous ne désespérons pas alors d'y parvenir un jour. À juste titre puisque c'est aujourd'hui chose faite : un établissement secondaire vient d'ouvrir ses portes au village.

Mais à l'époque nous n'osons l'espérer.

Le second grave problème, auquel nous sommes confrontés à ce moment-là et que nous devons impérativement résoudre, concerne les adolescents juifs du village obligés d'accomplir leurs obligations militaires dès l'âge de dix-huit ans.

Là encore, n'ayant aucune solution à proposer nous avons ignoré le sujet jusqu'à échéance et c'est Tom qui a été le premier garçon placé au pied du mur en 1995. Comme tous ses camarades de lycée, il a pris le chemin de l'armée pour y effectuer ses classes. En apprenant le maniement des armes et en recevant son instruction militaire, Tom, comme tous les appelés, sait très bien que s'il doit se battre, ce sera contre les Arabes en général et les Palestiniens en particulier. Pour la plupart des jeunes Juifs, le fait est admis et souvent accepté, mais pour ceux éduqués à Neve Shalom Wahat al-Salam cela peut poser d'importants problèmes de conscience et engendrer de lourds conflits internes. Se battre contre le peuple de ses copains d'école... Et pourquoi ?...

Ce service militaire est un problème crucial pour notre village. Nous n'y avions pas encore été confrontés directement ; la mort de Tom nous contraint à l'affronter.

Devant l'hostilité au projet de mémorial, les parents de Tom me demandent ainsi de gérer une réunion qu'ils organisent avec un représentant des Palestiniens du village.

Cette perspective me glace le sang mais j'y consens et j'invite une amie arabe que je sais calme et réfléchie. Elle accepte de venir mais, dès le début de la réunion, nous comprenons l'une et l'autre que celle-ci est inutile car les Kitain sont toujours sous le choc, ce qui nous oblige à sélectionner les mots avec attention. Bien qu'ils écoutent attentivement, les Kitain ont du mal à accepter les arguments des opposants au projet qui leur témoignent pourtant d'immenses preuves d'affection.

J'aime les Kitain. Leur désespoir me bouleverse. Anéantis par la mort de leur fils, ils sont maintenant persuadés qu'on refuse de lui rendre l'hommage légitime auquel il a droit. On leur a volé un enfant et aujourd'hui on souille sa mémoire. C'est trop, beaucoup trop pour ces deux êtres qui se noient dans leur malheur.

Je voudrais les aider, leur dire mon affection, mais à quoi bon, ils sont si loin. C'est une des soirées les plus dures de ma vie.

Le lendemain nous faisons appel à deux psychologues extérieurs au village pour qu'ils nous aident à dénouer le conflit. J'ai le sentiment qu'il faut ouvrir les vannes. Notre village est en ébullition, nous ne maîtrisons plus la situation, nous n'avons plus de ligne directrice, des divergences et des tensions apparaissent au sein même des communautés. Certains Juifs et certains Arabes qui ont appelé à la modération, à la réflexion, sont violemment dénoncés par les leurs et accusés de trahison. Les deux psychologues que nous avons appelés en renfort baissent très vite les bras. Pire : ils ne comprennent pas la situation et me peinent profondément en m'assurant :

– Toutes ces réactions sont parfaitement normales. Vous avez même beaucoup de chance, dans bien des villages d'Israël, après une affaire comme celle-ci on aurait déjà sorti les couteaux...

Cette remarque est terrible. Neve Shalom Wahat al-Salam, précisément, n'est pas un village comme les autres. C'est pourtant le triste spectacle qu'il offre aujourd'hui.

Un vent de folie souffle sur notre commune et, afin de remettre de l'ordre, notre secrétariat général convoque une assemblée générale exceptionnelle pour régler le cas du mémorial. Je m'attends à ce qu'elle soit houleuse et je crains même qu'elle dégénère, tout comme j'étais inquiète avant notre débat sur la commémoration du Jour de l'Indépendance voici quelques années. Les mêmes accrochages sont prévisibles mais, cette fois, la mort d'un adolescent va rendre le dialogue passionnel, donc ingérable.

Il suffit d'observer le visage des uns et des autres avant la réunion qui va se tenir dans la salle du conseil pour comprendre que le débat va être tendu.

Aussitôt après le rappel protocolaire de l'ordre du jour, Abed, notre ami palestinien d'ordinaire calme et pondéré, prend la parole :

– Un mémorial élevé à la gloire d'un soldat israélien serait une offense et une provocation pour les Palestiniens de ce village. C'est inadmissible. Pour les mêmes raisons je refuse que notre terrain de sports porte son nom. Cet hommage à un militaire au cœur de notre cité est absolument contraire à nos principes et à nos statuts.

Un Juif, très proche de la famille Kitain, laisse à peine Abed terminer et bondit de sa chaise pour marteler :

– Avant d'être un soldat, Tom est un enfant du village, et à ce titre il a droit à notre hommage...

– ... Et je lui rends cet hommage. Mais ce n'est pas l'enfant qui est mort, c'est le soldat armé, en uniforme, qui volait vers une zone de combat au Liban.

– Tu sais très bien que Tom ne souhaitait pas se battre...

– ... Va l'expliquer aux dirigeants israéliens. Il y a aussi des milliers de jeunes Palestiniens qui préféreraient cultiver leur terre plutôt que d'être contraints à se battre pour la reprendre à ceux qui la leur ont volée. Je déplore la mort de Tom mais je refuse qu'on en fasse le héros du village. Ce serait la négation de notre travail.

Le père de Tom veut prendre la parole mais l'un de ses proches l'oblige à rester assis alors que les propos sont de plus en plus vifs. Un autre Palestinien se dresse et poursuit :

– Si nous érigeons un mémorial, je présume que chaque année, le 4 février, une cérémonie du souvenir sera organisée. Elle sera insupportable pour ceux d'entre nous dont des parents ont été chassés, expulsés de Palestine, ou tués par des Israéliens. Croyez-moi, avec le temps, on oubliera l'enfant du village pour ne considérer que le soldat et sa statue ne sera plus que le symbole de l'occupation, et non celui de la tolérance qui nous réunit.

Certains Juifs sont d'accord sur ce point et le font savoir, ce qui ne fait qu'ajouter à la confusion. L'un d'entre nous parvient pourtant à se faire entendre et réclame le silence :

– Nous nous égarons. Le mémorial de Tom est un faux débat. Il apparaît clairement que nous devons d'abord définir une position commune face au service militaire. Il est obligatoire pour nos garçons juifs. Ils ne peuvent s'y soustraire. Nous devons donc, ensemble, trouver une parade, un compromis acceptable pour tous afin de ne jamais plus nous trouver devant cette situation. Tant que nous n'aurons pas trouver ce consensus, nous ne pourrons régler le problème de Tom. Je demande un peu de patience à ses parents pendant que nous réfléchissons sur ce point.

Cette proposition tombe au bon moment. Elle calme les esprits surchauffés et permet de gagner du temps. Après quelques ultimes grognements chacun l'accepte et nous pouvons lever la séance. Neve Shalom Wahat al-Salam est à nouveau sauvé mais il s'en est fallu d'un rien.

*
**

EYAS

Wahat al-Salam Neve Shalom (septembre 1997)

La sérénité est revenue au village mais les incidents survenus après la mort de Tom ont malgré tout laissé des traces. Ils nous ont obligés à nous interroger sur la façon dont nos enfants vivent leurs différences. Nous devons être très vigilants sur ce point et bien considérer qu'ils n'ont pas les mêmes références que nous.

Tout récemment, Maï nous a ainsi étonnés. Son institutrice lui a demandé si elle préférait apprendre à compter en arabe ou en hébreu. Elle a réfléchi puis, très fermement a répondu :

– Arabe.

– Et pourquoi ?

La maîtresse s'attendait à un choix affectif et voulait prendre note de sa réponse, comme nous lui demandons de le faire pour nos études sociologiques. Mais Maï a expliqué doctement du haut de ses six ans :

– On me parle plus souvent en hébreu qu'en arabe, alors j'aurai bien le temps d'apprendre les chiffres plus tard...

Le choix n'avait rien de subjectif, il était bien plus malin et raisonnable. C'est nous, parents, qui choisissons et orientons en fonction de nos origines et de nos inhibitions, pas nos enfants. Maï nous l'a prouvé une autre fois de façon encore plus spectaculaire.

La veille de l'anniversaire de l'Indépendance, les enfants arabes et juifs constituent deux groupes distincts qui organisent, chacun de son côté, différentes réunions afin de pouvoir étudier et discuter librement de la signification que chacun attribue à ce jour particulier.

Notre fille nous a demandé à laquelle elle devait participer et nous lui avons répondu que sa situation particulière lui permettait de se rendre à l'une et à l'autre. Puis nous nous sommes absentés, la laissant seule avec une monitrice.

Le soir, nous avons demandé à la jeune femme si Maï n'avait pas trop mal vécu cette ambivalence qui ne permettait qu'à elle seule de choisir sa fête. La monitrice a éclaté de rire.

– Maï ? Elle a été la reine de la journée. Elle n'a pas cessé de passer d'un groupe à l'autre en racontant dans le moindre détail aux uns ce qui se passait chez les autres. Elle était très fière de son privilège.

Et nous étions inquiets...

Je pense souvent à ces réactions d'enfants lorsque se réunit la commission créée pour régler l'épineux problème du souvenir de Tom. Empêtrés dans nos interdits et nos susceptibilités, il nous faudra deux ans de tergiversations pour parvenir à nous entendre.

Dans un premier temps, après avoir étudié plusieurs projets, nous sommes arrivés au constat que les garçons juifs du village sont tenus au service militaire et ne peuvent s'y soustraire. Libre à chacun de réfléchir pour mettre sa conscience en conformité avec la situation.

Ce point étant acquis par nos deux communautés nous avons pu aborder le second volet de nos travaux : l'hommage à Tom. Avec le temps, ses parents ont renoncé au mémorial. Cette concession a détendu l'atmosphère et notre commission a finalement accepté que notre stade porte son nom. Une plaque sera apposée à l'entrée, sur laquelle sera sobrement écrit : « Tom Kitain, un enfant de la paix mort à la guerre ».

*
**

EVI

Neve Shalom Wahat al-Salam (juillet 2000)

Bill Clinton s'est fâché. Le Président des États-Unis veut en finir avec le problème israélo-palestinien et il est revenu à la charge, sommant notre Premier ministre, Ehoud Barak, et Yasser Arafat de se rencontrer pour négocier. Il a fixé le lieu : Camp David ; et la date : du 11 au 26 juillet.

Barak sait que la Knesset, hostile à toute négociation, n'est plus en phase avec le peuple qui, fatigué, réclame la paix. Il est donc décidé à faire des propositions concrètes aux Palestiniens pour obtenir un accord. Et cette fois, il va très loin. Mais j'ai été si souvent échaudée que, malgré cela, je reste prudente et réservée lorsque je lis dans les journaux qu'Israël rend à l'OLP la quasi-totalité de la Cisjordanie et de la bande de Gaza, et qu'elle lui restitue la plus grande partie des quartiers arabes de Jérusalem, à l'exception de certains secteurs de Jérusalem-Est, et de la zone du Mont du Temple qui abrite la mosquée Al-Aqsa, au cœur de la vieille ville. Ce dernier point, à mon avis, va poser problème car les Arabes attachent une grande importance à cette mosquée et ils vont certainement en exiger le contrôle. Cependant, vu les concessions consenties par Ehoud Barak, Yasser Arafat va vraisemblablement se montrer conciliant et les deux hommes devraient arriver à s'entendre.

Hélas, je déchante rapidement. Arafat ne supporte pas le ton cassant de Barak. Il se cabre et exige le retrait de nos troupes sur la totalité de la Cisjordanie, de la bande de Gaza et de Jérusalem. Il veut aussi que l'on accorde à tous les Palestiniens expatriés sans exception le droit au retour immédiat au pays alors que Barak fixe un quota. Cette dernière requête réveille en moi des peurs récurrentes. J'ai déjà longuement évoqué ce problème avec Eyas : nous ne pouvons laisser déferler des millions de réfugiés arabes vers Israël sans mettre l'existence de l'État hébreu en péril. C'est à nouveau notre identité que je sens menacée. Barak ne doit en aucun cas céder sur ce point capital. Arafat le sait aussi bien que lui.

En ce qui concerne la souveraineté sur le Mont du Temple, Barak, en revanche, fait encore une concession et se dit prêt à accepter un compromis proposé par Clinton : les lieux pourraient être placés sous la responsabilité conjointe du Conseil de Sécurité des Nations unies, des Palestiniens et du Maroc en tant que pays présidant le Comité de Jérusalem. Cette gestion internationale devrait satisfaire tout le monde mais Arafat, à nouveau, la rejette. Il est clair que le président de l'OLP radicalise sa position et ne veut rien entendre. Clinton est furieux, mais le sommet de Camp David se termine sur un échec dont Arafat et Barak devront un jour rendre des comptes. Pourtant, jamais Israël n'est allé aussi loin dans les concessions. L'Histoire s'en souviendra.

*
**

EYAS

Wahat al-Salam Neve Shalom (septembre 2000)

Arafat a-t-il sciemment sabordé le sommet de Camp David en juillet afin de poursuivre le conflit, ou a-t-il eu raison de réaffirmer fermement que l'intégrité de la Palestine ne se négociait pas plus que le retour au pays de tous ceux qui en ont été chassés illégalement ? Les

Juifs acceptaient-ils, respectaient-ils, les quotas que les Britanniques leur imposaient à une époque ? Le droit à la patrie, à la terre, est-il quantifiable ?

Toujours est-il que le leader palestinien a été désigné par le monde entier comme le responsable de l'échec et que les espoirs de paix se sont à nouveau envolés. Ce dont certains se réjouissent.

Tout le monde sait que le Likoud non plus ne veut pas de la paix et ne s'en cache pas. Ariel Sharon est toujours l'un des plus déterminés à en découdre et il se livre à une dangereuse provocation en annonçant, au mois de septembre 2000, sa prochaine visite au Mont du Temple. Beaucoup le mettent en garde contre les dangers d'une telle initiative, mais rien n'y fait et, le 28 septembre, Sharon s'exhibe pendant près d'une demi-heure sur ces lieux saints à haut risque, évitant tout de même de s'approcher trop près des mosquées.

Cette sage précaution ne suffit pas. Alors que Sharon s'en retourne satisfait vers son domicile, de violentes émeutes éclatent spontanément au centre ville. En quelques minutes, Jérusalem s'embrase. Le lendemain, les incidents redoublent de violence. Les policiers et les militaires sont bombardés de pierres. Ils ripostent par des tirs de balles en caoutchouc et des jets de gaz lacrymogènes, mais pris dans de véritables pièges, certains d'entre eux, apeurés, n'hésitent pas à ouvrir le feu pour se dégager. Quatre hommes sont tués, dont un Arabe israélien.

La seconde Intifada, l'Intifada d'Al-Aqsa, vient de commencer.

Dans les heures qui suivent, elle s'étend à tout le

pays. Sharon peut être satisfait : il a réussi au-delà de toute espérance. En quelques jours le pays est à feu et à sang. Barak ne contrôle plus rien. Des troubles éclatent dans tout le pays, les affrontements se durcissent et s'intensifient. Les policiers et les miliciens de la Sécurité palestinienne se joignent très vite aux manifestants et tirent à l'arme légère sur les forces israéliennes. Le soulèvement tourne à l'insurrection, il déborde des territoires occupés. Une déferlante submerge tout le pays. Les ressortissants arabes israéliens, restés passifs lors de la première Intifada, veulent venger la mort de leur coreligionnaire tué par la police le 29 septembre. Ils exigent l'ouverture d'une enquête et, en l'attendant, ils prêtent main-forte aux émeutiers. Cette extension de l'Intifada inquiète Ehoud Barak qui ordonne aux forces de sécurité de ramener l'ordre par tous les moyens. La répression est alors à la hauteur de l'insurrection dans les villages, mais aussi à Jaffa, Nazareth, Acre où le 30 septembre la police ouvre le feu sans discernement sur des manifestants. Treize Arabes israéliens sont tués. Les députés arabes de la Knesset exigent que les auteurs des coups de feu soient retrouvés et condamnés.

À Wahat al-Salam Neve Shalom, c'est la consternation. Nos deux communautés sont parfaitement unies et dénoncent conjointement ces massacres honteux. En signe de deuil, nous décidons de fermer l'École de la Paix pendant un mois. Mais, à nos yeux, cette mesure ne suffit pas à marquer notre indignation. Pour la première fois depuis la création de notre village, nous prenons l'initiative d'une manifestation de masse.

Au cours d'une assemblée générale extraordinaire, un de nos amis, Yigal, propose d'organiser un convoi automobile qui se rendra à vitesse réduite devant les domiciles respectifs des treize victimes du 30 septembre. Nous acceptons à l'unanimité.

Des centaines d'Israéliens, Palestiniens et Juifs, répondent à notre appel. Pendant toute une journée, un long serpent aux couleurs du deuil s'étire lentement de ville en ville. À chaque halte, nous présentons nos condoléances aux familles des victimes, dont deux appartenaient à l'École de la Paix, et les assurons du soutien de Wahat al-Salam Neve Shalom, ainsi que de tous les participants à la manifestation.

Visiblement, les forces de l'ordre tiennent à éviter de nouveaux affrontements. Elles se contentent d'encadrer discrètement le convoi.

Elles feront de même le 6 octobre suivant, lors d'une journée de grève générale déclenchée par les Palestiniens.

Mais la situation reste tout de même extrêmement tendue. Pendant quatre mois, il ne se passe pas une journée sans que de graves incidents soient signalés.

À la veille des élections législatives qui se profilent en Israël, ce climat de violence dessert Ehoud Barak. Afin de remédier à ces désordres, le Premier ministre accepte une série de propositions de paix que Bill Clinton, lui aussi en fin de mandat, lui adresse en même temps qu'à Yasser Arafat.

Le texte ne conduit à rien, il permet simplement de renouer des relations pendant quelque temps. On ébauche des négociations mais il apparaît très vite qu'Arafat n'a nullement l'intention de les mener à terme. Il rejette à nouveau toutes les propositions israélo-américaines. Barak et Clinton ne peuvent que constater l'échec.

CHAPITRE XVII

EVI

Neve Shalom Wahat al-Salam (février 2001)

Eyas n'aime pas que j'aborde ce sujet mais il est évident qu'en ce mois de février Yasser Arafat prépare le lit de la droite israélienne. L'Intifada qui pourrit notre quotidien s'intensifie et le rythme des attentats s'accentue. Dans ces conditions, l'électorat modéré se détourne de Barak et lui préfère Ariel Sharon et ses méthodes musclées et radicales. Le 6 février 2001, ce dernier remporte une victoire éclatante aux élections législatives : 62,4 % contre 37,6 % pour Barak.

À Neve Shalom Wahat al-Salam, ce n'est pas tant ce score qui nous inquiète que la démission des électeurs de gauche qui l'a permis. Tous les observateurs le soulignent : beaucoup ne se sont pas rendus aux urnes. Ils sont fatigués, las de se battre pour une paix dont personne ne veut. Sur ce scrutin, ils ont baissé les bras et laissé les faucons s'installer au perchoir. Avec Sharon, il ne faut s'attendre à aucune ouverture, Arafat peut être rassuré : ce n'est pas lui qui va roucouler. Pour tout arranger, les deux hommes se détestent à titre personnel et ne rêvent que de la disparition de l'autre, ce qui ne laisse rien augurer de bon.

Dans ce contexte, Neve Shalom Wahat al-Salam n'a rien à espérer du nouveau gouvernement, même si Sharon appelle les travaillistes à le rejoindre pour former une coalition. Leur contre-pouvoir sera très limité, nous le constatons bien vite.

Seule certitude : Neve Shalom Wahat al-Salam a maintenant les reins solides et ne risque plus d'être emporté par une vague nationaliste. Notre village a acquis ses lettres de noblesse. Lorsque je vois aujourd'hui la fière allure de ses élégantes maisons blanches, j'ai peine à croire que nous ayons pu vivre si longtemps dans nos baraques miteuses. Nous étions vraiment des pionniers. J'évoque ce souvenir avec tendresse. Un hôtel coquet, merveilleusement situé, offrant une vue superbe sur la vallée d'Ayalon fait maintenant la fierté de notre commune. Notre réputation a largement dépassé les frontières d'Israël. Le président du Bundestag, des ambassadeurs, Hillary Clinton, Jane Fonda et bien d'autres célébrités et personnalités nous ont fait l'honneur de leur visite.

Grâce à des réseaux que des amis ont mis en place dans le monde entier, surtout aux États-Unis et en Europe, nous bénéficions d'appuis internationaux efficaces et nous avons été à nouveau pressentis à deux nouvelles reprises pour le prix Nobel depuis la disparition du père Hussar.

Notre philosophie n'a pas varié, mais nous sommes passés de l'amateurisme au professionnalisme. En 2001, quarante familles composent Neve Shalom Wahat al-Salam et dix autres frappent à la porte du village. Lors de nos assemblées générales, nous étudions leurs candidatures et les possibilités d'accueil en même temps que l'évolution du village et l'épanouissement de ses structures, dont l'aménagement de notre piscine construite sur une terrasse dominant la vallée.

Aucun snobisme, aucun signe d'embourgeoisement dans la mise en place de ce bassin, mais une nécessité dictée par l'évolution du site. Trois cents élèves âgés de trois à douze ans sont maintenant inscrits à l'école primaire et plus de cent étudiants suivent régulièrement les cours de l'École de la Paix qui forme également des éducateurs et organise en permanence divers ateliers. Sur une colline chaude et ensoleillée comme la nôtre, les enfants et les jeunes gens ont besoin de cette eau pour se détendre et se rafraîchir après leur travail. Sans compter que nos visiteurs apprécient, eux aussi, cette oasis bordée d'oliviers. Leur bien-être est primordial puisqu'ils seront nos ambassadeurs de par le monde.

Cette piscine, sous ses allures ludiques est, elle aussi, un point dc rencontre entre nos deux peuples. On y vient de toute la région pour s'y détendre, se rencontrer, se parler. Au plus fort de l'Intifada, elle nous a permis d'accueillir les jeunes des quartiers arabes de Jérusalem qui étouffaient dans leur secteur.

Quand je pense à la vieille citerne rouillée à laquelle nous remplissions nos gourdes et nos bassines afin de boire, laver notre linge et nous doucher... Nous la méritons notre piscine. Nous avons su gérer notre développement, maîtriser notre croissance. Si nous avions grandi trop vite, nous aurions explosé ; trop lentement, nous aurions implosé. Nous avons su solidifier notre noyau avant de le planter pour qu'il s'ouvre et offre ses fruits à la société. Les mots du père Hussar me trottent dans la tête : « Semez, semez, si vous ne récoltez pas, d'autres récolteront... »

*
**

EYAS

Wahat al-Salam Neve Shalom (juillet 2003)

Aujourd'hui, cinquante familles habitent le village. Des rues goudronnées, un hôtel, des maisons neuves, un jardin d'enfants, deux écoles où apprennent trois cents enfants venus de vingt-huit communes, et même, enfin, ce collège qui nous manquait tant... Notre bilan est bon mais nous ne devons pas nous en satisfaire. Wahat al-Salam Neve Shalom doit encore et toujours progresser pour atteindre des objectifs que nous plaçons de plus en plus haut.

Grâce à l'École de la Paix, nous tirons un premier constat riche d'enseignements que nous détaillons dans un fascicule écrit par les enseignants et qui vient d'être publié : *Identités en dialogues.*

Il en ressort que les rencontres entre étudiants juifs et arabes développent toujours cinq phases.

Phase 1 : tout va bien, nous nous observons, nous avons fait la démarche de nous rencontrer et nous nous écoutons fort aimablement.

Phase 2 : le groupe palestinien prend de l'assurance.

Phase 3 : les Juifs se sentent brusquement menacés et veulent récupérer la direction du débat.

Phase 4 : retour à la case départ, on retombe dans

une voie sans issue, exactement celle où se trouve le pays actuellement.

Phase 5 : la situation se débloque quand les Juifs reconnaissent le droit à leur identité pour les Palestiniens. Le dialogue s'instaure alors sur un pied d'égalité. Tous les problèmes peuvent être abordés.

Ces observations sont applicables à l'échelle du pays entre Juifs et Arabes. Malheureusement, au niveau national, chacun reste désespérément bloqué à la phase quatre, à la phase de l'affrontement, et nul ne fait l'effort de dépasser ce stade.

Pourtant, Wahat al-Salam Neve Shalom apporte la preuve qu'atteindre la phase cinq est possible à condition de respecter les identités des uns et des autres, d'accepter deux états civils sur la même terre et d'admettre une fois pour toutes que l'avenir de nos deux peuples est lié.

Plutôt que de nous battre, nous ferions mieux de collaborer pour assurer le développement conjoint de deux États libres et amis. Par définition, la coexistence implique la reconnaissance de deux existences. C'est ce que nous démontrons à Wahat al-Salam Neve Shalom et ce que refusent d'entendre les autorités israéliennes. Nous ne parviendrons à la paix que lorsque chacun sera clairement identifié et reconnu.

*
**

EVI ET EYAS

Neve Shalom Wahat al-Salam (juillet 2003)

Ariel Sharon est toujours au pouvoir, mais notre village regorge toujours d'espoir. Nous progressons chaque jour dans la bonne direction. Notre objectif est maintenant d'amener nos enfants, dans notre village, de la crèche au doctorat « ès paix » sans rupture de la chaîne scolaire et universitaire.

Pour cela, nous avons dans nos cartons le projet d'une Académie pour la Paix, avec ouverture d'un Peace Campus. Des universitaires internationaux nous encouragent en ce sens. Nous possédons les terrains, les plans sont établis. Il ne manque plus que les fonds pour commencer les travaux. Nous les trouverons. Ne sommes-nous pas parvenus à réaliser notre piscine ?

En fait, notre seul souci se situe à l'horizon 2013. Selon nos prévisions, deux cents familles vivront alors à Neve Shalom Wahat al-Salam, et nous ne pourrons en accueillir davantage. Le site sera à saturation. Il nous faudra alors envisager d'autres méthodes.

Nous sommes plus que jamais confiants en l'avenir tel que nous le concevons, tel que nous le définissons, tel que nous le sentons. Nous offrirons la paix à nos enfants, ils en seront les dépositaires. Neve Shalom Wahat al-Salam deviendra une référence, un formidable espoir, un sanctuaire. Mais ses membres devront veiller avec la plus grande vigilance sur cette paix si chèrement acquise, si fragile, si volatile. Ils devront faire respecter les règles de tolérance, d'écoute et d'ouverture qui seules garantissent la paix.

Nous avons vérifié ce principe au sein de notre couple. Si notre amour est intact après de si longues années, c'est parce que nous avons su préserver nos origines, notre identité ; respecter le territoire intime de l'autre, accepter nos différences.

Nous avons refusé le moule que l'on nous proposait.

À l'uniformité bâtarde et insipide, nous préférons la variété de nos cultures, la richesse de nos passés. Nous sommes fiers de nous en prévaloir l'un et l'autre.

Le gouvernement israélien dresse aujourd'hui un mur dans les territoires occupés pour se protéger. C'est l'aveu de son échec et de son impuissance.

Symbole de la guerre et de la division, ce mur sera demain symbole de la paix et de l'union lorsque des Juifs et des Arabes l'abattront pour danser sur ses ruines.

Ce jour viendra.

Remerciements

Nous remercions

• nos familles qui ont su surmonter bien des difficultés dues à notre situation ;

• la famille Dreyfus pour son soutien tout au long de notre chemin ;

• nos compagnons et collègues de Neve Shalom Wahat al-Salam avec lesquels nous avons réalisé notre village ;

• les amis de Neve Shalom Wahat al-Salam en Israël, en Palestine et dans le monde entier pour leur aide, sans laquelle le village et ses institutions n'existeraient pas ;

• Yichya, Alona et Yigal pour leur contribution à ce livre.

EVI ET EYAS

Site web de
Neve Shalom Wahat al-Salam :
www.nswas.com

Directeur de collection
Yves Azéroual

Direction littéraire
Huguette Maure

assistée de
Marie Dreyfuss
et
Maggy Noël

Impression réalisée sur CAMERON par

BRODARD & TAUPIN
GROUPE CPI

pour le compte des Éditions Michel Lafon
en janvier 2004

Imprimé en France
Dépôt légal : février 2004
N° d'impression : 21971
ISBN : 2-7499-0046-8
LAF 434